刘
光
胜

山东青州人。清华大学历史学博士，清华大学出土文献研究与
保护中心在职博士后。现为孔子研究院出土文献与中国儒学研究中
心主任、教授、博士生导师及山东省泰山学者特聘专家、曲阜师范
大学孔子文化研究院特聘教授，任中国先秦史学会理事、中国曾子
研究会理事、山东曾子研究会副会长。主要从事出土文献与儒学史
研究，主持"出土文献与民本思想溯源研究"等国家社科基金项目
三项、"清华简与先秦《书》类文献研究"等省部级项目三项。

　　本书的撰写和出版，得到了国家社科基金重大项目"清华简与儒家经典的形成发展研究"（16ZDA114）、山东省泰山学者专项工程、济宁市中华优秀传统文化"两创"项目（20JSGXCIK14）的资助。

尼山儒学文库

第一辑

总主编：杨朝明

清华简与中国早期文明研究

刘光胜 著

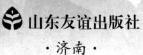
山东友谊出版社

·济南·

图书在版编目（CIP）数据

清华简与中国早期文明研究 / 刘光胜著 . —济南：
山东友谊出版社 , 2022.1
（尼山儒学文库 / 杨朝明总主编 . 第一辑）
ISBN 978–7–5516–2382–7

Ⅰ . ①清… Ⅱ . ①刘… Ⅲ . ①简 (考古)—研究—中
国—战国时代　②文化史—研究—中国—古代 Ⅳ .
① K877.54 ② K220.3

中国版本图书馆 CIP 数据核字 (2021) 第 200593 号

清华简与中国早期文明研究
QINGHUAJIAN YU ZHONGGUO ZAOQI WENMING YANJIU

责任编辑：王　苑
装帧设计：刘一凡

主管单位：山东出版传媒股份有限公司
出版发行：山东友谊出版社
　　　　　地址：济南市英雄山路 189 号　邮政编码：250002
　　　　　电话：出版管理部（0531）82098756
　　　　　　　　发行综合部（0531）82705187
　　　　　网址：www.sdyouyi.com.cn
印　　刷：济南乾丰云印刷科技有限公司

开本：710 mm×1000 mm　1/16
印张：15.25　　　　　　　字数：230 千字
版次：2022 年 1 月第 1 版　印次：2022 年 1 月第 1 次印刷
定价：59.00 元

编 委 会

总　序

2013年11月26日，习近平总书记在考察孔子研究院时指出：世界儒学传播，中国要保持充分话语权；要"大力弘扬中国传统文化"，搞好"四个讲清楚"，要引导人们更加全面客观地认识历史的中国、当代的中国，使我国在东亚文化圈中居于主动。

多年来，孔子研究院牢记总书记嘱托，依托山东省泰山学者工程、济宁市尼山学者工程，全面开展儒学人才高地建设，重点引进了一批国内外著名儒学研究高端人才。他们齐聚孔子故里，围绕儒家思想的研究与阐发，深入思考"两创"时代课题，回应时代的重大关切；他们举办"春秋讲坛"、高端儒学会讲等学术活动，与新时代儒学研究发展同步；他们参加亚洲文明对话大会、尼山世界文明论坛、世界儒学大会等国内外重要学术会议，或登台演讲，或提交论文，在不同的舞台上发出了中华文化的时代强音，握牢了儒学研究领域的话语权；他们立足"原点"，开展儒学研究，提出了许多富有创新意义的学术观点，取得了一批具有时代高度的标志性成果，展现了当代儒学研究的前沿风貌。

尼山是儒学的发源地，也是中国传统文化的重要发祥地。就像孔子"元功济古，至道纳来"那样，尼山作为孔子出生地，同样具有极其重要的象征意义。她虽然"奇不过三山，高不过五岳"，但令人仰止。可以说，尼山是"一座震古烁今的文明之山"，是"一座弥高弥新的思想之山"，是"一座栖息心灵的精神之山"，是"一座弦歌不辍的教化之山"，是"一座光耀四海的智慧之山"。2019 年 8 月，山东省整合力量，正式成立尼山世界儒学中心，确立了打造世界儒学研究高地、儒学人才集聚和培养高地、儒学普及推广高地、儒学国际交流传播高地的发展目标，新时代世界儒学的发展将从尼山再出发。

为认真解答"四个讲清楚"的重大历史与现实课题，深入做好"两个结合"文章，全面加强儒学思想文化研究，及时有效地回顾、总结、前瞻，我们将孔子研究院部分特聘专家近年来具有代表性的学术论文、研究报告、访谈演讲文稿、著作摘录等予以汇总，结集为《尼山儒学文库》（第一辑）。这些专家中，有山东省特聘儒学大家、泰山学者特聘专家、泰山学者青年专家，也有济宁市尼山学者，整体上以中国学者为主，旁涉美国、韩国学者，可以说具有很强的代表性。

《尼山儒学文库》注重思想性、学术性、时代性、普及性的统一，强调学者的学术观点和学术贡献，既有宏观的儒学元典研究，也有微观的专题思考，有助于读者了解当代儒学研究领域代表性学者之所思所想，把握新时代儒学研究的发展方向，进而反躬自省，浸润于中华优秀传统文化。我们希望读者在品读本套书的过程中，能够体悟经典、了解儒家文明，感触中华文化的独特魅力。

是为序。

杨朝明

2021 年 8 月 16 日

自 序

　　2017 年，在竞聘山东省"泰山学者"特聘专家时，我提出了未来五年科研工作的构想及主题——清华简《书》类文献研究。彻底弄清《古文尚书》的真伪问题，是千百年来，朱熹、阎若璩、顾颉刚、刘起釪等无数学者孜孜以求的学术梦想，但由于没有可信的版本作为参照，梦想通往现实之路，竟然如此漫长、遥远。

　　如今，经过清华大学出土文献研究与保护中心诸位学者的艰辛努力，清华简的清洗、拍照、全文通读等工作已经完成。截至 2020 年 10 月，《清华大学藏战国竹简》前十辑已整理出版，其中，《书》类文献达十余篇。这为我们课题的后续研究，打下了极为坚实的材料基础。

　　自 2018 年入职孔子研究院以后，在院领导的支持下，我迅速成立了以崔海鹰、曹景年、刘国忠（清华大学）、陈颖飞（清华大学）等人为成员的学术科研团队，又于 2019 年 4 月 13 日至 14 日，成立了"出土文献与中国儒学研究中心"，推动孔子研究院科研与人才团队建设。截至目前，团队以"清华简《书》类文献研究"为主线开展研究已有两年半，现将主要工作成果汇报如下：

　　在《中国史研究》《史学月刊》等刊物上发表论文 11 篇，其中，发表在 CSSCI 来源期刊上的占 7 篇。主持社科基金项目两项，一是国家社科基金一般项目"出土文献与民本思想溯源研究"（19BZX056），二是山东省哲社规划办一般项目"出土文献与《尚书》学综合研究"（19CLSJ03）。

　　点校《西山读书记》（《全宋笔记》第十编，大象出版社，2018 年 4

月），合撰《当代中国简帛学研究（1949—2019）》（中国社会科学出版社，2019 年 12 月），出版我个人的学术专著《出土文献与〈古文尚书〉研究》（中国社会科学出版社，2020 年 8 月）。

2019 年 4 月，孔子研究院联合《中国史研究动态》编辑部，主办了"新见材料与传统文化研究展望"学术研讨会。2020 年 5 月底，我们将与会学者的文章收齐，辑为《出土文献与传统文化展望暨泰山学者论坛论文集》并交付青岛出版社，付梓之日在望。

2018 年 9 月，在"第二届国际青年儒学论坛"论文征集评选活动中，我荣获"儒学研究新锐奖"二等奖；2019 年 12 月，又荣获第三届"李学勤中国古史研究奖"三等奖。

课题组成员刘国忠教授在《国际汉学》2019 年第 2 期发表学术论文一篇。

虽然我们学术团队取得了一定的成绩，但已成为过去。对照当初制订的"泰山学者"工作计划，仍有部分目标尚未实现，对此，我深感压力重重。"百尺竿头须进步，十方世界是全身"，2021 年是"泰山学者"聘期的第四年，希望我们学术团队能继续发力奔跑，为能最终交出一份令人满意的优秀答卷而不懈努力。

刘光胜

2021 年 2 月

目 录

上编：成书篇

中编：史证篇

下编:义理篇

上编

成书篇

第一章　清华简《书》类文献研究的新进展

2008年7月，清华大学入藏一批珍贵的楚地竹简（简称"清华简"），先秦时期的"真古文"《尚书》被重新发现。清华简《书》类文献总数在二十篇左右，就目前整理所得，学界公认的《书》类文献有：《尹至》、《尹诰》、《傅说之命》三篇、《程寤》、《耆夜》、《金縢》、《皇门》、《厚父》、《封许之命》、《祭公》、《命训》，共计十三篇。另外，《清华大学藏战国竹简（捌）》中的《摄命》（或称《囧命》），亦属《书》类文献。为更好地推进清华简《书》类文献研究，现将学术动态梳理如下，不周之处，敬请方家批评指正。

第一节　文本校释

文本校释主要分为三个方面：一是对清华简重点、难点字词的考释。清华简《命训》中的"𣫦"，从"来"从"耒"从"田"，整理者隶定为"𡐫"。程浩认为该字从"来"声，读为"理"，表"治理"之意。[1]赵平安先生持不同意

---

① 程浩：《释清华简〈命训〉中对应今本"震"之字——兼谈〈归藏〉、〈筮法〉的"震"卦卦名》，《出土文献》第六辑，中西书局2015年版，第220—223页。

见，认为该字当释为"耕"，"耕""震"通转，训为"动"或"治"。① 王逸清从"替"所从偏旁不是"耒"而是"力"出发，主张""应读为"勑"，训为"整、治"。"勑"本身还有"劳"的意思，用"劳"的含义来理解"事替则寡功"，也可以给予文意比较合理的解释。② 蔡一峰主张《命训》简2中"如不居而义"之""，为"肘"之异体，当以读"守"为是。"端""权"之异文与上举"端"和"鑵""貒"和"貛"的对应不是偶然的，或许正是方言词汇语音差异的表现。③

《封许之命》简6中的""，整理者隶定为"磬"，怀疑系"睘（环）"字之讹。许可认为"磬"字为"早"字之异体，"早"属精母幽部，可读为精母宵部的"瑶"。从考古发现的实物看，瑶是装在车盖盖弓末端之物，多是铜制造的。《封许之命》中所赐之物当为"玉瑶"，与前后所言之葱衡、銮铃、素旗等车马器并举。④ 清华简《傅说之命》中篇简5中的""字，整理者释为"津"，孙合肥依据清华简《芮良夫毖》和古玺印字形，主张应改释为"满"。⑤

白于蓝、段凯对清华简《傅说之命》三篇中的部分字句做了新的解释，他们认为上篇之"甬（庸）"当训为"雇佣劳动"；中篇之"惟乃腹，非乃身"，当读作"惟乃腑肺乃身"；下篇之"罞"读作"怀"，与"忧恤"义近。⑥ 沈培将清华简《傅说之命》乙篇和《国语·楚语上》《古文尚书·说命上》《潜夫论·五

① 赵平安：《释清华简〈命训〉中的"耕"字》，《深圳大学学报（人文社会科学版）》2015年第3期。

② 王逸清：《清华简〈命训〉中的"勑"字》，《出土文献》第八辑，中西书局2016年版，第131—138页。

③ 蔡一峰：《读清华简〈命训〉札记三则》，《简帛》第十三辑，上海古籍出版社2016年版，第63—69页。

④ 清华大学出土文献读书会：《清华简第五册整理报告补正》，清华大学出土文献研究与保护中心网站，2015年4月8日。

⑤ 孙合肥：《清华简"满"字补说》，《简帛》第十二辑，上海古籍出版社2016年版，第43—47页。

⑥ 白于蓝、段凯：《清华简〈说命〉三篇校释》，《中国文字研究》第二十三辑，上海书店出版社2016年版，第70—75页。

德志》中的"若"字句进行比较，强调对出土文献的解读要关注简文本身的特点，不能简单地根据传世古书进行比附。① 王永昌认为，清华简《说命上》简3 辞例中前后两个"殹"字的用法完全不同，第一个"殹"字当用作介词。② 廖名春、赵晶对清华简《傅说之命》甲篇中的"俾""弼弓"等字词做了相应校释。③ 虞万里认为，清华简《傅说之命》中的"鹃肩"即古文献中的"鸢肩"，以"鸢肩"喻人之状貌，是着眼于鸢鸥双翅收敛时高出颈椎的形象，与荀子形容傅说"身如植鳍"形状同义。④ "鸢肩"意谓双肩耸起，"身如植鳍"则意谓傅说背部如鱼鳍，两者所指的身体部位明显不同，虞先生之说似乎仍有可供商榷之处。

许可注意到《清华大学藏战国竹简（伍）》中的《厚父》篇和《封许之命》篇中各有一个"彝"字，写法都较为特殊，前者与传抄古文或有关系，后者则与玺印中的姓名用字有关，可以丰富我们对文字发展演进序列的认识。⑤ 鹏宇认为清华简《厚父》"丁良于各（友）人"中的"丁良"，当读为"贞良"。⑥ 清华简《厚父》"天命不可漗（聪）斯民心难测"，整理者断读为"天命不可漗（聪），斯民心难测"。马楠主张此处应将"斯"字上属为句，以"斯"为句末语气词，断读为"天命不可漗（聪）斯，民心难测"。⑦ 从语感上看，马楠的说法似更合理。

李炳海认为《耆夜》的篇题应解释为"平定之夜"，"员""云"等都不是

---

① 沈培：《谈谈清华简〈傅说之命〉和传世文献相互对照的几个"若"字句》，《简帛》第十辑，上海古籍出版社 2015 年版，第 51—66 页。

② 王永昌：《清华简文字释读四则》，《管子学刊》2016 年第 1 期。

③ 廖名春、赵晶：《清华简〈说命（上）〉考释》，《史学史研究》2013 年第 2 期。

④ 虞万里：《清华简〈说命〉"鹃肩女惟"疏解》，《文史哲》2015 年第 1 期。

⑤ 许可：《试论清华简第五辑中的"彝"字及"夷吾"氏的由来》，《出土文献》第十二辑，中西书局 2018 年版，第 142—147 页。

⑥ 鹏宇：《〈清华大学藏战国竹简（伍）〉零识》，清华大学出土文献研究与保护中心网站，2015 年 4 月 10 日。

⑦ 马楠：《清华简第五册补释六则》，《出土文献》第六辑，中西书局 2015 年版，第 224—228 页。

语助词，而是作为有意义的实词出现。① 于茀对《赤鹄之集汤之屋》的文字做了相应校释，如"洴"读为"班"，训为"分"等。② 相关文章，参看单周尧《清华简〈说命上〉笺识》③、王永昌《清华简文字释读四则》④ 等。

二是对专用字、讹字及通假字等的研究。清华简《命训》云"天故昭命以命力曰"，对照传世本，"力"明显为"之"字之讹。学界对清华简中的讹字、通假字等的研究，已经逐步开展。刘伟浠认为，楚文字中的"邑"字本指城市及其居民，就《清华大学藏战国竹简》第一辑至第五辑的字例来看，这些文字的用法几乎都与"邑"的本义有关，有些字可被视为专用字。⑤ 石小力注意到清华简存在讹字现象，主张在今后的整理工作中，应进一步重视讹字的处理方式。⑥ 笔者认为，哪些是讹字，哪些不是，学者对此认识不同，当务之急在于首先确定讹字的判定标准。相关研究参见周翔《楚文字专字研究》⑦、梁鹤《〈清华大学藏战国竹简（壹）〉、〈清华大学藏战国竹简（贰）〉通假字整理》⑧、冯丽梅《〈清华大学藏战国竹简〉（壹—肆）通假字研究》⑨ 等。

三是对古文字形体和字迹现象的考察。孟跃龙将古代抄本文献中重文符号的发展，归纳为四个阶段，一是表示上句话中一个字的重复出现（如清华

---

① 李炳海：《清华简〈耆夜〉与〈诗经〉相关词语的考释——兼论〈诗经〉科学阐释体系的建立》，《文史哲》2014年第1期。

② 于茀：《清华简〈赤鹄之集汤之屋〉补释》，《北方论丛》2017年第2期。

③ 单周尧：《清华简〈说命上〉笺识》，《扬州大学学报（人文社会科学版）》2014年第2期。

④ 王永昌：《清华简文字释读四则》，《管子学刊》2016年第1期。

⑤ 刘伟浠：《楚简从"邑"之字分类略说——以清华简为中心》，《哈尔滨学院学报》2017年第7期。

⑥ 石小力：《谈谈清华简第五辑中的讹字》，《出土文献》第八辑，中西书局2016年版，第126—130页。

⑦ 周翔：《楚文字专字研究》，安徽大学2017年博士学位论文。

⑧ 梁鹤《〈清华大学藏战国竹简（壹）〉、〈清华大学藏战国竹简（贰）〉通假字整理》，吉林大学2015年硕士学位论文。

⑨ 冯丽梅：《〈清华大学藏战国竹简〉（壹—肆）通假字研究》，哈尔滨师范大学2015年硕士学位论文。

简《命训》），二是表示上文中单个字或多个字的重复出现（如马王堆帛书《天文气象杂占》），三是表示上文字头或词目（单个字或多个字的）的重复出现（如敦煌写卷《楚辞音》），四是表示任意一个笔画较多的字的重复出现。① 李松儒认为清华简《厚父》《封许之命》《命训》各篇均由不同抄手抄写，存在后期文字补入的现象，并对不同抄手的字迹特征进行了分类归纳。② 清华简《厚父》原文和后期补入的文字不同，说明可能出自不同抄手之手。抄手的社会地位一般不高，清华简《厚父》《命训》等篇存在后期文字补入的现象，抄手也不同，故而可以将之视为书稿抄写完成后又重新进行了校对。

贾连翔强调清华简的一些"飞白"现象实际上是由墨迹反印形成的，这些反印墨迹通常在竹简中有着明确的对应关系。根据反印墨迹对竹简进行编排，至少能够反映出这些竹简在墓葬中的摆放次第，这种次第应当与竹书的原貌比较接近。③ 对竹简的研究应该是多角度、全方位的，贾先生的研究颇有新意。竹简编连也需多种因素综合考察，在竹简没有编号的情况下，反印墨迹的作用便会得到凸显。

赵平安先生以清华简《厚父》篇为例，指出四种值得注意的现象：一是明显的非楚文字特征，二是一些突出的古体特征，三是保留了一些非常独特的写法，四是书写工整而富于变化。赵先生得出结论：《厚父》是在晋系文本基础上用楚文字转抄而来的，抄写者具有很高的权威性和很强的自主性，非一般抄手可比，该文很可能是主人自抄的作品。④ 清华简《厚父》中复杂的字体特征，暗含着该篇文章成文较早，并在不同的地域文化中传播的可能。"厚

① 孟跃龙：《清华简〈命训〉"少命＝身"的读法——兼论古代抄本文献中重文符号的特殊用法》，《简帛》第十三辑，上海古籍出版社2016年版，第71—77页。

② 李松儒：《清华五字迹研究》，《简帛》第十三辑，上海古籍出版社2016年版，第79—84页。

③ 贾连翔：《反印墨迹与竹书编连的再认识》，《出土文献》第六辑，中西书局2015年版，第229—245页。

④ 赵平安：《谈谈战国文字中值得注意的现象——以清华简〈厚父〉为例》，《出土文献与古文字研究》第六辑，上海古籍出版社2015年版，第303—309页。

父"两字在正文中写作""，在篇题中写作""，我们可以由此推论正文与篇题出自不同的抄手。① 但主人的字迹我们没见过，无法确认，所以仅凭书写工整就判定《厚父》为主人自抄，推论尚嫌粗疏，断言亦非确凿。

文字释读是简帛研究的基础，须下大力气。学者们对清华简的研读，成果是可观的，如将《傅说之命》中的""释读为"满"，便是可信的。通过学者之间的讨论与争鸣，"都鲁，天子"之类的错误断句得以被纠正。但由于清华简面世时日尚浅，所以很多问题尚未被充分探究，如清华简《封许之命》中"毲 毲"等字依然未能释读；有些语句虽认得文字，但句意难明，如《傅说之命》中"复（且）天出不恙（祥），不徂远，才（在）乓（厥）胳（落）"。综上，我们对于清华简中的文字问题，如简化、繁化、存古及特殊构形等，关注似有不足，希望在今后的清华简研究中，我们能继续利用传世文献，比勘其他材料，做进一步的努力。

第二节　清华简的撰作年代及成书问题

根据碳十四同位素测定，清华简最终成书年代的下限是战国中期偏晚，其各篇的撰作年代则在此之前。清华简《书》类文献各篇的成书时间不尽相同，具体到某一篇，则有西周、春秋及战国等不同说法，不同学者之间的分歧也比较大。刘成群指出，清华简中的《尹至》《尹诰》文辞古奥，从词汇和句法特征来看，当属于西周或西周以前的资料。② 夏大兆、黄德宽则认为《尹诰》的成书时间不会太早，应是春秋、战国时人整合改编的伊尹故事。③ 同样一篇文献，学者一主张成文于西周，一主张成文于战国，时间间隔竟达三四百年。

关于清华简《厚父》的成书年代，学界有四种说法：一是夏书说，郭永秉

---

① 贾连翔已经指出此点。参见清华大学出土文献读书会：《清华简第五册整理报告补正》，清华大学出土文献研究与保护中心网站，2015年4月8日。

② 刘成群：《清华简与墨学管窥》，《清华大学学报（哲学社会科学版）》2017年第3期。

③ 夏大兆、黄德宽：《关于清华简〈尹至〉〈尹诰〉的形成和性质——从伊尹传说在先秦传世和出土文献中的流变考察》，《文史》2014年第3期。

清华简与中国早期文明研究

· 8 ·

认为《厚父》中的时王为夏王。① 二是商书说，福田哲之、张利军持此种观点，认为应是商汤灭夏后，以夏史为鉴，故向夏贵族厚父垂询夏朝先哲王恭敬明德之事。② 三是周书说，李学勤、程浩等学者认为，清华简《厚父》的有关文句，可能就是《孟子》中相关引文的出处，故持此种观点③；刘国忠先生则认为，清华简《厚父》是西周初年统治者为借鉴夏、商两朝治政得失而广泛咨询遗老的产物，厚父是夏人后裔，且很可能与周代杞国的始封君东楼公有关④。四是战国撰作说，李若晖认为墨者诵《诗》《书》无异于儒，而背周道以用夏政，墨者巨子腹䵍于秦惠王前严守墨者之法，《厚父》盖秦墨习于《书》学者，征夏史以明典刑之作。⑤ 由于清华简《厚父》中含有"道德决定天命转移"的思想，且用词习惯与周人接近，故而目前学界"周书说"的信从者最多。

关于清华简《傅说之命》的成书时间，晁福林认为"宗"在商代仅为宗庙之称，西周中期以后"宗族"之义渐多，春秋战国时期出现了"主也""尊也"等抽象意义，而《说命》篇对于商王大戊的称述，为推断此篇撰作年代不晚于春秋后期提供了一个旁证。⑥ 程浩将清华简《傅说之命》与《尚书·盘庚》进

---

① 郭永秉：《论清华简〈厚父〉应为〈夏书〉之一篇》，《出土文献》第七辑，中西书局2015年版，第118—132页。

② 〔日〕福田哲之：《清华简〈厚父〉的时代暨其性质》，载台湾大学文学院编：《先秦两汉出土文献与学术新视野国际研讨会论文集》，2015年，第173—187页。张利军：《清华简〈厚父〉的性质与时代》，《管子学刊》2016年第3期。

③ 李学勤：《清华简〈厚父〉与〈孟子〉引〈书〉》，《深圳大学学报（人文社会科学版）》，2015年第3期。程浩：《清华简〈厚父〉"周书"说》，《出土文献》第五辑，中西书局2014年版，第145—147页。杜勇：《清华简〈厚父〉与早期民本思想》，《西华师范大学学报（哲学社会科学版）》2016年第2期。黄国辉：《清华简〈厚父〉新探——兼谈用字和书写之于古书成篇与流传的重要性》，《清华大学学报（哲学社会科学版）》2016年第3期。

④ 刘国忠：《也谈清华简〈厚父〉的撰作时代和性质》，《扬州大学学报（人文社会科学版）》2017年第6期。

⑤ 李若晖：《〈厚父〉"典刑"考》，《哲学与文化》2017年第10期。

⑥ 晁福林：《从商王大戊说到商周时代祖宗观念的变化——清华简〈说命〉补释》，《学术月刊》2015年第5期。

行了细致的对比，发现该篇较多地保留了殷商时期的原貌。① 杨善群从比较清华简《傅说之命》与《古文尚书·说命》的不同出发，认为孔传《尚书·说命》三篇是珍贵的真古文献，而清华简《说命》三篇是战国时人根据某些传说资料而编造的游戏之作。② 王挺斌认为，清华简《傅说之命》虽然带有一些对贞卜辞的特点，但与"勿已"类卜辞仍存在一定的区别，这种情况，可能是由后人不熟悉商代语言而进行改写所造成的。③ 清华简《傅说之命》见于《书小序》，文辞古奥，其所叙商代之事，如傅说是征伐失仲的主将，不见于其他文献，故"战国时人伪造说"不可信，其主体内容成于殷商时期的可能性更大一些。

刘成群认为清华简《封许之命》系周成王册封吕丁于许的公文，从词汇、句法、文字等角度判断，此篇当是西周初期文献。④ 程浩强调《封许之命》篇的用字较多地保留了金文写法，故而这篇竹书很可能就是由青铜器铭文转写而来的。⑤ 杜勇先生主张清华简《皇门》固然以西周文字为主，但也带有少量东周时期的语言色彩，这说明它并非西周的原始文献而很有可能是春秋时人根据王室档案整理成篇的。⑥

以上多是单篇论文的管窥蠡测，杜勇先生以史料真伪及价值高低为据，对清华简做了一个总体上的判断：一是第一手史料，包括《厚父》《皇门》《芮良夫毖》；二是第二手史料，有《金縢》《楚居》《程寤》《尹至》《尹诰》《说命》《耆夜》《保训》。第二手史料，又分为三组：一是基本可信者，如《金縢》

---

① 程浩：《清华简〈说命〉研究三题》，《古代文明》2014年第3期。

② 杨善群：《清华简〈说命〉性质探讨》，《青海师范大学学报（哲学社会科学版）》2017年第4期。

③ 王挺斌：《〈说命〉"生二牡豕"与〈洹宝〉238号甲骨合读》，《中原文化研究》2017年第4期。

④ 刘成群：《清华简〈封许之命〉"侯于许"初探》，《中原文化研究》2016年第5期。

⑤ 程浩：《〈封许之命〉与册命"书"》，《中国典籍与文化》2016年第1期。

⑥ 杜勇：《清华简〈皇门〉的制作年代及相关史事问题》，《中国史研究》2015年第3期。

《楚居》等篇；二是主体可信者，如《程寤》《尹至》《尹诰》《说命》诸篇；三是基本不可信者，如《耆夜》《保训》等。① 裘锡圭先生指出，《尚书》中的《周书》大部分保持着"原件"的面貌，《商书》大概确有商代的底本为根据，然而也经过了周人较大幅度的修改，至于《虞夏书》各篇，就显然是后人的拟作了。② 原作、改作及拟作，这是裘先生针对传世《尚书》来说的，对清华简是否依然适用呢？ 如清华简《皇门》是"原作"③，清华简《商书》部分是"改作"，而清华简《耆夜》是后儒"拟作"？ 我们希望在今后的研究中，这些问题能得到深挖。

李守奎先生指出，从古书篇题的产生和流传的过程来看，清华简这个抄本很可能在《缁衣》引《尹诰》之前就流入楚地了。④ 诚如李先生所言，清华简保存了较为原始的面貌，但其"加篇题"是否是一种统一的行为？ 清华简与儒家《尚书》属于不同的系统，加篇题，是同时加，还是有的系统加了、有的系统没加？ 清华简《周武王有疾周公所自以代王之志》（《金縢》），虽带有书序的性质，但名义上依然可以被看作篇题。如果是统一加的篇题，那么两个系统的篇名为何有所不同？ 由于信息的缺失，我们对先秦《书》类文献了解得太少，包括加篇题在内，所以我们应该对古书成书的复杂性做更多的考虑，把可能存在的问题想得更多一些。对于清华简《书》类文献的成书年代，我们只有从其竹简形制、字体、内容、语词及传世文献征引情况等方面着眼，多角度、多层面地综合考察，才能得出近真的结论。

第三节　清华简与《书》类文献研究

在清华简与《书》类文献的研究上，学界争论的焦点是《古文尚书》的真伪问题。清华简《尹至》《尹诰》，特别是《傅说之命》三篇，为考辨《古文尚

---

① 杜勇：《清华简与古史探赜》，科学出版社 2018 年版，第 321—322 页。

② 裘锡圭：《中国出土古文献十讲》，复旦大学出版社 2004 年版，第 141 页。

③ 所谓"原作"，也并非一成不变，只是被后人改动较少而已。

④ 李守奎：《汉代伊尹文献的分类与清华简中伊尹诸篇的性质》，《深圳大学学报（人文社会科学版）》2015 年第 3 期。

书》的真伪提供了难得的凭恃。清华简整理者指出，清华简《尹诰》与孔传本《咸有一德》全然不同，东晋梅赜所献的孔传本确如宋以来学者所考，系后世伪作。① 杜勇先生强调，传世本《尚书·说命》从形式到内容，都与竹简本《傅说之命》不同，再次证明前人把"晚书"二十五篇断为伪作是铁案如山。② 廖名春先生认为，孔颖达疏据"晚书"《咸有一德》而以为"是伊尹诰大甲，故称'尹诰'"，但由清华简《尹诰》看，与伊尹对话的是汤而非大甲，这也说明"晚书"《咸有一德》确属伪书，清华简中的《尹诰》或《咸有一德》才是真的。③ 刘国忠等学者亦持此说。

黄怀信先生持反对观点，他认为清华简《尹诰》首句"惟尹既及汤咸有一德"，并不能证明简本《尹诰》就是《缁衣》所引之《尹诰》，更不能证明简本《尹诰》就是真正的《咸有一德》。④ 杨善群先生认为简本《说命》中的神怪故事非《尚书》所宜有、傅说言论庸俗而无所作为、王的命语冗长而不切实际、他籍引文多数杳无踪影，相比之下，今本《尚书·说命》三篇完全没有这些弊病，因而是具有珍贵价值的古文献。⑤ 张岩认为清华简《咸有一德》和《说命》内容中的作伪破绽十分明显，其文章质量非常低劣，可以被确认为今人赝作。⑥

以上两种观点针锋相对，要么以《古文尚书·咸有一德》为伪，要么以清华简《尹诰》为伪。由于二者相持不下，故而学者另辟蹊径，提出了第三种

① 李学勤主编：《清华大学藏战国竹简（壹）》，中西书局2011年版，第132页。
② 杜勇：《从清华简〈说命〉看古书的反思》，《天津师范大学学报（社会科学版）》2013年第4期。
③ 廖名春：《清华简与〈尚书〉研究》，《文史哲》2010年第6期。
④ 黄怀信：《由清华简〈尹诰〉看〈古文尚书〉》，《鲁东大学学报（哲学社会科学版）》2012年第6期。
⑤ 杨善群：《清华简〈说命〉考论》，《淮阴师范学院学报（哲学社会科学版）》2014年第1期。
⑥ 张岩：《清华简〈咸有一德〉〈说命〉真伪考辨》，《山东青年政治学院学报》2015年第1期。

观点。虞万里先生认为，若从秦汉间经师阐发经典大义的"传体"形式去认识，《咸有一德》很可能是孔安国阐述《尹诰》经旨之传文，由孔氏或其弟子缮写后上送秘府。逮及曹魏立古文博士，寻访《古文尚书》逸篇，始整理秘府旧简。由于没有经文可供校正，故整理出的篇章不免有错简与残缺，文字亦有讹误，但它的书写简式仍与刘向所校中古文《尚书》每简二十余字相当，透露出二者的历史关联。《咸有一德》性质和来源的确定，为《古文尚书》二次整理说提供了一个典型实例。① 考证《古文尚书》的真伪问题，头绪极为繁杂，一个大的学术公案又涵摄众多小的学术公案，小的公案若不被解决，大的公案就无法推进，因此一些学者对此持谨慎立论的态度。相关研究，参见崔海鹰《孔传〈古文尚书〉渊源与成书问题探论》②、程浩《"书"类文献先秦流传考——以清华藏战国竹简为中心》③。

针对清华简《傅说之命》与《尚书·说命》之间的关系，李锐指出，清华简《傅说之命》三篇恐怕并非《书序》所说的《尚书·说命》三篇，从目前古书中所引的《说命》佚文来看，《傅说之命》的第二篇很可能与《书序》所说的《尚书·说命》三篇中的某一篇非常接近，其余两篇则有可能不是《书序》所指的《说命》。④ 廖名春先生认为，清华简《说命中》不是清华简《说命上》的续篇，而是对武丁初见傅说一事更为详尽的记载，两篇之间是相关关系而非前后承接关系，所以将《傅说之命》三篇称为"上""中""下"是不妥当的。⑤ 对于《礼记》所引"念终始典于学"等语句不见于清华简《傅说之命》

---

① 虞万里：《由清华简〈尹诰〉论〈古文尚书·咸有一德〉之性质》，《史林》2012年第2期。

② 崔海鹰：《孔传〈古文尚书〉渊源与成书问题探论》，曲阜师范大学2014年博士学位论文。

③ 程浩：《"书"类文献先秦流传考——以清华藏战国竹简为中心》，清华大学2015年博士学位论文。

④ 李锐：《清华简〈傅说之命〉研究》，《深圳大学学报（人文社会科学版）》2013年第6期。

⑤ 廖名春：《清华简〈说命中〉的内容与命名》，《扬州大学学报（人文社会科学版）》2014年第4期。

这一现象，王永认为，清华简《傅说之命》最后一部分七个高宗语录片段之间并无严密的逻辑线索，所以那些佚文极有可能大部分出自这里，并且是语录群的组成部分。①

《尚书》的体例也是学者们关注的问题。程浩认为，清华简《封许之命》篇记载了周初成王封吕丁于许的册命，其格式体裁与今传《尚书》中的《文侯之命》等传世"命"书基本相同，应当被视为专门的一体。②陈民镇认为，清华简《傅说之命》之得名，在于上篇结尾言及"王用命说为公"，但其实，中篇与下篇似更接近诰体；相对而言，《封许之命》与《文侯之命》的原始素材即来自"命书"，故而二者更符合《尚书》"命"的体例特征。③

清华简与《尚书》《逸周书》的印证是双向的。刘国忠先生结合清华简《金縢》来考察传世本《金縢》，认为《金縢》是先秦时期一篇真正的《尚书》文章，并非出自后世的伪造，而且《金縢》全篇的写作应是一气呵成，不存在后人增附的情况。④清华简《金縢》是战国中晚期的古文本，李晶通过文本对读等方法，推断郑氏经说主要采用了古文，《史记·鲁周公世家》则兼采今古文经说。⑤晁福林先生依据清华简《傅说之命》推断，说明大徐本作"敻求"近是，而小徐本作"营求"则近非；另外，《说文》所引《商书》的材料也引人深思：既然《古文尚书》中与"今文"有别的诸篇无序，那么《说文》所引者应是《古文尚书·说命》篇中之语，而《古文尚书·说命》（或其佚文）在许

① 王永：《〈清华大学藏战国竹简〉与〈古文尚书〉〈说命〉篇文体比较》，《古籍整理研究学刊》2015年第2期。
② 程浩：《〈封许之命〉与册命"书"》，《中国典籍与文化》2016年第1期。
③ 陈民镇：《王官与文体的初肇——以〈诗〉〈书〉为考察中心》，《中国社会科学院研究生院学报》2018年第3期。
④ 刘国忠：《从清华简〈金縢〉看传世本〈金縢〉的文本问题》，《清华大学学报（哲学社会科学版）》2011年第4期。
⑤ 李晶：《清华简〈金縢〉与〈尚书〉郑注文本考——兼论〈史记〉述〈金縢〉的今古文问题》，《古代文明》2016年第3期。

慎的时代也是有可能存在的。① 实际上，大徐本《说文解字》所引"高宗梦得说，使百工夐求，得之傅岩"，不是出自《商书·说命》，而是出自《书小序》；此句有异文，只能证明《书小序》有不同传本，不能必然证明《古文尚书·说命》在汉代依然流传。②

针对孔子和《尚书》的关系，谢维扬先生指出，清华简《说命》三篇均有自题篇名，这表明已知的《尚书》篇题在很大程度上都不能确定是孔子编书时拟定的，孔子编书时也应该没为各篇文字拟定最终的题目；同时，孔子编订的文本并非《尚书》的唯一文本，孔子之后可能有更多的人做出"编书"之事，使各类《尚书》文本相继出现。③ 腾兴建以新出清华简及相关传世文献为据，推定《书小序》成书于公元前 289 年到公元前 213 年之间，是儒家后学托名孔子所作。④ 程浩由清华简《书》类文献原始文本的外部信息入手，探讨《尚书》各篇定名与序次的规律：《书》类文献篇题的拟定，大致不与《书》的作成同时。《尚书》命名的多种方式，导致了《尚书》中常见的同篇异名现象。⑤

在清华简中发现的《逸周书》文献，有《程寤》《皇门》《祭公》《命训》四篇。李学勤先生指出，清华简《尹诰》《尹至》中，很多用词、语法同《今文尚书》中的《夏书》和《商书》是一样的，清华简里没有《尚书》和《逸周书》的差别，因此对《逸周书》中若干篇文章的估价，还应该提高。⑥ 关于《逸周书·命训》的成书年代，刘国忠先生主张至迟在春秋中期，《命训》及其他一

---

① 晁福林：《从清华简〈说命〉看〈尚书〉学史的一桩公案》，《人文杂志》2015 年第 2 期。

② 相关研究，参见程薇：《传世古文尚书〈说命〉篇重审——以清华简〈傅说之命〉为中心》，《中原文化研究》2015 年第 1 期。

③ 谢维扬：《由清华简〈说命〉三篇论古书成书与文本形成二三事》，《上海大学学报（社会科学版）》2016 年第 6 期。

④ 腾兴建：《清华简与〈书序〉研究》，《孔子研究》2017 年第 4 期。

⑤ 程浩：《从出土文献看〈尚书〉的篇名与序次》，《史学集刊》2018 年第 1 期。

⑥ 李学勤：《清华简与〈尚书〉、〈逸周书〉的研究》，《史学史研究》2011 年第 2 期。

批过去被认为成文较晚的《逸周书》篇章已经出现，而清华简《命训》篇的发现，为这一结论提供了重要的依据。① 黄甜甜参考清代以来研究者总结的古书疑义条例，于语言文字层面讨论《逸周书》在后世整理时出现的文字误释、误读和语法误解，并通过厘清文字误释产生的时代，推测今本最早整理于西汉。②

清华简与传世文献是不同的写本，大量出土文献的面世为学者探索古书的成书规律提供了新的契机。谢维扬先生指出，清华简《说命》三篇表明今传《尚书》文本并不是早期唯一形成的《尚书》文本，古书成书过程是具有多元性或多线性的。③ 程浩认为，古书"层累"形成的特点使其在长期流传过程中难免被人整理与改动，其文本并不固定，故而以局部内容的生成时代去判断整体文本价值的方法并不可取。在充分考虑古书成书的复杂程度与未知因素的前提下，学者只有对文本中每一处篇章字句的来源与时代进行深入考察，才能对文本的整体价值做出正确评判。④ 清华简的面世，对《尚书》学史的影响是全方位的：一是推动学界对《尚书》《逸周书》文本的校勘工作，二是有助于学者对《古文尚书》的真伪问题进行重新认识，三是增进学者对早期古书成书规律的理解，四是使后世学者对清代辨伪学的成果做出客观、公允的评价。我们相信，随着相关研究工作的推进，清华简的价值会愈发显现出来。

第四节　清华简与相关史事考证

《尚书》记载的"西伯戡黎"，千百年来一直是一桩悬而未决的公案。西汉以来，司马迁、郑玄、王肃等人都认为"戡黎"的是周文王，而孔颖达、胡

---

① 刘国忠：《清华简〈命训〉初探》，《深圳大学学报（人文社会科学版）》2015年第3期。

② 黄甜甜：《由清华简三篇论〈逸周书〉在后世的改动》，《中华文史论丛》2016年第2期。

③ 谢维扬：《古书成书的复杂情况与传说时期史料的品质》，《学术月刊》2014年第9期。

④ 程浩：《古书成书研究再反思——以清华简"书"类文献为中心》，《历史研究》2016年第4期。

宏、薛季宣、吕祖谦等人皆力主"武王戡黎"。清华简《耆夜》记载了周武王八年，武王征伐耆国得胜回都，于是李学勤、沈建华等学者认为清华简《耆夜》篇为宋儒的"武王戡黎"说提供了有力证据。①刘成群、朱彦民等学者主张按照今本《竹书纪年》的记载，"戡黎"发生过两次，一次在文王时，一次在武王时。②其他如文王受命称王、武王克商后病逝时间、周公"居东"、伊尹助商克夏等，都已成为学界关注的热点问题。

《尚书·尧典》《史记·五帝本纪》记载皋陶是大禹时代的人物，清华简《厚父》篇则主张皋陶与夏启同时。面对文献记载的差异，王震中先生认为"皋陶"是一个沿袭性人名，也就是说，既有尧舜禹时期的皋陶，也有夏启时期的皋陶。③刘国忠先生认为，清华简《傅说之命》中的"赤敇之戎"可能指戎人的一支，具体应指战败后的失仲与随之逃窜的部众。④张伦敦主张简文《说命》所载的"员土"当训作"云土"，与武丁时代"北海之州"的地域面貌及职能区划密切相关，《周礼》对"圜土"及其附属刑制的表述即以"云土"为底本拟构而来。⑤张卉说《傅说之命》中的"失"即"豕"，皆为"豕韦"的简称。简文记载了武丁命傅说征伐豕韦之事，为研究三代时期"彭姓豕韦"和"刘姓豕韦"的兴衰更替、地望迁徙等问题提供了新线索。⑥王应麟《诗地理考》卷五《商颂》"韦顾"条云："滑州韦城县，古豕韦国。"陈奂《诗毛氏

---

① 李学勤：《从清华简谈到周代黎国》，《出土文献》第一辑，中西书局 2010 年版，第 1—5 页。沈建华：《清华楚简"武王八年伐邨"刍议》，《考古与文物》2010 年第 2 期。

② 刘成群：《清华简〈乐诗〉与"西伯戡黎"再探讨》，《史林》2009 年第 4 期。朱彦民：《清华简"武王戡黎"考辨》，载罗运环主编：《楚简楚文化与先秦历史文化国际学术研讨会论文集》，湖北教育出版社 2013 年版，第 278—291 页。

③ 王震中：《清华简〈厚父〉篇"咎繇"与虞夏两代国家形态结构》，《南方文物》2016 年第 4 期。

④ 刘国忠：《清华简〈傅说之命〉别解二则》，《出土文献》第三辑，中西书局 2012 年版，第 48—50 页。

⑤ 张伦敦：《〈清华简·说命〉所载傅说事迹史地钩沉——兼论卜辞中的"云奠河邑"》，《古代文明》2017 年第 3 期。

⑥ 张卉：《清华简〈说命上〉"说于寑伐失仲"考》，《考古与文物》2017 年第 2 期。

传疏》卷三十有言："今河南卫辉府滑县东南五十里有废韦城。"豕韦国即今河南滑县，但傅说筑城的傅岩则在山西平陆，两者地理位置相距甚远。我们认为，商代豕韦可能有不同的分支，河南滑县有豕韦，山西平陆也有豕韦，傅说所征伐的是北方的一支豕韦。

清华简《尹至》《尹诰》《汤处于汤丘》诸篇为学界考证商汤居地及伐桀路线提供了新线索。陈民镇主张商汤所居的"汤丘"并非"唐丘"或"商丘"，而是清华简《系年》所见卫叔封初封之"康丘"，地点在安阳殷墟一带。① 李玉洁女士认为，关于商部族的发祥地，学界有陕西说、山西说、东方说、幽燕说、东北说等五种说法，但由清华简《尹至》及《吕氏春秋·慎大》可知，商部族起于东方。②

李锐先生强调清华简《金縢》有"武王既克殷三年"而后崩之说，算上克殷之年，则武王在位四年，这一推论可能比今传本《金縢》的记载更可信。③ 杜勇先生认为，在清华简《皇门》篇中，周公自称"余一人"，史官以"（周）公若曰"等同"王若曰"来领起全篇诰辞，且诰辞始终不曾言及成王等事，都不同程度地反映了在周初复杂的政治背景下，周公摄政称王的史实。④

杜勇先生指出，清华简《祭公》所言三公具体人名，为研究三公之制提供了崭新线索。三公为西周时期朝廷执政大臣的通称，但不以三人为限，主要由卿士寮、太史寮有关部门的主官（三四人或五六人）组成，其中常有一人为首席执政大臣。⑤ 陈颖飞女士从清华简《耆夜》《祭公》切入，结合用金文书

---

① 陈民镇：《清华简伊尹诸篇与商汤居地及伐桀路线考》，《广西师范大学学报（哲学社会科学版）》2018 年第 2 期。

② 李玉洁：《从〈清华简·尹至〉质疑"商族源于西方说"》，《中原文化研究》2017 年第 1 期。

③ 李锐：《由清华简〈金縢〉谈武王在位四年说》，《学术交流》2015 年第 7 期。

④ 杜勇：《清华简〈皇门〉的制作年代及相关史事问题》，《中国史研究》2015 年第 3 期。

⑤ 杜勇：《清华简〈祭公〉与西周三公之制》，《历史研究》2014 年第 4 期。

写的其他西周文献，证明毕氏家族在西周中期很兴盛，未出现中衰，而其于西周晚期的"绝封"疑是由国人暴动所引发的厉宣之间的政变造成的。①

第五节　清华简与思想义理研究

清华简中的重民思想，集中体现在《尹至》《尹诰》《厚父》，以及《傅说之命》丙篇中，这也是学界非常关心的话题。廖名春先生认为，清华简《尹诰》篇中的民本思想建立在"君权神授""天人合一"思想之上，为孟子思想的源头。②夏大兆、黄德宽两位先生持反对意见，他们强调清华简《尹诰》可能是战国时期的文献，它体现出的重民思想应源于孟子思想。③曹娜认为，清华简《尹诰》中的"众"指夏、商时期作为统治基础的宗族成员，该篇中的重民思想实则体现了对宗族的重视，与战国时期的民本思想并不等同。《尹诰》篇对夏朝覆亡教训的总结主要着眼于人事层面，夏鉴思想具有很强的现实功用性，与商代尊天敬鬼的主流思想不符，故而该篇的整理者可能是受了周初之人殷鉴思想的影响。④王坤鹏认为，清华简《厚父》中的民众行为复杂多变，言谈举动很难反映其真实内心，甚或具有欺骗性，让统治者难以体察，故而君师之设的目的在于"治下民之慝"——这种观念与孟子等儒家学者的安民、养民观念相去甚远。⑤

陈民镇认为，清华简《尹诰》《说命下》诸篇体现出的思想，颇有后世"水能载舟，亦能覆舟"的意味。若传世《商书》与清华简《商书》有一定关联，那么涉及敬天保民、安民利民、重农裕民、慎罚宽民、柔远能迩等精神的重民思想，在商代就已有一定的发展，而周人敬德保民的观念也当非无源之水。如果商代已有成熟的重民思想，那么当时"众""民"的身份也可以得到进一

① 陈颖飞：《清华简毕公高、毕桓与西周毕氏》，《中国国家博物馆馆刊》2012 年第 6 期。

② 廖名春：《清华简〈尹诰〉研究》，《史学史研究》2011 年第 2 期。

③ 夏大兆、黄德宽：《关于清华简〈尹至〉〈尹诰〉的形成和性质——从伊尹传说在先秦传世和出土文献中的流变考察》，《文史》2014 年第 3 期。

④ 曹娜：《试论清华简〈尹诰〉篇研究中的两个问题》，《史学史研究》2018 年第 1 期。

⑤ 王坤鹏：《论清华简〈厚父〉的思想意蕴与文献性质》，《史学集刊》2017 年第 2 期。

步的落实。① 正如李守奎先生所说，究竟是根据孟子的民本思想来推定之前该思想的不存在，还是根据其前面的思想来推定孟子思想的来源，这个问题事关重大，需要我们慎重对待。②

赵平安先生指出，清华简《厚父》体现了作者敬天重神而又务实的倾向，其理念主要承自儒家，但亦汲取了道家、墨家的思想元素，是战国中期社会发展在思想领域的反映，其思想体系已与后来荀子的思想体系颇为相似，故而该文是研究战国思想史不可多得的珍贵资料。③ 刘国忠先生说，如果我们把遂公盨铭文与清华简《厚父》篇联系起来，便可以发现二者都对夏朝大禹治水等事迹做了阐述并进而提倡德政思想。由此，他认为遂公盨铭文中的相关内容，很可能是受了清华简《厚父》篇的影响。④ 曹峰先生认为《厚父》说的是成汤灭夏立商后，向夏朝遗臣厚父询问治国经验，行文有点类似《洪范》，篇首追溯夏后氏建邦始于大禹浚川，也可以与豳公盨（遂公盨）的铭文进行对比，但其所述治国之要远逊《洪范》九畴。⑤ 蒋鲁敬认为，将殷王得傅说说成是上天所赐，很可能是在"傅说辅佐武丁"的故事形成以后。在对天的景仰逐渐加深的过程中，商人为"傅说辅佐武丁"之事增添了"天命"色彩并使之成为一种成说。⑥

刘国忠先生认为，在清华简《命训》中，对于"命"的阐发无疑处于核心地位，而《命训》篇把"命"区分为"大命"和"小命"的做法，在中国思想史

---

① 陈民镇：《奴隶社会之辩——重审中国奴隶社会阶段论争》，《历史研究》2017 年第 1 期。

② 李守奎：《汉代伊尹文献的分类与清华简中伊尹诸篇的性质》，《深圳大学学报（人文社会科学版）》2015 年第 3 期。

③ 赵平安：《〈厚父〉的性质及其蕴含的夏代历史文化》，《文物》2014 年第 12 期。

④ 刘国忠：《也谈清华简〈厚父〉的撰作时代和性质》，《扬州大学学报（人文社会科学版）》2017 年第 6 期。

⑤ 曹峰：《导言：清华简（五）与先秦思想研究专题》，《哲学与文化》2017 年第 10 期。

⑥ 蒋鲁敬：《清华简〈说命上〉发微》，《楚文化研究论集》第十一集，上海古籍出版社2015 年版，第 427 页。

上具有很重要的意义。①《命训》篇虽然貌似只提到了"大命""小命"这二命，但只要联系到"三命"的具体内容，就不难发现除了"大命"与"随命"、"小命"与"遭命"的对应关系之外，《命训》中实际上也有"受命"的内容，而且这是有关"受命"的最全面、最生动的阐释。②日本学者中村未来称，通过研究清华简《命训》可知，至晚在战国时期，就出现了将"丑"释为"耻"的文本。在这种时代文化背景下，"耻"将成为规范人们言行的手段。③学界原以为《命训》既讲人性之恶，则其成文时代必在战国时期。而清华简《命训》告诉我们，"丑"应训为"耻"而不是"恶"，故以"性恶论"判定《命训》成书年代较晚的认知也被刷新了。

第六节　其他研究

刘成群先生注意到了清华简与墨学之间的关联，他说清华简、《墨子》及《吕氏春秋》应该有相同的原始材料作为依据，这些原始材料可能就是《商书》一类的史书祖本，而清华简中的《尹至》《尹诰》可能就是其中的两篇。④王志平考察了清华简《傅说之命》中的地名，认为"韦"在今河南滑县东南；"京"在今河南荥阳东南；"郧"当为"韦、顾既伐"之"顾"，在今河南范县；"胳"当读为"洛"或"亳"，"亳"指西亳，在今河南偃师。⑤清华简《尹至》"惟尹自夏徂亳"一句中，"亳"写作"白"，那么为何该字的写法与其在清华简《傅说之命》中的写法不同？清华简《傅说之命》乙篇有"且天出不祥，不徂远，在厥胳"之句，那么传世文献中是否有"厥"和"亳"连用的例证？"郧"与"胳"是否为地名？这些问题尚待进一步研究。

---

① 刘国忠：《清华简〈命训〉中的命论补正》，《中国史研究》2016年第1期。

② 刘国忠：《从清华简〈命训〉看早期中国的三命观》，《哲学与文化》2017年第10期。

③〔日〕中村未来：《作为统治手段之"耻"：以〈逸周书〉三训为中心》，《东亚观念史集刊》2016年第11期。

④ 刘成群：《清华简与墨学管窥》，《清华大学学报（哲学社会科学版）》2017年第3期。

⑤ 王志平：《清华简〈说命〉中的几个地名》，《简帛》第九辑，上海古籍出版社2014年版，第147—155页。

李炳海先生认为，清华简中的《赤鹄》以夏、商之际的历史为背景，对以往传世文献中的此类题材进行了全方位的颠覆。《赤鹄》中的巫鸟，原型是越地传说中的冶鸟，是越祝之祖。在《赤鹄》写定的时期，越文化尚未充分融入楚文化，而是继续保持着其原有属性，所以人们不将这篇故事归入楚文化系列。①张利军认为，清华简《厚父》的记言背景是商汤就夏朝先王"敬明德"的事迹询问夏朝遗民厚父，二人在谈及夏代朝臣的职责时，称之为"服"，对夏朝后裔臣服于商朝的情况亦称"服"。商周甲骨文、金文及传世文献在记载臣子职事时多称"服"，表明商周时期存在服制。在清华简《厚父》中，商汤及夏遗民厚父将夏代臣子职事也称为"服"，则说明夏代也极有可能存在服制。②虽然清华简《厚父》中的"服"意为"职事"，但若要探究夏代是否也存在着与商代近似的内外服制度，则需要更多材料来印证。其他相关研究成果，请参看付强《由清华简〈封许之命〉看周初分器的标准》等。③

第七节　存在的问题及今后努力的方向

陈寅恪先生在《陈垣敦煌劫余录序》中说："一时代之学术，必有其新材料与新问题。取用此材料，以研求问题，则为此时代学术之新潮流。治学之士，得预于此潮流者，谓之预流（借用佛教初果之名）。其未得预者，谓之未入流。此古今学术史之通义，非彼闭门造车之徒，所能同喻者也。"④积极利用新见材料来研究学术问题，正是陈寅恪所说的学术"预流"。目前，学界对于清华简的研究，取得的成绩是显而易见的，要充分肯定。但问题亦不可避免，这主要表现在以下几个方面：

---

① 李炳海：《清华简〈赤鹄〉的越文化属性》，《吉林大学社会科学学报》2018年第4期。

② 张利军：《清华简〈厚父〉与夏代服制》，《史学理论与史学史学刊》2017年第1期。

③ 付强：《由清华简〈封许之命〉看周初分器的标准》，《陕西历史博物馆馆刊》第24辑，2017年。

④ 陈寅恪：《陈垣敦煌劫余录序》，《金明馆丛稿二编》，生活·读书·新知三联书店2001年版，第266页。

一、学界只是笼统地讨论清华简中的《书》类文献，并未确定相应的标准，即哪些篇目是《书》类文献、哪些不是，因而缺少客观的判定依据。学者在考察《书》类文献时，各自所认定的篇目差别很大，如在《保训》是否是《书》类文献这一问题上，便存在着不同的看法。清华简非考古发掘所得，故而层位学的方法已经失效。笔者认为，首先要借鉴考古研究中类型学方法，将清华简按照竹简形制、字体及文本内容进行分类，同时结合《尚书》的体例及传世文献的记载，确定哪些篇目属于《书》类文献、哪些不是，在一定程度上弥补以往研究中存在的缺漏。

二、战国中期偏晚，是清华简《书》类文献成书年代的下限。学者将《书》类文献中各篇文章的成文时间统一起来，要么判为西周，要么判为春秋，但实际上，这些篇章的形成有一个跨时代、长时段的"层累"过程。如《尚书·金縢》，就既本于西周官方档案，又有春秋战国时期的改编痕迹。先秦时期，《书》无定本，以类相存，我们只有放眼长远，长时段考察，才能准确描述《书》类文献的形成过程。

三、区分不同传本、不同系统的《书》类文献。先秦时期，《书》类文献的流传有两个重要特征：一是不同地区有不同的传本，如齐鲁地区有孔子传《书》、墨子传《书》，楚地有清华简《书》类文献，郑国也有相应传本的《书》。二是在儒家的《尚书》系统之外，还有墨家、道家等不同的《书》类文献系统。清华简《金縢》与《尚书·金縢》是不同的传本，清华简《书》类文献与儒家《尚书》属于不同的系统。以往学者在做研究时，往往将清华简《书》类文献与儒家所传《尚书》不加区分地归入同一系统，这是有问题的。笔者认为，只有分清不同传本、不同系统，把清华简《书》类文献定位为当时众多《书》类文献系统中的一支，才能开辟出先秦《书》类文献研究的新境界。

四、清华简《尹诰》《傅说之命》的出现，使"《古文尚书》伪书说"再次得到了出土材料的印证，但梅赜本《古文尚书》的成书过程，依然是未解之谜。学界往往把两汉之际的《尚书》传流，尤其是孔氏家学，作为破解《古文尚书》成书之谜的突破口。但从清华简《傅说之命》来看，《古文尚书》的作伪者误信郑玄之语，将傅说视为《尚书·说命》的作者，故而可知《古文尚书》的编纂当晚于郑玄成名的年代，汉代孔氏家学与《古文尚书》的形成并无密切关联。李学勤先生指出："这并不表明伪书是毫无价值的……对于伪书的形成和传流过程，我们还有深入探讨的必要。"① 所谓辨伪，不是意味着彻底否定《古文尚书》的价值，而是让它回归当初撰作的时代。笔者认为，对于《古文尚书》的传流过程，尤其是魏晋之际的，必须再做深入细致的考察。作伪者依据史书中"武丁梦求傅说"的历史背景，对传世文献的引文进行编缀、还原，而郑玄与梅赜之间《古文尚书》的传流，应作为今后考察的重中之重。

五、注重义理研究，这是出土文献研究的最终落脚点和归宿。目前，学界对清华简《书》类文献的研究主要集中在文字校释、源流梳理、真伪考辨上，对思想史的研究则有待加强。以清华简为依托，研究三代时期的社会思想风貌，也应是后续研究的重要着力点。

（本章内容最初发表于《孔子学刊》第九辑，青岛出版社 2018 年版。

收入本书时略有改动）

---

① 李学勤：《新整理清华简六种概述》，《文物》2012 年第 8 期。

第二章 自宋至清抉发《古文尚书》伪迹的理路

　　《尚书》是我国现存的最早的历史文献汇编，记载了上古时期圣王贤臣的嘉言懿行及治国谋略，涵盖政治、经济、军事、地理等诸多方面，对于古代社会研究的重要性不言而喻。五经之中，《尚书》尤为难治：一是因为其成书年代去今已远，文字佶屈聱牙，内容晦涩难懂；二是因为其命运多舛，传流过程极其复杂——既有《今文尚书》早出，立于学官，又有新文献出现，《古文尚书》并入；既有官学传流，又有家学授受；既有孔鲋、孔安国对《古文尚书》的全力挽救，功彪史册，又有张霸伪造百篇，欺世盗名……可谓头绪繁多，疑案重重，乱丝难理。

　　《四库全书总目提要》说，《尚书》一经，汉以来所聚讼者，莫过于《洪范》之五行；宋以来所聚讼者，莫过于《禹贡》之山川；明以来所聚讼者，莫过于今文古文之真伪。[①] 自明代以来，学界对《古文尚书》真伪的考辨，已经成为《尚书》研究中的核心内容。在众多的学术疑案中，《古文尚书》的真伪之争，

---

① 〔清〕纪昀总纂：《四库全书总目提要》，河北人民出版社2000年版，第356页。

是古籍辨伪史上最复杂、最棘手的学术难题。

西晋末年，"永嘉之乱"爆发，怀帝被掳走，王室倾覆，百姓流离失所。性命攸关之际，人们何暇顾及文献典籍，于是"众家之书并亡"，欧阳、大小夏侯所传《尚书》亡佚殆尽。东晋元帝时，朝政趋于稳定，豫章内史梅赜献《尚书》五十八篇，以弥补当时"书经"之阙。若当时揭露其为伪书，则无异于"公然冒天下之大不韪"，故由宋至清，学者们走过了一条极为艰难的辨伪之路。

第一节　宋代"《古文尚书》伪书说"初现端倪

东晋时期，《古文尚书》立于学官，置博士。唐代贞观年间，孔颖达等学者奉诏编纂《五经正义》，其中的《尚书正义》即以孔传《古文尚书》为依据，其后成为科举考试的钦定书目，厕身十三经中，在当时社会上广为流布。自东晋至唐代，数百年间，梅赜所献《古文尚书》一直列为官学，并未引起学者的怀疑。南宋时期，疑经思潮兴起，吴棫率先声称《古文尚书》不可信："安国所增多之书，今书目俱在，皆文从字顺，非若伏生之书屈曲聱牙，至有不可读者。"[①]吴棫怀疑《古文尚书》为伪书，主要是依据《古文尚书》与《今文尚书》阅读难易有别，辞气差异显著。《今文尚书》佶屈聱牙、晦涩难通，而《古文尚书》则文从字顺、平缓卑弱，难免有作伪之嫌。吴棫眼光独到，他撰有《书裨传》十三卷，可惜已经失传。

《朱子语类》卷七十八云："孔壁所出《尚书》，如《禹谟》《五子之歌》《胤征》《泰誓》《武成》《冏命》《微子之命》《蔡仲之命》《君牙》等篇皆平易，伏生所传皆难读。如何伏生偏记得难底，至于易底全记不得？此不可晓。"[②]《今文尚书》难读，伏生皆能熟记，《古文尚书》易读，伏生却已淡忘，此与常理不合。《朱子语类》卷七十八又云："孔书至东晋方出，前此诸儒皆

---

①转引自〔清〕阎若璩：《尚书古文疏证（附：古文尚书冤词）》，上海古籍出版社2013年版，第598页。

②〔宋〕黎靖德编，王星贤点校：《朱子语类》，中华书局1986年版，第1978页。

不曾见，可疑之甚！"① 又云："岂有数百年壁中之物，安得不讹损一字？"②《古文尚书》在东晋时突然出现，却不见于此前经传；竹书在孔壁中保存了数百年，文字却无残损。朱熹从竹简在孔壁中的保存情况、文献的流传过程着眼，认为《古文尚书》存在问题。③

朱熹注意到辞气与时代之间的关系，强调《古文尚书》言语气象卑弱，不似先汉之文厚重劲健。与吴棫相比，朱熹怀疑的范围进一步扩大，疑孔《传》、孔《序》皆为伪造。由于吴棫、朱熹所言来自他们真切的阅读感受，故而引起了蔡沈、洪迈、晁公武、陈振孙等学者的强烈共鸣，"《古文尚书》伪书说"迅速扩展开来。

第二节　元明时期对《古文尚书》作伪的揭示

元代赵孟頫在其《书今古文集注》中将今文、古文分开编注，吴澄《书纂言》舍弃古文，只注今文，相当于确认了《古文尚书》的伪书性质，但他们只是质疑《古文尚书》采集补缀，"无一字无所本"④，并未列出翔实的证据来进一步说明。真正从学理上走出关键性一步的，是明代梅鷟的《尚书考异》。梅鷟考辨《古文尚书·君陈》中"凡人未见圣，若不克见。既见圣，亦不克由圣。尔其戒哉。尔惟风，下民惟草"一句时说：

> 《缁衣》："《君陈》云：'未见圣，若己弗克见。既见圣，亦不克由圣。'"郑氏曰："克，能也。由，用也。"《尚书》无"己"字。《论语》：

①〔宋〕黎靖德编，王星贤点校：《朱子语类》，中华书局1986年版，第1985页。
②〔宋〕黎靖德编，王星贤点校：《朱子语类》，中华书局1986年版，第1978页。
③《朱子语类》卷七十九："《书》中可疑诸篇，若一齐不信，恐倒了六经。"宋儒所推崇的"十六字心传"等理学观念皆在《古文尚书》之中，朱熹站在卫道的立场，反对彻底否定《古文尚书》。他尝试以"《书》有两体"的方式解释今古文的差异，委婉地为《古文尚书》辩护。参见姜龙翔：《朱子疑〈古文尚书〉再探》，《嘉大中文学报》2011年第5期。
④吴澄说："伏生《书》虽难尽通，然辞义古奥，其为上古之书无疑。梅赜所增二十五篇，体制如出一手，采集补缀，虽无一字无所本，而平缓卑弱，殊不类先汉以前之文。夫千年古书，最晚乃出，而字画略无脱误，文势略无龃龉，不亦大可疑乎？"参吴澄：《书纂言·目录后序》，影印文渊阁四库全书本，台湾商务印书馆1986年版，第61册，第7页。

"君子之德风，小人之德草，草上之风必偃。"孔子，圣人也，岂有不引《书》云"，而攘以为己吐哉？以此观之，一节之中，但"尔其戒哉"一句，乃晋人杜撰，以承上接下，余皆搜与袭。①

梅鷟指出，《古文尚书·君陈》"凡人未见圣，若不克见。既见圣，亦不克由圣"一句袭自《礼记·缁衣》，"尔惟风，下民惟草"袭自《论语·颜渊》，只有"尔其戒哉"为晋人杜撰，以承接上下文。除了考察《古文尚书》的传授系统，梅鷟突出的学术贡献还在其逐条考证《古文尚书》，详细列出其抄袭内容的资料出处，抉摘《古文尚书》作伪之把柄，如同抓捕盗贼，获其"真赃"。

又如《古文尚书·咸有一德》篇：

> 夏王弗克庸德，慢神虐民，皇天弗保。

《中庸》"庸德之行"，又以承上文"常德"。又《多士》："是弗克庸帝。"改"帝"为"德"。"大淫佚有辞"，以"慢神虐民"易之。"惟时天罔念闻，厥惟废元命，降致罚"，约以"皇天弗保"四字。"乃命尔先祖成汤革夏"，则又敷衍为"启迪有命"至"爰革夏正"。又曰："罔顾于天显民祗，惟时上帝不保。"故易之以"慢神虐民，皇天不保"。②

梅鷟认为，《古文尚书》所有的文句皆是从先秦两汉典籍中抽绎出来的，"无一书不搜葺，无一字无所本"。他辨伪的目标，是力求把《古文尚书》依傍的本源、作伪的痕迹一一找出来，但我们看梅鷟找的例句，如《古文尚书·咸有一德》中的"夏王弗克庸德"、《中庸》中的"庸德之行"与"慢神虐民"、《多士》中的"大淫佚有辞"等，则无论在语意上还是在关键词语上，都是存在明显差异的。梅鷟强把它们说成"缀辑、抄袭"，其结论难免有捕风捉影之嫌。另外，由于是初创，梅鷟在文献搜集上也做得不全面，如对于《古文尚书·大禹谟》"惟口出好兴戎"一句，梅鷟只注意到它与《礼记·缁衣》的关系，却没注意到它与《墨子·尚同中》之间的因袭。

必须要说明的是，梅鷟的《尚书考异》虽有疏漏之处，如断言孔壁《古文

① 〔明〕梅鷟：《尚书考异》，中华书局 1985 年版，第 122 页。
② 〔明〕梅鷟：《尚书考异》，中华书局 1985 年版，第 73 页。

尚书》为孔安国伪造、梅赜所献《古文尚书》出自皇甫谧、没有将孔壁《古文尚书》与梅赜所献《古文尚书》区别对待等，但他将考据的方法运用到文献辨伪之中，逐句寻绎《古文尚书》剿袭先秦两汉典籍的线索，如依据《论语集解》反证郑冲未见《古文尚书》、利用积石山等地名举证《古文尚书》成书于孔安国之后、就《大禹谟》指出作伪者变乱《尚书》之体例等，从而真正从实证层面，证明《古文尚书》为采集补缀之作。与宋人简单地依据文辞、语气进行辨伪相比，在考据方法上有显著的进步。

朱琳《尚书考异跋》评价梅著云："阎百诗《尚书古文疏证》、惠定宇《古文尚书考》，其门径皆自先生开之。"可见，梅鷟新颖的学术考证理路启迪了后世阎若璩、惠栋等学者。质言之，有明一代，郑晓的《尚书考》、归有光的《尚书叙录》、罗敦仁的《尚书是正》、郝敬的《尚书辨解》等，都曾对《古文尚书》做过辨伪工作，而梅鷟的《尚书考异》作为第一部专门考证《古文尚书》真伪的专著，以其严谨的辨伪方法，开创了当时古书辨伪的新风气，堪称《古文尚书》辨伪史上重要的一环。

第三节　清代"《古文尚书》伪书说"成为定论

一、姚际恒《古文尚书通论》

清初，顾炎武、黄宗羲等学者对《古文尚书》的真实性皆有怀疑，但在辨伪方法上有所突破的是姚际恒。姚际恒撰《古文尚书通论》十卷，专攻《古文尚书》之伪。他从文献、史事、制度等方面入手，考证《古文尚书》之伪，细化至语词，颇有特色。姚际恒说：

> 某之攻伪古文也，直搜根柢，而略于文辞。然其句字诚有显然易见者，篇中不暇枚举，特统论于此。句法，则如或排对，或四字，或四六之类是也。字法，则如以"敬"作"钦"、"善"作"臧"、"治"作"乂"作"乱"、"顺"作"若"、"信"作"允"、"用"作"庸"、"汝"作"乃"、"无"作"罔"、"非"作"匪"、"是"作"时"、"其"作"厥"、"不"作"弗"、"此"作"兹"、"所"作"攸"、"故"作"肆"之类是也。此等字

法固多起伏氏书，然取伏书读之，无论易解难解之句，皆有天然意度，浑沦不凿，奥义古气旁礴其中，而诘曲聱牙之处全不系此。梅氏书则全藉此以为诘曲聱牙，且细咀之中枵然无有也。譬之楚人学吴语，终不免舌本间强耳。①

姚际恒辨伪的独到之处，在于挖掘《古文尚书》句法、字法改动的原则。他说《古文尚书》的作伪者故意把不整齐的文句改为四字句或六字句，以成排比句式；又把"敬"改作"钦"、把"善"改作"臧"等，以示佶屈聱牙，掩饰其晚出的痕迹。这种句法、字法的改动，为的是模仿《今文尚书》，却终究仿得不像。姚际恒的考证"多超人意见外"，故而引领了后人的研究，如阎若璩就将姚氏的研究成果，吸纳进自己的辨伪体系之中。

二、阎若璩《尚书古文疏证》

欲证其伪，必先立真。与梅鷟单纯质疑《古文尚书》不同，阎若璩首先确认孔壁《古文尚书》十六篇为真古文。孔壁《古文尚书》面世以后，孔安国对之进行汇编整理，马融、郑玄、王肃为之作注。此三人所引《古文尚书》，即真《古文尚书》，将梅赜本《古文尚书》二十五篇与之比对，便可判定其真伪。阎若璩虽与梅鷟考据方法接近，但他终能集《古文尚书》辨伪之大成，其原因就在于他首先确立孔壁《古文尚书》为辨伪之根柢。阎若璩《尚书古文疏证》第一百六条云：

> 马、郑、王三家本系真古文，宋代已不传。然犹幸见其互异处于陆氏《释文》及孔疏。愚故得摘出之，整比于后，以竢后圣君子慨然愤发，悉黜梅氏二十五篇，一以马、郑、王所传三十一篇之本为正。②

阎若璩将《经典释文》、孔颖达疏等文献中马、郑、王三人对《古文尚书》的注释辑出，以此作为标准，验证梅本《古文尚书》之伪。阎若璩精研《古

---

① 转引自〔清〕阎若璩：《尚书古文疏证（附：古文尚书冤词）》，上海古籍出版社2013年版，第622页。

②〔清〕阎若璩：《尚书古文疏证（附：古文尚书冤词）》，上海古籍出版社2013年版，第560页。

文尚书》二十多年，罗列128条证据①，分篇数、篇名、文辞义例、文献来源、史实考证、典章制度、天文历法、历史地理等多个层面，旁征博引，多角度剖析梅赜本《古文尚书》剽掠作伪之处。

阎氏就篇数、篇名证该书之伪者，如《尚书古文疏证》第一条：

《汉书·儒林传》："孔氏有古文《尚书》，孔安国以今文字读之，因以起其家。逸《书》得十余篇，盖《尚书》兹多于是矣。"《艺文志》："古文《尚书》者，出孔子壁中。武帝末，鲁共王坏孔子宅，得古文《尚书》及《礼记》《论语》《孝经》凡数十篇，皆古字。孔安国者，孔子后也，悉得其书，以考二十九篇，得多十六篇。安国献之，遭巫蛊事，未列于学官。"《楚元王传》："鲁共王坏孔子宅欲以为宫，而得古文于坏壁之中。逸《礼》有三十九，《书》十六篇，天汉之后孔安国献之。"夫一则曰"得多十六篇"，再则曰"逸《书》十六篇"，是古文《尚书》篇数之见于西汉者如此也。《后汉书·杜林传》："林前于西州得漆书古文《尚书》一卷，常宝爱之，虽遭艰困，握持不离身。后出示卫宏等，遂行于世。同郡贾逵为之作训，马融、郑康成之传注、解，皆是物也。"夫曰古文《尚书》一卷，虽不言篇数，然马融《书序》则云"逸十六篇"，是古文《尚书》篇数之见于东汉者又如此也。此书不知何时遂亡，东晋元帝时豫章内史梅赜忽上《古文尚书》，增多二十五篇，无论其文辞格制迥然不类，而只此篇数之不合，伪可知矣。②

《汉书》的《儒林传》《艺文志》及《楚元王传》中，皆记载孔安国所献的《古文尚书》为十六篇，据马融《书序》可知，杜林所得漆书亦为十六篇。从西汉至东汉，从孔安国到杜林，《古文尚书》的篇数皆为十六，而梅赜所献《古文尚书》则为二十五篇，二者篇数不相吻合。

---

① 今本《尚书古文疏证》中，128条证据并未全部呈现，其中12条有录无书、17条录文全阙，故实存99条。

② 〔清〕阎若璩：《尚书古文疏证（附：古文尚书冤词）》，上海古籍出版社2013年版，第1—2页。

梅本《古文尚书》二十五篇依次是《大禹谟》、《五子之歌》、《胤征》、《仲虺之诰》、《汤诰》、《伊训》、《太甲》三篇、《咸有一德》、《说命》三篇、《泰誓》三篇、《武成》、《旅獒》、《微子之命》、《蔡仲之命》、《周官》、《君陈》、《毕命》、《君牙》、《冏命》。如将《九共》九篇合作一篇，则孔壁《古文尚书》十六篇为《舜典》、《汩作》、《九共》九篇、《大禹谟》、《益稷》、《五子之歌》、《胤征》、《典宝》、《汤诰》、《咸有一德》、《伊训》、《肆命》、《原命》、《武成》、《旅獒》、《冏命》。汉代真《古文尚书》传自孔安国，但梅赜本《古文尚书》与孔壁《古文尚书》有五篇篇名不同，篇数则相差九篇，明显分属于不同的《尚书》系统。

阎氏就历法、文献摘引证该书之伪者，如《尚书古文疏证》第五条：

古文《武成》篇建武之际亡，当建武以前，刘向、刘歆父子校理秘书，其篇固具在也，故刘向著《别录》云"《尚书》五十八篇"。班固志《艺文》"《尚书》五十七篇"，则可见矣。刘歆作《三统历》，引《武成》篇八十二字，其辞曰："惟一月壬辰旁死霸，若翌日癸巳，武王乃朝步自周，于征伐纣。粤若来二月既死霸，粤五日甲子，咸刘商王纣。惟四月既旁生霸，粤六日庚戌，武王燎于周庙。翌日辛亥，祀于天位。粤五日乙卯，乃以庶国祀馘于周庙。"质之今安国传，迥异。无论此篇已亡而复出，相距三百年中间，儒者如班固、郑康成皆未之见，而直至梅赜始得而献之，可疑之甚。即其事迹时日，亦多未合。武王以一月三日癸巳伐商，二月五日甲子诛纣，是岁闰二月庚寅朔，三月己未朔；四月己丑朔，十六日甲辰望，十七日乙巳旁之，所谓"惟四月既旁生霸"是也。……今后出之《武成》，以"四月哉生明"为王至于丰，其说既无所本；以"丁未，祀周庙"，"越三日庚戌，柴望"，又与其事相乖。[①]

孔壁《古文尚书》中的《武成》篇虽然亡佚，但刘歆的《三统历》中曾有引文摘录。一月三日癸巳，周武王出兵伐商，二月五日甲子，诛杀纣王，四

---

① 〔清〕阎若璩：《尚书古文疏证（附：古文尚书冤词）》，上海古籍出版社2013年版，第16—17页。

月己丑为朔日，甲辰为望日。阎若璩将刘歆引文与梅赜本对照，发现上古时期的干支纪年法规定，在说"某日"之前要先说"某月"，《武成》先说一月壬辰，次癸巳，又次戊午（已是该月二十八日），接着说癸亥、甲子（已是二月四日、五日），但不冠以二月，故不合古人纪时之法。梅赜本《古文尚书》中的"四月哉生明，王至于丰"，没有依据。"越日"是从本日开始计算的，丁未越三日为己酉，《武成》说"丁未，祀周庙""越三日庚戌，柴望"，不合古人纪时体例。孔壁《古文尚书》有《伊训》一篇，刘歆《三统历》曾摘引"诞资有牧方明"一句，但梅赜所献《古文尚书》的《伊训》中无此句。综合上述例证，阎若璩推断梅赜本《古文尚书》并非孔安国所传。

阎氏就文献来源证该书之伪者，如《尚书古文疏证》第三十一条：

> 此（虞廷十六字）盖纯袭用《荀子》，而世举未之察也。《荀子·解蔽》篇："昔者舜之治天下也"云云，"故《道经》曰：'人心之危，道心之微。'危微之几，唯明君子而后能知之。"此篇前又有"精于道，一于道"之语，遂隐括为四字，复续以《论语》"允执厥中"，以成十六字。伪古文盖如此。或曰：安知非《荀子》引用《大禹谟》之文邪？余曰：合《荀子》前后篇读之，引"无有作好"四句，则冠以《书》曰；引"维齐非齐"一句，则冠以《书》曰。以及他所引《书》者十，皆然。甚至引"弘覆乎天，若德裕乃身"，则明冠以《康诰》；引"独夫纣"，则明冠以《泰誓》，以及《仲虺之诰》亦然。岂独引《大禹谟》而辄改目为《道经》邪？予是以知"人心之危，道心之微"必真出古《道经》，而伪古文盖袭用，初非其能造语精密至此极也。①

究竟是《古文尚书》抄袭先秦典籍，还是先秦典籍中的相关内容原本就出自《古文尚书》？判断的标准是什么？阎若璩从《荀子》一书的体例出发，指出《荀子》引《书》时即称"《书》曰"或直称篇名，但在引用"人心之危，道心之微"时则称《道经》，由此可以证实此句非来自《尚书》类文献。《古书

---

① 〔清〕阎若璩：《尚书古文疏证（附：古文尚书冤词）》，上海古籍出版社2013年版，第122页。

尚书·大禹谟》中的"人心惟危，道心惟微"当袭用了《荀子》之文，而"允执厥中"又见于《论语》，故阎氏推论《古文尚书》中的"虞廷十六字"为掇辑《荀子》《论语》两书之文而成。

阎氏就地名、地理位置证该书之伪者，如《尚书古文疏证》第八十七条：

> 因考《汉·昭帝纪》："始元六年庚子秋，以边塞阔远，置金城郡。"《地理志》金城郡班固注并同。不觉讶孔安国为武帝时博士，计其卒当于元鼎末元封初，方年不满四十，故太史公谓其蚤卒，何前始元庚子三十载辄知有金城郡名，传《禹贡》曰"积石山在金城西南"耶？或曰：郡名安知不前有所因，如陈、鲁、长沙之类？余曰：此独不然。应劭曰："初筑城得金，故名金城。"臣瓒曰："称金，取其坚固，故《墨子》言虽金城汤池。"一说以郡置京师之西，故名金城，金，西方之行。则始元庚子以前，此地并未有此名矣。而安国传突有之，固注积石山在西南羌中，传亦云在西南，宛出一口，殆安国当魏晋忘却身系武帝时人耳！ [1]

阎若璩认为，西汉始元六年（公元前81年）初设金城郡，此前未有此地名，而孔安国卒于元鼎末元封初，不可能知道其身后设置的金城郡，而孔安国《传》中既出现了安国去世之后方才出现的地名，则其伪书之面目难以掩盖。另，据《古文尚书·泰誓》可知，孟津在黄河之北，而《武成》篇中有"师逾孟津"，将孟津归于黄河之南，可见在《古文尚书》内部，同一地点的地理方位依然存在歧说。

细节考辨固然重要，但确立辨伪"大本"则更为难得。阎若璩就针对自己辨伪的总体理路，做了细致的说明：

> 天下事由根柢而之枝节也易，由枝节而返根柢也难。窃以考据之学亦尔。余之辨伪古文，吃紧在孔壁原有真古文为《舜典》《汨作》《九共》等二十四篇，非张霸伪撰。孔安国以下，马、郑以上，传习尽在于是。《大禹谟》《五子之歌》等二十五篇，则晚出魏晋间，假托安国之名

---

① 〔清〕阎若璩：《尚书古文疏证（附：古文尚书冤词）》，上海古籍出版社2013年版，第396—397页。

者。此根柢也。得此根柢在手，然后以攻二十五篇，其文理之疏脱，依傍之分明，节节皆迎刃而解矣。不然，仅以子、史诸书仰攻圣经，人岂有信之哉？ ①

阎若璩在《尚书古文疏证》中引证文献时，有时衍及旁文，难免烦琐。他注重孔安国、马融、郑玄等著名学者间的师徒传授脉络，但没有考虑到汉魏孔氏家学——孔安国家族后裔间的学术传承，没有考虑到汉代师传与家传并存的情况。

若单从某一方面入手来分析阎若璩的立论依据，如以篇数不合证《古文尚书》为伪书，或许尚有商榷的余地，但阎若璩总括全局、高屋建瓴，首先认定孔壁《古文尚书》真实可信，然后将汉代文献中残存的真《古文尚书》的相关内容与梅赜本《古文尚书》进行对照，由根柢至枝节，从篇目不合、文辞因袭、文体伪谬、地名晚出、礼制舛悖等方面入手，条分缕析，多角度、全方位地抉发梅赜本《古文尚书》之纰漏，方法得当，证据坚实，从而"祛千古之大疑，立不败之定谳"。

梁启超先生说，两千余年来，《古文尚书》被推至至高无上的地位，故虽有积疑，但皆有所惮而莫敢断，自若璩此书出而谳乃定。② 阎若璩《尚书古文疏证》的学术水平在清初学界实属第一流，故而梁启超称誉阎若璩为"近三百年学术解放之第一功臣"。

明清之际，满族人入主中原，明王朝颠覆，百姓流离失所，陷入水深火热之中。当时的知识分子有感于斯，遂将经世致用作为治学的最紧要处，奋起抵制理学之空疏。自唐至宋、明，理学经由学者的长期建构，早已体大思精，令清儒难以在理论体系层面上将其推翻。"人心惟危，道心惟微，惟精惟一，允执厥中"的"虞廷十六字"见于《古文尚书·大禹谟》，是宋儒理学建构的重要支撑，清代阎若璩、惠栋等人考证《古文尚书》为伪作，使"虞廷十六字"

①〔清〕阎若璩：《尚书古文疏证（附：古文尚书冤词）》，上海古籍出版社2013年版，第601页。

② 梁启超：《清代学术概论》，上海古籍出版社2005年版，第11页。

无所依托，无异于在文献层面上釜底抽薪，从而为考据学的昌明奠定了基础。

综上所述，历来抉发《古文尚书》伪迹的学者众多，我们重点从学术的角度，将宋代至明清学者的贡献予以廓清。《古文尚书》语言平易，《今文尚书》佶屈聱牙，吴棫、朱熹对《古文尚书》真实性的质疑主要是由语感入手的，他们的考辨虽不彻底，也没有切实的证据，但筚路蓝缕，开启了考证《古文尚书》为伪书的先声。元明时期怀疑《古文尚书》真实性的学者并不少，唯有梅鷟从语句、文体、史实及传授脉络等方面，一一抉发《古文尚书》中的剽掠之处，真正将宋人的质疑落实到学术层面。清代阎若璩认定孔壁《古文尚书》为真并将之立为根柢，接着从孔壁《古文尚书》与梅赜本《古文尚书》的差异处入手进行考证，最终使真相大白于天下。

（本章内容最初发表于《中原文化研究》2018年第5期，
收入本书时有改动）

第三章　清华简《厚父》时代归属新论

清华简以经史类文献为多，《书》类文献约计二十余篇，为其大宗。就目前整理出版的情况来看，清华简中记述商代史事的《书》类文献有六篇①，记述周代史事的有八篇，而专门论述夏代史事的明显偏少，只有《厚父》一篇。清华简《厚父》篇文辞古奥，记述了禹、启、孔甲等圣王的事迹，总结了夏朝兴衰成败的经验教训。它为夏朝贵族后裔厚父所述，对于夏代史的研究具有重要意义。

欲判定清华简《厚父》的史学与思想义理价值，必先确定其成书年代。《厚父》篇有 13 支简，竹简保存状况相对完好，但篇首第 1 支简上部残损较为严重，缺少"隹王某祀"或大事纪年等相关说明，而且厚父之名亦不见于传世文献。关键性线索的缺失，使学界对《厚父》成书年代的考察变成了一件相

---

① 清华简《商书》含《傅说之命》三篇，以及《尹至》《尹诰》《赤鹄之集汤之屋》。学界多主张《赤鹄之集汤之屋》为文学小说，但笔者认为它是《书》类文献。参见拙作《同源异途：清华简〈书〉类文献与儒家〈尚书〉系统的学术分野》，《中国高校社会科学》2017 年第 2 期。

当棘手的事。目前，关于《厚父》的成书年代，学界众说纷纭，有夏书说、商书说、周书说、战国撰作说等多种观点，不同观点之间差别悬殊。有鉴于此，笔者试从用语习惯、历史事件、思想脉络等方面入手，对《厚父》篇的成书年代进行考察。不当之处，敬请方家不吝指正。

第一节　"夏书说"不可信

清华简《厚父》篇历述禹、启、孔甲等夏代君王的事迹，不涉及商、周时期的历史人物，因此学者推论该篇属于《夏书》似在情理之中。郭永秉先生认为"前文人"无疑是指"王"的始祖、先祖，而不会是与"王"毫无血缘关系的前代先王，因而《厚父》中的这位"王"应是禹、启、孔甲等王的后代，而非其他人。他又将"王乃竭愧（失）其命，弗用先哲王孔甲之典刑"之"乃"，训读为"若"，表假设。"王"不用孔甲之典刑，自然可以推论"王"是夏朝末年的某位君主。[①]

清华简《厚父》篇云：

> 王若曰："厚父！戚（朕或我？）闻禹［敷土，随山刊木，奠高山大］川，乃降之民，建夏邦。启惟后，帝亦弗受（恐）启之经德，少（呼）命皋繇下为之卿事。兹咸有神，能格于上。"

> 王曰："钦之哉，厚父！惟时余经念乃高祖克宪皇天之政功，廼虔秉厥德，作辟事三后，肆如其若龟筮之言，亦勿可专改。兹小人之德，惟如台？"[②]

上古时期，尊祖敬宗的观念极为盛行，从人物称谓看，后代子孙多以考、祖考、祖（妣）称述其祖先。[③] 清华简《厚父》中，王曰"惟时余经念乃高祖克

---

① 郭永秉：《论清华简〈厚父〉应为〈夏书〉之一篇》，《出土文献》第七辑，中西书局2015年版，第118—132页。

② 释文有改动，所缺文字为笔者拟补。参见李学勤主编：《清华大学藏战国竹简（伍）》，中西书局2015年版，第110页。

③ 例如西周中期番生簋盖铭文："丕显皇祖考，穆穆克哲厥德，严在上，广启厥孙子于下。"（《殷周金文集成》4326）

宪皇天之政功"，对于厚父的高祖，避其名姓，尊称之"乃高祖"，极显礼重。反过来，"王"对于大禹、夏启，则直呼其名，并不以"我先祖""我祖考"之类称之，看不出尊崇的态度。① 若"王"为大禹的直系子孙，则较之厚父之高祖，他必然更尊重大禹。由此，我们可以明确判定"王"不是大禹、夏启的直系后裔。

"前文人"有两层含义，一是以文德见称的先祖。《诗经·大雅·江汉》："釐尔圭瓒，秬鬯一卣，告于文人。"郑笺："王赐召虎以鬯酒一樽，使以祭其宗庙，告其先祖诸有德美见记者。"② "前文人"在西周金文中常见：1. 用作朕皇祖考宝尊盘，用追享孝于前文人，前文人严在上。(逨盘③) 2. 作将彝宝簋，用康惠朕皇文烈祖考，其各前文人。(㝬簋《殷周金文集成》4317) 3. 用作朕皇祖考尊簋，用享孝于前文。(追簋《殷周金文集成》4219) 周人为祖考作宝器，同时追孝于前文人。西周金文"前文人"与祖、考并用，在更多的时候是用来指称世系远于祖、考的先祖。④ 二是前代有文德之人。《尚书·文侯之命》："汝肇刑文、武，用会绍乃辟，追孝于前文人。"孔传："当用是文、武之道合会继汝君以善，令以功德佐汝君，使汝君继前世，追行孝道于前世文德之人。"⑤《厚父》中，"王"尊称厚父之祖为"乃皇祖"，对禹、启不加尊谥，径称名讳，则该篇"前文人"当取"前代有文德之人"之意。⑥ "文人""前文人"是西周金文中的常见用语，因此《厚父》中"前文人"这一特定称谓，是该篇不是夏书而是周书的有力证据。

① 清华简《祭公之顾命》中，周穆王说："朕之皇祖周文王、烈祖周武王，宅下国。"穆王称呼文王、武王为皇祖、烈祖，可作旁证。
② 李学勤主编：《十三经注疏·毛诗正义》，北京大学出版社1999年版，第1245页。
③ 陕西省考古研究所等：《陕西眉县杨家村西周青铜器窖藏》，《考古与文物》2003年第3期。
④ 陈英杰：《西周金文作器用途铭辞研究》，线装书局2008年版，第320页。
⑤〔汉〕孔安国传，〔唐〕孔颖达正义：《尚书正义》，上海古籍出版社2007年版，第803—804页。
⑥ 李学勤主编：《清华大学藏战国竹简（伍）》，中西书局2015年版，第111页。

清华简《厚父》篇中，时王看到禹之功绩，向厚父询问夏代先哲王之德行，说明他对这些情况并不十分了解。《厚父》篇中，王曰："其在时后王之卿（飨）或（国），肆祀三后，永叙在服，惟如台？"①由于年代过于久远，先哲王的事迹已成为历史陈迹，但后王则为时王的父辈、祖父辈，岂有身为夏王直系子孙，却对自己父辈、祖父辈之事一无所知的道理？厚父是夏朝贵族后裔，不是王的直系，如果时王是夏王，哪有对自己家族内部的事情不清楚，反向"族外之人"请益的道理？《厚父》篇中的时王以"德"作为朝代兴替的根源，从他的话语来看，他只是在政治上还不够成熟，并非昏主，可是，又哪有身为人主，却不知百姓习性如何的道理？合理的猜测，大概是夏朝年代久远，圣王事迹渐趋模糊，后代之王亲政不久②，监观夏之功绩，见大禹等先哲王政绩斐然，故向厚父垂询夏朝兴亡之教训。从《厚父》篇的对话内容来看，时王非夏代之王是很明显的。

《尚书·多士》云："我有周佑命，将天明威，致王罚，敕殷命，终于帝。"③周公称"周"，说"我有周"。在《尚书》及《逸周书》中，周人称本邦，多说"我周邦""我小邦周""我西土"，称后稷为"我后稷"，用"我"字明确界定自己与西周、先祖后稷的关系。而《厚父》中，时王称"夏邦""夏邑"，称先王为"夏之哲王"，从不称"我有夏"，亦可知他非夏代之王。

清华简《厚父》又云：

> 王曰："其在时后王之卿（飨）或（国），肆祀三后，永叙在服，惟如台？"厚父拜［手］稽首，曰："者（都），鲁天子！古天降下民，设万邦，作之君，作之师，惟曰其助上帝乱（治）下民之愿。［后］王廼竭瀼

---

① 句读有改动，参见李学勤主编：《清华大学藏战国竹简（伍）》，中西书局2015年版，第110页。

② 如果简文所缺为"隹王某祀"，则时王即位时间不会超过十年，而且很可能是刚即位，故而才虚心向老臣求教。

③〔汉〕孔安国传，〔唐〕孔颖达正义：《尚书正义》，上海古籍出版社2007年版，第618页。

（失）其命，弗用先哲王孔甲之典刑，颠覆厥德，沉湎于非彝。天廼弗若，廼坠厥命，亡厥邦。"①

整理者将"之慝"从下句读，"匿"通"慝"，意谓邪恶。② 马楠女士主张"之慝"当从上句读，"王乃"以下别为一句，谓君王本当治下民之过恶，而王乃不如此。③ 郭永秉先生据马楠之说，把"乃"训为"若"并将全句翻译为："王，你如果断绝天命，不用孔甲留下的常法，颠覆其德，滥用不合常规之法，那么天就不会顺着你，你是要坠命亡国的。"郭先生之说非常有启发性，但"王乃竭绝（失）其命"的"乃"既训为"若"，那为何"天乃弗若，乃坠厥命"的"乃"却训为"于是、就"？同一句话中的"乃"字，训释为何前后有别？文字不是随意训释的，郭说无法解释"乃"字在同一句话中训释不同的逻辑依据是什么。

更为重要的是，《厚父》中，王说："其在时后王之卿（飨）或（国），肆祀三后，永叙在服，惟如台？"时王咨询的重点是"后王"是如何执政的，厚父的回答自然也是关于"后王"的。④ 不管"乃"如何训读，"王乃竭绝（失）其命"中的"王"，一定是指"后王"，而不可能是与厚父对话的"今王"。夏代后王"弗用先哲王孔甲之典刑，颠覆厥德"，天"乃坠厥命，亡厥邦"，可知时王与厚父对话之时，夏朝已经灭亡。所谓夏书、商书或周书，是以时王的在位时间界定的。既然夏朝已经覆亡，时王之践祚在夏代之后，则《厚父》不可能属《夏书》。

总之，清华简《厚父》篇中，时王对于厚父的高祖，避其名姓，尊称之"乃高祖"，但对于大禹、夏启，则直呼其名讳，并不以"我先祖"或"我祖考"敬

---

① 句读有改动，参见李学勤主编：《清华大学藏战国竹简（伍）》，中西书局2015年版，第110页。

② 李学勤主编：《清华大学藏战国竹简（伍）》，中西书局2015年版，第110页。

③ 清华大学出土文献读书会：《清华简第五册整理报告补正》，清华大学出土文献研究与保护中心网站，2015年4月8日。

④ 时王问夏代后王的情况，厚父的回答也必然针对后王。因此，笔者怀疑"王乃竭绝（失）其命"中，"王"前当脱一"后"字。

称，远不如对厚父高祖那般尊崇，故而就称谓来判断，时王显然不是大禹、夏启的直系后裔。从《厚父》中的时王与厚父的对话来看，可知时王为幼弱之主，而非昏庸之君。时王不仅向厚父询问了夏代先哲王的德政，也询问了后王的情形，所谓"后王"，是指夏代晚期诸王。如果时王是夏代末期的某位君主，则后王与其相隔不远，在辈分上相当于其父辈、祖父辈，那么时王也就不可能对后王治理国家的情形全然无知。夏代后王不用孔甲之典刑、道德沦丧，结果天"乃坠厥命，亡厥邦"，可知时王与厚父对话之时，夏朝已经灭亡，时王自然不是夏代之王。从这一时间节点上看，亦可知"《厚父》夏书说"不可信。

第二节　清华简《厚父》篇不可能撰作于商代

清华简《厚父》篇记述的历史人物，如禹、启和孔甲，皆为夏代之王，与商王无涉。其中，后王"坠厥命，亡厥邦"，暗指夏桀亡国。所以，《厚父》属《商书》的可能性也是存在的。日本学者福田哲之指出，《厚父》中，王与厚父的问答，是将夏朝的灭亡作为历史教训、以"天"与"民"作为主题展开的。因此，将与厚父对话的"王"视为商王最为稳当。[①]张利军说得更具体，他主张《厚父》中的时王为商汤，在灭夏后以夏史为鉴，故访夏贵族厚父，学习夏先哲王明德事迹。[②]

《史记·殷本纪》载：

> （汤）既绌夏命，还亳，作《汤诰》："维三月，王自至于东郊。告诸侯群后：'毋不有功于民，勤力乃事。予乃大罚殛女，毋予怨。'曰：'古禹、皋陶久劳于外，其有功乎民，民乃有安。东为江，北为济，西为河，南为淮，四渎已修，万民乃有居。后稷降播，农殖百谷。三公咸有功于民，故后有立。……'"以令诸侯。[③]

---

① 〔日〕福田哲之：《清华简〈厚父〉的时代暨其性质》，参见台湾大学文学院编：《先秦两汉出土文献与学术新视野国际研讨会论文集》，2015年，第173—187页。

② 张利军：《清华简〈厚父〉的性质与时代》，《管子学刊》2016年第3期。

③ 〔汉〕司马迁：《史记》，中华书局1959年版，第97页。

同一位"王"，对历史人物的时代定位应是相同的。商汤说"古禹、皋陶久劳于外，其有功乎民"，可见在他眼里，皋陶与禹是同时代的人，两人生前在一起劳作。可在清华篇《厚父》篇中，王说："启惟后，帝亦弗妥（恐）启之经德，少（呼）命皋繇下为之卿事。"把皋陶视作夏启时代的人，且其出生时，大禹已经去世。从对皋陶生活时代定位的歧互来看，《厚父》篇中的"王"显然不是商汤。

据《史记·殷本纪》可知，商汤在克夏之后，将目标集中在如何治理天下、安置百姓上，对于夏朝灭亡的原因却未展开深刻的历史反思。商汤对有夏之德的了解，见于清华简《汤处于汤丘》：

> 汤又问于小臣："有夏之德何若哉？"小臣答："有夏之德，使货以惑，春秋改则，民人趣忐，型（刑）无攸赦，民人皆绖（务）偶离，夏王不得其图。"

> 汤又问于小臣："吾戡夏如台？"小臣答："后固恭天威，敬祀，淑慈我民，若自事朕身也。桀之疾，后将君有夏哉！"[1]

清华简《汤处于汤丘》和《厚父》中都有对夏德的表述，其主要不同表现在：

一、时间节点不同。清华简《厚父》中，时王与厚父的对话发生在夏朝灭亡之后；清华简《汤处于汤丘》中，商汤对夏德的了解则是在夏朝灭亡之前。

二、获知夏德情况的方式不同。从传世文献及清华简《汤处于汤丘》看，商汤对夏德的了解，主要是通过小臣伊尹。伊尹"间夏"，商汤通过伊尹类似军事间谍的行为，了解夏桀的情况。清华简《厚父》中，时王对夏德情况的了解来自厚父，厚父是夏朝贵族后裔，时王是通过耆老资政的方式洞悉夏亡教训的。

三、目的不同。清华简《汤处于汤丘》中，商汤说"吾戡夏如台"，可见他了解夏是为了灭夏。小臣说夏桀朝令夕改，百姓离心离德，目的在于告知商汤夏桀可伐。清华简《厚父》中，时王想要了解夏朝是为了借鉴夏亡的教

① 李学勤主编：《清华大学藏战国竹简（伍）》，中西书局2015年版，第135页。

训，使自己的统治长治久安。厚父说夏后王颠覆厥德、沉湎于酒，是警告时王要以此为戒，治理好自己的国家。商汤在灭夏之前既已充分了解了夏桀的情况，那么在灭夏之后，他就没有必要再通过厚父去了解夏桀的情况了。鉴于上述诸多差异，笔者认为，《汤处于汤丘》中虽有商汤询问夏德情况的记载，但不能成为判定《厚父》属《商书》的证据。

"天"，或称"帝""上帝"，是商人的至上神兼祖先神，所以商人笃信天命。《尚书·西伯戡黎》中，纣王说："我生不有命在天？"可见直到商朝末年的纣王，依然认为天命不可移易。清华简《厚父》有云："天命不可漗（聪）斯，民心难测。"厚父对天命的怀疑，已经大大突破了殷商时期的天命观。

从目前的考古遗迹来看，从早期至晚期，商代的青铜器随葬品大都为"重酒组合"。二里头文化三期K3、四期M6、M9、M11，皆有青铜爵出土。[1]二里岗时期虽间或有炊器、盛水器等随葬品，但还是以酒器为主，郑州白家庄出土了10件礼器，其中9件为酒器。殷墟妇好墓发掘礼器210件，其中酒器175件，占礼器总数的百分之八十以上。[2]商王武丁用百卣鬯酒祭祀祖先，一次就达二三百公斤之多。[3]商人不但贵族好饮成风，中下层民众同样嗜酒如命。1969年至1977年，河南安阳殷墟西区发掘中小型墓939座，其中酒器随葬墓508座，占总数的百分之五十以上[4]，可见商人自王公贵族至平民百姓皆嗜酒。[5]从传世文献来看，商人从未有过禁酒之事。所以，将清华简《厚

---

① 中国科学院考古研究所二里头工作队：《偃师二里头遗址新发现的铜器和玉器》，《考古》1976年第4期。中国社会科学院考古研究所二里头队：《1980年秋河南偃师二里头遗址发掘简报》，《考古》1983年第3期。中国社会科学院考古研究所二里头工作队：《1984年秋河南偃师二里头遗址发现的几座墓葬》，《考古》1986年第4期。

② 中国社会科学院考古研究所安阳工作队：《1969—1977年殷墟西区墓葬发掘报告》，《考古学报》1979年第1期。

③ 参见中国社会科学院历史研究所编：《甲骨文合集》，中华书局1982年版，第77页"301"、第3900页"32044"等。

④ 中国社会科学院考古研究所安阳工作队：《1969—1977年殷墟西区墓葬发掘报告》，《考古学报》1979年第1期。

⑤ 刘光胜、李亚光：《清华简〈耆夜〉与周公酒政的思想意蕴》，《社会科学战线》2011年第12期。

父》归入《商书》，恐与商人嗜酒风俗抵牾。

在商人的思想世界中，上帝不具有道德理性，可以恣意降灾或赐福，而周人则强调上天的正义性，认为其具有明确的是非观念。[①] 清华简《厚父》云："启惟后，帝亦弗巩（恐）启之经德，少（呼）命皋繇下为之卿事。兹咸有神，能格于上，知天之威戈（灾），繇（闻）民之若否，惟天乃永保夏邑。"[②] 夏启有恒德，所以上帝派皋陶辅佐他，永保夏邑。在清华简《厚父》中，上天是惩恶扬善的正义使者的化身，天子明德与否，成为朝代兴亡的主要依据。《厚父》中透露出的对上天的认知，与周人相同，与商人则存在显著差异。

综上，商汤把皋陶定为大禹时代的臣子，《厚父》中的时王则将皋陶定为夏启时代的臣子，可见二者显然不是一个人。商汤在克夏之前已经洞悉了夏桀的情况，而《厚父》中的时王则在夏亡之后才了解夏朝的情况。商汤了解夏是为了克夏，伊尹以间谍的方式探知了夏桀暴政的真实情形。《厚父》中的时王为了巩固自己的统治，以耆老资政的形式垂询夏代后王覆亡的原因。商人"尊神""尚鬼"，笃信天命不可转移，而《厚父》中透露出的对天命的怀疑态度，超越了商人所能达到的思想高度。在商人的思想世界中，上帝虽是至上神，但不具备正义性，"天子有德"也不是天命转移的决定性因素。《厚父》中九次提到"德"，在时王那里，上天是道德和正义的化身，天子之德关乎天命移易，这已成为常识性的观念。商人嗜酒成风，商代文献中不曾言及禁酒之事[③]，而《厚父》中无论祭祀还是日常，一律严格禁酒。质言之，考虑到清华简《厚父》中透露的思想与商人思想观念的显著差异，《厚父》"商书说"的可信性并不大。

---

① 朱凤瀚：《商周时期的天神崇拜》，《中国社会科学》1993 年第 4 期。

② 释文有改动，参见李学勤主编：《清华大学藏战国竹简（伍）》，中西书局 2015 年版，第 110 页。

③ 商人好酒，是全民性的风俗。传世文献将商朝灭亡归因于纣王一人好酒，很可能是不正确的。

第三节 "战国撰作说"存在的问题

李若晖先生认为清华简《厚父》主张以刑治国，与《尚书》学及儒家思想大相径庭。在分析《厚父》与法家及墨家的关系之后，他提出，既精通《尚书》又崇尚刑治的只有墨家，尤其是墨家后学中的"秦墨"，故而《厚父》当成书于战国，是"秦墨"为确立重法理论，模仿《尚书》而撰作的"语"类作品。[①]清华简《厚父》中，王曰："厚父！咸（朕或我？）闻禹［敷土，随山刊木，奠高山大］川，乃降之民，建夏邦。启惟后，帝亦弗敩（恐）启之经德，少（呼）命皋繇下为之卿事。兹咸有神，能格于上，知天之威弋（灾），翕（闻）民之若否，惟天乃永保夏邑。"[②]夏朝之所以能建立，是因为大禹有大功于天下；夏启之所以继任国君，是因为上天相信他有恒德，而皋陶只起到了辅助作用。传世文献中，皋陶虽以制作刑法著称于世，但《厚父》中强调的是皋陶沟通天地神灵的作用，他以刑治国的方略未被提及。

夏朝建立，是因为禹、启有德，夏朝灭亡，是因为后王"颠覆厥德"——对"德"的强调，贯穿了《厚父》的始终。《厚父》中九次提及"德"，而"刑"只提到了一次，从"德"与"刑"出现的次数上，我们也可以看出"德"在《厚父》中处于更核心的位置。《厚父》中，"德"是本，是主要方面，是决定朝代兴替的根本因素。先秦儒家主张"德主刑辅"，法家则主张"一断于法"，《厚父》篇对德、刑的定位，体现出其与儒家近似的立场。由此可见，在先秦文本的断代及作者推定中，我们不能仅仅依据《厚父》篇与法家思想的些许关联，便断定"《厚父》成书年代只能是战国，绝非《尚书》逸篇"。

清华简《厚父》云："［后］王乃竭恍（失）其命，弗用先哲王孔甲之典刑，颠覆厥德，沉湎于非彝。天廼弗若，廼坠厥命，亡厥邦。惟时下民难帝之子，咸天之臣民，廼弗慎厥德，用叙在服。"[③]我们知道，在对"厥"和"其"的使

---

① 李若晖：《〈厚父〉"典刑"考》，《哲学与文化》2017年第10期。

② 李学勤主编：《清华大学藏战国竹简（伍）》，中西书局2015年版，第110页。

③ 李学勤主编：《清华大学藏战国竹简（伍）》，中西书局2015年版，第110页。

用上，春秋以前"氒"字居多，"其"字的出现频率较低；春秋以后，"氒"字逐渐被"其"字取代，"其"字的出现频率增高。《厚父》中，"氒"字出现了九次，"其"字出现了六次，显然符合春秋以前的用语习惯。类似的例子，如"廼"字在春秋以前出现的频率较高；春秋时期，"廼"字被"乃"字逐渐取代；到了战国时期，"廼"字变得罕见，而"乃"字却大量涌现，占据主流地位。《厚父》中，"廼"字出现了九次，"乃"字出现了三次，这符合春秋以前的用语特征。清华简《厚父》中，"其"字的另一种写法"丌"多流行于西周晚期至春秋时期，这同样可以证明《厚父》为春秋以前的文献，而非战国时期诸子的作品。① 由此可知，不顾词语的使用习惯，单纯借助思想史线索来给古书断代，将《厚父》的成书年代定在战国时期，说法纵然新颖，亦恐难以坐实。

第四节　《厚父》主体形成时间在西周初年

李学勤先生注意到了《厚父》与《孟子》在征引《书》时的密切关联，他指出，尽管《厚父》篇中多论夏朝的兴亡，但该篇依旧应属《周书》而非《商书》。② 程浩、杜勇等学者赞成这一观点，并尝试从不同角度补充证据。程浩先生说，《厚父》篇的文辞比较接近周初文献，篇中体现出的治国理念也是周初文献中反复强调的。③ 杜勇先生则认为，清华简《厚父》篇中，时王向厚父咨询夏朝的治国经验，正吻合周初的时代背景。"帝""天"合一并以"德"为依归的天命思想是周人独特的创造，《厚父》通篇贯穿着"天"与"德"的观念，显然与商代文献不类。"天子"之称始于周初，在清华简《厚父》中，厚父称时王为"天子"，也说明它不会是商代文献。而且，将禁酒纳入基本国策，

① 参见黄国辉：《清华简〈厚父〉新探——兼谈用字和书写之于古书成篇与流传的重要性》，《清华大学学报（哲学社会科学版）》2016年第3期。

② 李学勤：《清华简〈厚父〉与〈孟子〉引〈书〉》，《深圳大学学报（人文社会科学版）》2015年第3期。

③ 程浩：《清华简〈厚父〉"周书"说》，《出土文献》第五辑，中西书局2014年版，第145—147页。王永昌：《清华简〈厚父〉篇的文献性质研究》，《鲁东大学学报（哲学社会科学版）》2016年第4期。

亦非殷人所为。①

甲骨卜辞中的"天"指自然之天，不能指代天神，将"天"视为至上神的思想始于周人。沈长云先生认为，周人心目中的"天"或"上帝"已不是过去那种狭隘的、只充当殷人保护神的"天"或"上帝"了，而是能明辨是非，甄别臧否，超越各部落方国的狭隘利益，并能够视下界统治者表现的好坏，来决定是否将某一族姓的统治者的"命"革掉，转授给其认为能代行自己意志的另一族姓的统治者。②西周不同于商代的，在于"上帝"是人间正义的化身，不再为某一部族专有。周人将"帝"与"天"统一起来，合称"昊天上帝"或"皇天上帝"。清华简《厚父》云："在夏之哲王，乃严寅畏皇天上帝之命，朝夕肆祀，不盘于康，以庶民惟政之恭。天则弗斁，永保夏邦。"敬"上帝"之命就是敬天，《厚父》中"天""帝"合一的观念，确与周人观念相同。

"德"字，在商代甲骨文中已多次出现③，但在商人的思想世界中，"德"并不是一种被普遍接受的道德观念，更不是影响政权更替的决定性因素。为了实现统治的长治久安，西周政权非常强调天子的嘉德懿行，如《尚书·召诰》曰："肆惟王其疾敬德。王其德之用，祈天永命。"④《尚书·康诰》曰："惟乃丕显考文王，克明德慎罚，不敢侮鳏寡，庸庸、祗祗、威威、显民，用肇造我区夏。"⑤周天子只有敬德，才能保民；只有保民，才能免于商朝覆亡的悲剧。清华简《厚父》云："[后]王乃竭魄（失）其命，弗用先哲王孔甲之典

---

① 杜勇：《清华简〈厚父〉与早期民本思想》，《西华师范大学学报（哲学社会科学版）》2016年第2期。

② 沈长云：《论殷周之际的社会变革——为王国维诞辰120周年及逝世70周年而作》，《历史研究》1997年第6期。

③ 字例参见姚孝遂主编：《殷墟甲骨刻辞类纂》，中华书局1989年版，第864—866页。

④〔汉〕孔安国传，〔唐〕孔颖达正义：《尚书正义》，上海古籍出版社2007年版，第587页。

⑤〔汉〕孔安国传，〔唐〕孔颖达正义：《尚书正义》，上海古籍出版社2007年版，第532页。

刑，颠覆厥德，沉湎于非彝。天廼弗若，廼坠厥命，亡厥邦。"①夏代后王颠覆孔甲之德，天乃改其所受之大命，覆亡其邦国。从重神敬鬼到敬德保民，殷周之际的思想发生了重大变革。清华简《厚父》篇中，时王把"上帝""天"作为左右王朝兴替的决定性因素，多次强调明德，以天子明德与否作为朝代盛衰的重要依据，与周代的"道德天命论"契合无间。

在周人心目中，"天"的作用的发挥，在很大程度上需经由"德"这一中介，这势必会使人们将注意力从"天神"那里转向社会伦常和人际关系。②与商朝不同，西周政权特别"重民"。清华简《厚父》中，王曰："惟时余经念乃高祖克宪皇天之政功，廼虔秉厥德，作辟事三后，肆如其若龟筮之言，亦勿可专改。兹小人之德，惟如台？"③在《厚父》篇中，时王关注的重点，一是天子敬德，长保国祚；二是小人之德。所谓"小人"，即是百姓；而"小人之德"，即是民情。周天子将视线从鬼神世界移向现实社会、移向民情，这也是与商人明显不同的。

在人物称谓上，清华简《厚父》中有个非常特殊的现象：王既称"王"，又称"天子"。清华简中，《商书》类文献有六篇，对王的称谓是"后"或"王"，《厚父》称"天子"，与清华简《商书》类文献明显不同。最高统治者既称"王"又称"天子"的情况，又见于《尚书·西伯戡黎》。《西伯戡黎》云："西伯既戡黎，祖伊恐，奔告于王，曰：'天子，天既讫我殷命。格人元龟，罔敢知吉……'"④《西伯戡黎》为《商书》类文献，但经过后儒加工，故其观点、语言多与周人相合。⑤抛开其成书年代不谈，如果《厚父》属《商书》，则必然成书于商代前期，因为纣王是不会对夏朝灭亡的教训上心的。因此，《西伯

---

① 李学勤主编：《清华大学藏战国竹简（伍）》，中西书局2015年版，第110页。

② 张持平、吴震：《殷周宗教观的逻辑进程》，《中国社会科学》1985年第6期。

③ 李学勤主编：《清华大学藏战国竹简（伍）》，中西书局2015年版，第110页。

④〔汉〕孔安国传，〔唐〕孔颖达正义：《尚书正义》，上海古籍出版社2007年版，第382—383页。

⑤ 顾颉刚、刘起釪认为《西伯戡黎》出于周代宋国人之手，观点、语言也多袭用周人。参见顾颉刚、刘起釪：《尚书校释译论》第二册，中华书局2005年版，第1068—1070页。

戡黎》中"王"与"天子"并称的情况，无碍于我们将《厚父》篇划归《周书》。

　　既然清华简《厚父》篇属《周书》，那为何其中没有提及商代的历史人物呢？为何其中只有对夏朝的反思，却没有对商朝的反思呢？《尚书·召诰》云："我不可不监于有夏，亦不可不监于有殷。"①小邦周剪灭大邑商之后，周人感到"天命不于常"，力图吸取夏、商两朝的亡国教训，于是展开了深刻的历史反思。周人对商朝覆亡的反思已体现在《尚书·洪范》中，其中，武王向箕子咨询了商朝灭亡的教训。厚父为夏朝贵族后裔，对夏朝的情况较为熟悉，所以在《厚父》篇里，时王只向他咨询了夏朝灭亡的教训，而没有咨询商朝治国方略的得失。

　　学界判定《厚父》属《周书》的主要证据之一，便是其中的治国理念与周初文献中的相关内容吻合。但王坤鹏先生对此持反对意见，他说《厚父》中"毋湛于酒"的内容，实际是为了说明民众所想、所行与所说不统一，是为了说明"民心难测"，而与周初文献中的戒酒观念存在差异。《周书》中的安民、养民观念，与《厚父》中的民性复杂性认识可谓大相径庭。②《厚父》中的治国理念是不同于周人的，王先生的观点非常有见地，但这并不足以否定《厚父》是《周书》类文献。

　　对于清华简《厚父》与《尚书·酒诰》间的差异，杜勇先生指出，《酒诰》虽然只是周公针对康叔封卫发布的诰辞，但实际体现了周朝厉行禁酒的精神，而《厚父》中所说的禁酒，无非是政策上的建议，离付诸实施尚有距离。厚父议政于前，周公施政于后，《厚父》与《酒诰》是不同时期的产物。③厚父倡导全民禁酒，概莫能外，周公虽禁止康叔等人饮酒，但对于酗酒的商人，则施以教化，而非简单刑戮，足见周公的禁酒政策比厚父的更具灵活性与可行性。

---

①〔汉〕孔安国传，〔唐〕孔颖达正义：《尚书正义》，上海古籍出版社2007年版，第586页。

②王坤鹏：《论清华简〈厚父〉的思想意蕴与文献性质》，《史学集刊》2017年第2期。

③杜勇：《清华简〈厚父〉与早期民本思想》，《西华师范大学学报（哲学社会科学版）》2016年第2期。

杜先生从厚父、周公的生活年代着眼，解释《厚父》与周初文献的差异，虽初步揭示了问题的端倪，但个中缘由尚待进一步阐发。《尚书·洪范》云：

> 惟十有三祀，王访于箕子。王乃言曰："呜呼，箕子！惟天阴骘下民，相协厥居，我不知其彝伦攸叙。"箕子乃言曰："我闻在昔鲧堙洪水，汩陈其五行，帝乃震怒，不畀洪范九畴，彝伦攸斁。鲧则殛死，禹乃嗣兴。天乃锡禹洪范九畴，彝伦攸叙。初一曰五行；次二曰敬用五事；次三曰农用八政；次四曰协用五纪；次五曰建用皇极；次六曰乂用三德；次七曰明用稽疑；次八曰念用庶征；次九曰向用五福，威用六极。"①

关于《洪范》的成书年代，有西周、春秋、战国、汉初等不同说法，笔者认为，《洪范》虽经后儒整理、加工，成书年代较晚，但其中的思想则萌生于西周初年，大体上反映了箕子的思想面貌。②

周武王访问箕子，询问商朝灭亡的原因，箕子不忍心说商朝先王之恶，于是对武王讲授天道。《洪范》中的某些观念与周人吻合，如"天子作民父母""无虐茕独""三德"，就近于周公的"敬德保民"。但《洪范》中的很多思想观念，像五事、八政、五纪、皇极等，又不见于周初文献。而且，周公在《酒诰》中厉行禁酒，但禁酒之事在《洪范》中却未见提及。那么，我们难道仅因《洪范》中的某些观念与周初文献记载不同，便怀疑《洪范》中箕子话语的思想源头不在商末周初吗？

---

①〔汉〕孔安国传，〔唐〕孔颖达正义：《尚书正义》，上海古籍出版社2007年版，第446—450页。

② 持此观点者，以刘节为代表。刘氏撰有《洪范疏证》，认为《洪范》为战国时代的作品，此说曾一度占据学界主流。1960年以后，徐复观、刘起釪相继撰文，重新将《洪范》的撰作年代定为周初。此后，叔多父盘、遂公盨相继出现，为"《洪范》早出说"提供了新的证据。参见刘节：《洪范疏证》，《古史辨》第五册，上海古籍出版社1982年版，第388—403页；徐复观：《阴阳五行及其有关文献的研究》，《中国思想史论集续篇》，上海书店出版社2004年版，第28—40页；刘起釪：《〈洪范〉成书时代考》，《中国社会科学》1980年第3期；裘锡圭：《豳公盨铭文考释》，《中国历史文物》2002年第6期；丁四新：《近九十年〈尚书·洪范〉作者及著作时代考证与新证》，《中原文化研究》2013年第5期。

商汤灭夏，殷周鼎革，一系列政治剧变诱使人们从不同角度展开深刻的历史反思。但夏人有夏人的文化传统，周人有周人的文化传统，被不同文化传统熏陶出来的人，对夏商覆亡、朝代兴替的原因的反思，也往往迥然不同。《孟子·离娄下》云："禹恶旨酒，而好善言。"赵岐注："旨酒，美酒也。仪狄作酒，禹饮而甘之，遂疏仪狄，而绝旨酒。"① 仪狄酿酒，大禹觉得好喝，于是疏远仪狄，厉行禁酒。可见，大禹禁酒是无条件的。

《尚书·酒诰》云："乃穆考文王，肇国在西土。厥诰毖庶邦庶士越少正、御事，朝夕曰祀兹酒。"② 周人重视礼仪，所以虽然文王也厉行禁酒，但周人在祭祀时仍可饮酒。清华简《厚父》云："民曰惟酒用肆祀，亦惟酒用康乐。曰酒非飤（饮或食？），惟神之卿（飨）。"③ 百姓说酒既然可以用于祭祀，那么也可以用以享乐，厚父却认为酒不像水之类的东西，只有神灵才能享用酒。实际上，不管在什么情况下，厚父都是严禁百姓饮酒的。厚父这种无条件禁酒的建议，秉承的是大禹禁酒的传统，而与文王富有变通性的禁酒政策截然不同。

王晖认为，《厚父》中的天命观、君臣关系、治民方式及对臣民提出的"保教明德"主张等，皆与西周初期武王、成王、周公等统治者的思想观念不同，这也从侧面证明该篇属《商书》而非《周书》。④ 王先生指出了《厚父》所含思想与周人思想的差异，是很正确的，但不足之处在于其没能区分时王与厚父思想的差异。清华简《厚父》是周代的《书》类文献，但其主流思想并不与周人思想吻合，它所反映的主要是夏朝贵族后裔厚父对夏朝灭亡的反思。周初八《诰》体现了以周公为代表的姬姓贵族对夏、商两朝灭亡的反思，但由

---

① 〔清〕焦循撰，沈文倬点校：《孟子正义》，中华书局1987年版，第569页。
② 〔汉〕孔安国传，〔唐〕孔颖达正义：《尚书正义》，上海古籍出版社2007年版，第549页。
③ 李学勤主编：《清华大学藏战国竹简（伍）》，中西书局2015年版，第110页。
④ 王晖：《清华简〈厚父〉属性及时代背景新认识——从"之匿王乃渴失其命"的断句释读说起》，《史学集刊》2019年第4期。

于反思主体不同、所处立场及文化传统不同，故而其间的思想差异在所难免。如果厚父本人的思想与周人完全一致，那他就不是夏人后裔，而是周人了。

天子须有德，方能膺受天之大命，而衡量其德行有无的标准，是民心向背。《尚书·康诰》云："若保赤子，惟民其康乂。"[1] 意谓对待百姓，要如同对待怀中的婴儿。克商之后，周公认识到天意即民心，只有敬天保民，国祚才能长久。自此，"敬天保民"成为西周官方主流意识形态，在统治者的思想观念中延续下来。厚父的"疑民论"与周公的"保民论"在思想内涵上不相吻合，其实是很正常的。厚父主张无条件禁酒，而周公认为祭祀的时候可以饮酒，孝敬父母、父母高兴时也可以饮酒。可以说，周公的政策更富灵活性与可行性。

周公作为"元圣"，其历史反思居于时代前沿，厚父自然比不上。如果厚父的思想与周公的思想一致，与周人倡导的"敬天保民"一致，那么历史上的"元圣"就不止周公一人了。笔者特别强调要把清华简《厚父》篇中时王的思想与厚父的思想区分开来，以时王的思想作为判定《厚父》篇时代归属的主要依据。在时王的思想观念中，"天"与"帝"是统一的，"德"是引发"天命"转移的决定性因素。既然时王的思想与周人的一致，时王是周王，那么即可判定清华简《厚父》属《周书》了。

综上所述，用语习惯、历史事件、思想脉络等多重证据并举，是推求清华简《厚父》篇成书年代的基本方法。《厚父》篇的思想主张，与周代文献中的并非完全切合。厚父是夏朝贵族后裔，他所说的仅是他对夏朝覆亡的历史反思。周初八《诰》体现了以周公为代表的姬姓贵族对夏、商两朝，尤其是"小邦周战胜大邑商"的历史反思。由于反思主体不同，所处立场与文化传统存在差异，故而《厚父》与周初八《诰》在思想上确有些许差别，但这尚不足以证实《厚父》不属于《周书》。判定《厚父》的时代归属，我们主张将厚父与时王适当区分，以时王的在位时间及思想作为判定的主要依据。《厚父》篇

① 〔汉〕孔安国传，〔唐〕孔颖达正义：《尚书正义》，上海古籍出版社2007年版，第537页。

中，"王"的在位时间是在夏朝覆亡之后，他主张将"上帝"与"天"合二为一，将天子之德视为决定天命移易的主要因素，无疑与周人思想相契，故而我们可以推定清华简《厚父》篇当属《周书》。

（本章内容最初发表于《学术交流》2019年第1期，收入本书时略有改动）

中编

史证篇

第四章　从清华简《筮法》看早期易学转进

目前易学的考古发掘成果，多是一些占筮实例，如殷墟易卦文物、包山简、葛陵简等。2013 年 12 月，《清华大学藏战国竹简（肆）》出版，其中《筮法》一篇分十七命、三十节，不仅有五十七个揲蓍实例，而且也系统地介绍了占筮的理论与方法，为我们解读、研究早期易学的演进历程提供了难得契机。[①]清华简《筮法》八经卦卦名、卦序与辑本《归藏》皆同，那么《筮法》与

[①] 关于清华简的真伪，学界争议颇多。清华简公布之初，裘锡圭等十一位著名专家鉴定其为真简。目前学界中为清华简的真伪问题相持不下的，不是古文字学家与考古学家，而主要是一些文献学家。姜广辉从《保训》的篇名、"惟王五十年"的解释、文王即位便称王及《保训》的书写笔法等方面，怀疑《保训》出于后人伪造。丁进认为《耆夜》的作者没有达到清华简整理者预估的战国中后期一般学者的水平，故而《耆夜》简应出于后人伪造。持反对意见的以王连龙为代表，他对姜广辉的观点逐条批驳，说作为辨伪学中的一个基本认知，古史辨伪与文献辨伪分别属于不同的学术研究领域，二者不能等同。史实是否翔实并不能与文献的真伪形成逻辑上的必然关系。此后，房德邻、程浩等学者也参与进来，清华简的真伪问题陷入多回合、长时间的争辩。我们认为，在真伪考辨中，竹简形制等物理因素是主要判别标准，而修辞、书法、书风等则是辅助性的甄别手段。北京大学加速器质谱实验室、第四纪年代测定实验室对无字残片标本进行了测定，发现其含水率高（转下页）

《归藏》的关系如何？先秦秦汉时期，是早期易学从数字卦向符号卦转型的重要时期，清华简《筮法》六、七爻的符号化，为我们观察早期数字卦向符号卦的演进提供了怎样的参照？《左传》《国语》中说"遇《艮》之八""遇《泰》之八"，为何只有某卦之"八"，却没有某卦之"七"？包山简、葛陵简作为卜筮祈祷简，其筮法的源头究竟何在？本章试图以清华简《筮法》为线索，结合其他考古发现，对以上问题加以探究。不当之处，敬请方家批评指正。

第一节　清华简《筮法》《别卦》与《归藏》的异同

清华简《筮法》《别卦》与《归藏》之间的关系非常密切，李学勤先生敏锐地指出：一是八经卦的卦名彼此一致，二是占筮之例都为六画卦，三是八卦卦序按"乾坤六子"少、中、长排列。[①]《筮法》中，坤卦写作"奥"，见于《汗简》《碧落碑》等，是《归藏》特有的写法；坎卦写作"裻（劳）"，见于秦简《归藏》；震卦作"来"，与辑本《归藏》"厘"都是来母之部字。可以说，《筮法》八卦卦名与《归藏》密合。

关于第二点，李先生说《筮法》全篇占筮之例都是六画卦，值得进一步讨论。《筮法》表面上看是两组六画卦，实际却由四个分居右上、右下、左上、

（接上页）达 400%，这是伪简无论如何也不可能达到的。在 2010 年北大汉简整理之前，学界尚不知楚简简背有刻画线，作伪者更是无从得知，而清华简的入藏时间是 2008 年 7 月，且简背有刻画线。清华简《皇门》中，"彝"字写作"歝"，这种写法在楚简中从未出现。包山简、葛陵简中有一些具体筮例，在清华简《筮法》问世之前，学者皆不知其占筮的具体方法与原则，而清华简《筮法》则非常清楚明白地将包山简、葛陵简中的筮法告诉了我们。这些都是能证明清华简，尤其是《筮法》真实无伪的有力证据。相关文章，参见姜广辉：《〈保训〉十疑》，《光明日报》2009 年 5 月 4 日，第 12 版；丁进：《清华简〈耆夜〉篇礼制问题述惑》，《学术月刊》2011 年第 6 期；房德邻：《清华简〈周武王有疾周公所自以代王之志（金縢）〉是伪作》，《故宫博物院院刊》2013 年第 6 期；王连龙：《对〈《保训》"十疑"〉一文的几点释疑》，《光明日报》2009 年 5 月 25 日，第 12 版；程浩：《清华简〈耆夜〉篇礼制问题释惑——兼谈如何阅读出土文献》，《社会科学论坛》2012 年第 3 期；孙沛阳：《简册背划线初探》，《出土文献与古文字研究》第四辑，上海古籍出版社 2011 年版，第 449—462 页。

① 李学勤：《〈归藏〉与清华简〈筮法〉、〈别卦〉》，《吉林大学社会科学学报》2014 年第 1 期。

左下之位的三画卦组成。《筮法》第二十四节《卦位图、人身图》、第二十五节《天干与卦》八卦所用卦画，皆为三画。清华简《别卦》虽为六十四卦系统（重卦），但观察其八经卦所用卦画，则发现其依然是三画。据朱震《汉上易集传》中的说法，传本《归藏》八经卦皆为六画卦①，所以《筮法》《别卦》与《归藏》八卦的卦画并不相同。

清华简《筮法·仇》云："三男同女，女在昏上。"此卦兑在左上之位，兑为少女，所以整理者将"昏"释读为"胬"是很正确的。②《说文解字》释"胬"云："胬，易卦之上体也。《商书》曰：'贞曰胬。'"③依据传统说法，《归藏》为商代筮法。④"贞悔"之说见于《尚书·洪范》，商人称上卦为"胬"，

---

① 孔颖达说："世有《归藏易》者，伪妄之书，非殷《易》也。"孔颖达斥《归藏》为伪书，此后马端临、吴莱、皮锡瑞等皆持此说。1993 年，湖北省江陵县荆州镇郢北村发掘清理出一批墓葬群，出土了大批秦代"易占"文献，其中有数条内容，如"昔者羿善射，弹十日，果毕之"等，与今传《归藏》直接对应或相似，证明传本《归藏》确非伪书。《归藏》亡佚，马国翰《玉函山房辑佚书》中有辑佚本，本文所论即据此书。参见李学勤主编：《十三经注疏·春秋左传正义》，北京大学出版社 1999 年版，第 870 页；〔清〕马国翰：《玉函山房辑佚书》，上海古籍出版社 1990 年版，第 31—43 页；王明钦：《王家台秦墓竹简概述》，《新出简帛研究：新出简帛国际学术研讨会文集》，文物出版社 2004 年版，第 26—39 页。
② 李学勤主编：《清华大学藏战国竹简（肆）》，中西书局 2013 年版，第 89 页。
③〔汉〕许慎撰，〔宋〕徐铉校定：《说文解字》，中华书局 2013 年版，第 64 页。
④ 在《归藏》是否为商代筮法的问题上，不少学者持否定看法。如程二行、彭公璞认为《归藏》为《周易》的衍生物，其成书年代与《易传》的成书年代相先后。史善刚、董延寿将《周礼·春官宗伯》《礼记·礼运》《山海经》《穆天子传》《隋书·经籍志》中的相关记载一一否定，斥责东汉三家（郑玄、王充、桓谭）所言皆伪，断言《归藏》为"子虚乌有"。《周礼·春官宗伯》说："（大卜）掌《三易》之法，一曰《连山》，二曰《归藏》，三曰《周易》。其经卦皆八，其别皆六十有四。掌《三梦》之法，一曰《致梦》，二曰《觭梦》，三曰《咸陟》。其经运十，其别九十。以邦事作龟之八命，一曰征，二曰象，三曰与，四曰谋，五曰果，六曰至，七曰雨，八曰瘳。"在《周礼》的成书问题上，过去学者多怀疑该书是刘歆伪造，现在学者对《周礼》成书的讨论虽不如以前热烈，但质疑的声音依然存在。王家台秦简《归藏》含 76 个卦名，重复者 23 个，实际卦名 53 个。虽然竹简残损严重，但我们依然可以看出秦简《归藏》实有卦名 64 个，这就证明《周礼》"（《归藏》）经卦皆八，其别皆六十有四"之说所言不虚。清华简《筮法·十七命》云："凡十七命：曰（转下页）

与《筮法》合。占筮术语的相同，说明清华简《筮法》与《归藏》之间确实存在某种联系。

要判断"三易"之间的区别，卦序是最重要的参照。清华简《筮法》第二十五节讲八经卦与天干相配，第二十六节讲各卦之祟，所用的卦序是乾、坤、艮、兑、坎、离、震、巽，正与辑本《归藏·初经》相同。清华简《别卦》上卦卦序是乾、艮、坎、震、坤、兑、离、巽，下卦卦序是乾、坤、艮、兑、坎、离、震、巽，实质都是分为纯阳卦和纯阴卦两组，然后六子卦按少、中、长顺序排列。《归藏》六子卦按照少、中、长排列，而《周易》则按照长、中、少排列，清华简《筮法》《别卦》的卦序明显与《归藏》更为接近。由此可知，清华简中的《筮法》《别卦》，与《归藏》有着相同的八卦卦序。

清华简《筮法》《别卦》与《归藏》的差异也很明显。《归藏》既有八卦卦序，又有六十四卦卦序。对于《归藏》六十四卦的卦序，异说有二：一是朱元升《三易备遗》中保存了《归藏》首尾四卦的卦序："始于坤、乾，终于比、剥。"[1]清华简《别卦》稍加调整，首卦可以是坤卦，但第二卦不能再是乾卦，而剥卦为艮卦统领，排序第二，因此"终于比、剥"更不可能。二是李过《西谿易说·原序》所记："《归藏》易……与《周（易）》卦名同者三之二，曰屯、

（接上页）果，曰至，曰享，曰死生，曰得，曰见，曰瘳，曰咎，曰男女，曰雨，曰取（娶）妻，曰战，曰成，曰行，曰雠，曰旱，曰祟。"《周礼》龟卜八命中，与《筮法》相同的有四命，即果、至、瘳、雨，征、战含义接近，如果加上"征"的话，相同的就是五命。可见，《周礼》八命中，有五命得到了《筮法》的印证。所以，从秦简《归藏》及清华简《筮法》来看，"《归藏》殷易说"也应可信。《归藏》筮法的形成与最终写定有一个相当长的过程，后人又对之不断进行损益，故而我们不能因为其部分内容晚出，就否认其占筮的源头在商代。王家台秦简中的《归藏》只是《归藏》众多传本中的一种，所以不能因为秦简《归藏》晚出，就认定所有《归藏》传本皆晚出。参见程二行、彭公璞：《〈归藏〉非殷人之易考》，《中国哲学史》2004年第2期；史善刚、董延寿：《王家台秦简〈易〉卦非"殷易"亦非〈归藏〉》，《哲学研究》2010年第3期。

[1]〔宋〕朱元升：《三易备遗》，影印文渊阁四库全书本，台湾商务印书馆1986年版，第20册，第811页。

蒙、讼、师、比、畜、履，次序大略亦同。"① 据李过所言，《归藏》与《周易》的卦名次序略同，但《别卦》的讼卦后为同人，蒙卦后为贲卦，师卦后为明夷，其次序与《周易》绝不相同。宋儒李过对《归藏》卦序的描述，有些内容或不可信，但不管从以上哪种说法看，清华简中的《筮法》《别卦》，与《归藏》相同的只是八卦卦序，六十四卦卦序却存在着显著差异。

按照传统说法，爻辞为周人的发明。在辑本《归藏》中只有卦辞、卦象，并无爻辞、爻象。《筮法》未见卦爻辞，却出现了爻象。《筮法》第二十九节专讲诸爻之象，比如说五爻之象"为天，为日，为贵人，为兵，为血"，四爻之象"为地，为圆"。② 朱震《易丛说》、罗苹《路史》注引《归藏》："乾为天，为君，为父，又为辟，为卿，为马，为禾，又为血卦。"传本《归藏》以乾卦为天，为血（卦），以坤卦为地，而《筮法·爻象》以五爻代表天、血，以四爻代表地，这与传本《归藏》在易象归属上存在明显矛盾。

唐人贾公彦认为："此《归藏易》，以纯《坤》为首，坤为地，故万物莫不归而藏于中，故名为《归藏》也。"③《归藏》所谓"藏"，是指以坤卦为首，万物皆藏于地坤之中。《筮法》第二十四节："奚故谓之兑？司收，是故谓之兑。奚故谓之离？司藏，是故谓之离。"④《筮法》以离（罗）卦司藏，已与《归藏易》有所差异。《说卦》第九章说："坤为腹。"第十一章又说："（离）其于人也，为大腹。"在《说卦》中，离卦、坤卦皆可指人的腹部。从《筮法》人身八卦图来看，它将坤卦、离卦同时置于人的腹部，似皆有收藏之意。⑤ 坤卦收藏，保存的是《归藏》的古义，而《筮法》离卦也兼具收藏之义，表现出了自己的易学特征。

---

① 〔宋〕李过：《西谿易说》，影印文渊阁四库全书本，台湾商务印书馆1986年版，第17册，第625页。

② 李学勤主编：《清华大学藏战国竹简（肆）》，中西书局2013年版，第120页。

③ 李学勤主编：《十三经注疏·周礼注疏》，北京大学出版社1999年版，第637页。

④ 李学勤主编：《清华大学藏战国竹简（肆）》，中西书局2013年版，第112页。

⑤ 廖名春以帛书《系辞》为据，认为清华简《筮法》中"离"作"罗"，当训为"藏"。参见廖名春：《清华简〈筮法〉篇与〈说卦传〉》，《文物》2013年第8期。

《归藏》既有八卦系统，又有六十四卦系统。就王家台秦简看，《归藏》主要是以六十四卦卦辞占断吉凶，而《筮法》是四位八卦分析法，占筮的载体主要靠八经卦，与六十四别卦无关。更重要的是，《筮法》说："凡爻，如大如小，作于上，外有咎；作于下，内有咎。"[1]《筮法》以八、五、九、四爻的出现作为吉凶悔吝的征兆，其对祸福的预示，已由卦体转向爻体。《筮法》宣扬乾坤运转，以八卦对八方，以天干地支配八卦、六爻，其对吉凶的判定，对岁时、卦祟、丁数等多种因素的综合分析，同样也是《归藏》所没有的。

总之，清华简《筮法》与《别卦》之间的联系并不密切：一是形制明显不同。《筮法》简长35厘米，三道编绳，每支简背后皆有编序符号，除编绳外，背后皆用丝带粘贴，而《别卦》简长只有16厘米，两道编绳，简背无编号。二是《筮法》只用八卦分析系统，就能独立完成占筮任务，根本不用《别卦》的六十四卦系统。但两者都有《归藏》特有的卦名，如《筮法》坤卦作"奥"、坎卦作"袋（劳）"，《别卦》剥卦作"僕"、豫卦作"介"等，这明显拉近了它们与《归藏》之间的距离。"贞悔"之说见于《尚书·洪范》，《筮法》称上卦为"卸"，与商人占筮用语吻合，且清华简《筮法》《别卦》与《归藏》八卦卦序密合，因而它们可以说是具有明显《归藏》特征的易学系统。

同时必须指出的是，《归藏》的占筮形式、方法，又与清华简《筮法》有着显著的不同：辑本《归藏》、秦简《归藏》皆有卦辞，六十四卦都有卦名，而清华简《筮法》没有卦辞，只有八经卦之名，没有六十四卦之名；《归藏》阴阳爻之数为八、七，而《筮法》为六、七；《归藏》既有八卦系统，又有六十四卦系统，依据卦辞、卦象占断，而《筮法》只有八卦系统，没有六十四卦系统，占筮只依据八经卦，吉凶的征兆由卦体转向爻体，八、五、九、四的爻象成为占断的重要依据。鉴于以上差异，笔者怀疑二者可能分属不同的易学系统。

---

[1] 李学勤主编：《清华大学藏战国竹简（肆）》，中西书局2013年版，第120页。

第二节　符号爻与数字爻的功能分工

殷墟数字卦中，常见的符号是"一""五""六""七""八""九"，使用频率较高的是"六""七""八"，其次是"一""五""九"。西周数字卦中，使用频率较高的是"一""六""八"，其次是"七""五""九"。与殷周之际数字卦广泛流行不同，春秋战国时期，符号卦大量涌现：《左传》《国语》中，皆是符号卦；上博简《周易》中，阳爻用"━"，阴爻用"八"；马王堆帛书《周易》中，阳爻用"━"，阴爻用"⌐∟"；王家台秦简《归藏》中，阳爻皆用"━"，阴爻用"∧"。[①] 可以说，数字卦向符号卦的过渡，是先秦易学表现形式的一次重要转型。虽有学者发现战国秦汉时期易卦筮数有不断减少的趋势[②]，但筮数如何变为卦画、数字卦如何变为符号卦，依然是学界尚未解开的谜题。李宗焜曾有一个富有启发性的提问：是什么方式让数字向"一""六""八"集中的？集中的根据或标准究竟是什么？[③]

清华简《筮法》为解开数字卦向符号卦过渡的谜题，提供了难得的契机。《筮法》中出现的卦画有"━""∧""八""✕""⇒━""⌐"六种，简文以十二地支配卦画，"地支与爻"的关系如下：

表1　《筮法》地支与爻的对应

巳亥	辰戌	卯酉	寅申	丑未	子午
四	✕	∧	一	八	九

从"四""五""六""一""八""九"的顺序看，《筮法》中的"∧"

① 王明钦：《王家台秦墓竹简概述》，《新出简帛研究：新出简帛国际学术研讨会文集》，文物出版社2004年版，第35页。

② 参见韩自强：《〈周易〉卦画演变考》，《传统文化与现代化》1997年第1期；季旭升：《古文字中的易卦材料》，《百年易学菁华集成·易学史》，上海科学技术文献出版社2010年版，第222页。

③ 李宗焜：《数字卦与阴阳爻》，《中央研究院历史语言研究所集刊》第七十七本第二分，2006年，第287页。

"—"所代表的筮数其实就是"六""七"。① 清华简《筮法》六百八十四爻中，"六""七"出现了六百多次，出现概率明显比"四""五""八""九"高。《筮法·爻象》一节只论述了"四""五""八""九"的爻象，而不说"六""七"的爻象，说明"六""七"与"四""五""八""九"性质不同，已经上升为一般的阳爻和阴爻。② 在《筮法》的人身八卦图中，一个惊人的发现是出现了全部由"︿""—"两个数字构成的卦画。③ 乾坤八卦卦画清一色地用"︿""—"表示，不再用"四""五""八""九"诸爻。"︿""—"已由"六""七"两个筮数，转变为"八""五""九""四"等全部筮数阴阳属性的代表，这标志着"六""七"爻的符号化已经实现。

"六""七"上升为一般的阴、阳爻之后，对于"八""五""九""四"的作用，《筮法》说得很清楚。《筮法·爻象》云："凡爻，如大如小，作于上，外有咎；作于下，内有咎；上下皆作，邦有兵命、燹怪。"④ 这里的爻，仅指"八""五""九""四"。"八""五""九""四"在上卦或下卦出现，内、外就有悔咎之忧；上下皆作，国家就可能面临外敌入侵。《筮法·祟》一节更是详列"八""五""九""四"在八卦各卦出现，会发生溺死、为奴而死、为妾而死等各种灾祸。这些表明，《筮法》对诸爻功能已有所分工："六""七"已成为阴爻、阳爻的符号标志，故而对吉凶的判定，便更多地转向那些出现概率较低的爻，如"八""五""九""四"。《筮法》中，"八""五""九""四"有爻象，而"六""七"没有爻象，这说明在占筮过程中，出现概率较低的爻已成为预测吉凶的主要手段，其预测功能得到显著强化。

---

① 参见廖名春：《清华简〈筮法〉篇与〈说卦传〉》，《文物》2013年第8期；马楠：《清华简〈筮法〉二题》，《深圳大学学报（人文社会科学版）》2014年第1期。另，韩自强在论及天星观楚简时，亦有"一"为"七"的说法，参见其《阜阳汉简〈周易〉研究》，上海古籍出版社2004年版，第91页。

② 廖名春已指出此点，参见其《清华简〈筮法〉篇与〈说卦传〉》，《文物》2013年第8期。

③ 人身八卦图图版，参见李学勤主编：《清华大学藏战国竹简（肆）》，中西书局2013年版，第4—5页。

④ 李学勤主编：《清华大学藏战国竹简（肆）》，中西书局2013年版，第120页。

《周易》"大衍筮法"揲蓍之后，得到的筮数是"六""九""七""八"。据董光璧推算，"六""九""七""八"的出现概率依次是 1/16、3/16、5/16、7/16。[①]"七""八"的出现概率高，为少阳、少阴，其爻不变。"六""九"的出现概率低，为老阴、老阳，其爻易变。《周易》中，"七""八"符号化[②]，而"九""六"则成为预测吉凶的主要征兆。我们猜测，七、八爻与九、六爻的功能分工，或许在《周易》中也同样存在。

清华简《筮法》中，对于"六""七"这类上升为阴、阳爻符号的，我们称之为符号爻；而对于"四""五""八""九"这类依然是数字的，我们称之为数字爻。现在看来，出现概率高的筮数符号化，上升为阴爻、阳爻，占筮功能减弱，而出现概率低的筮数因地位特殊，反倒成为吉凶预测的主要风向标。数字卦转变为符号卦的过程，可以清楚描述如下：一是早期数字卦广泛流行。当时，数字卦筮数为三个、六个，甚至为四个，组合形式并不固定，常见于甲骨文、金文筮例之中。二是爻的符号化。出现概率最高的两个筮数（一奇一偶）符号化[③]，上升为一般的阳爻、阴爻，而出现概率低的爻则更多地承担了占筮功能，实现了不同爻之间的功能分工——清华简《筮法》展现的便是数字爻与符号爻并存的图景。[④] 三是卦的符号化。出现概率低的筮数按照阴阳属性，各自归并至阴爻、阳爻之中，使数字卦转变为纯粹的符号卦。四是数字卦的消亡。为何《左传》《国语》中的春秋筮例已为符号卦，而包山简、葛陵简中的战国筮例却依然是数字卦？这是因为在符号卦产生之后，数字卦并未立刻消亡，二者并存过一段时期。至秦汉之际，如帛书《易传》、秦简《归

---

① 董光璧：《易学科学史纲》，武汉出版社 1993 年版，第 66 页。

② 我们认为，上博简《周易》中的阳爻"—"是筮数"七"，阴爻"八"为筮数"八"。濮茅左以为上博简《周易》中的阴爻为"六"，阳爻为"九"，"八"字形与战国文字"九"明显不合，恐非。参见马承源主编：《上海博物馆藏战国楚竹书（三）》，上海古籍出版社 2003 年版，第 134 页。

③ 在不同的揲蓍法中，出现频率高的筮数也不同。

④ 我们只是借用清华简《筮法》所揭示的筮数转换为卦画的原理，并不是认定卦画的出现晚至战国、秦汉之际。

藏》、阜阳汉简《周易》等皆为纯粹的符号卦，数字卦逐渐消失，并入符号卦之中。

就出土材料来看，商周之际流行的数字卦逐渐被符号卦取代，顺应了"易道尚简"的趋势。张政烺说，筮数"二、三、四、五、七已被取消，集中到一、六两项下"[1]，但筮数为何要集中到一（七）、六那里，而不集中到其他筮数那里，则是学界尚未解决的易学难题。符号卦的形成始于爻的符号化，以出现概率高的两个筮数上升为阴爻、阳爻为重要标志，清华简《筮法》所展现的这种符号爻与数字爻之间的功能分工，很可能是筮数"八""五""九""四"向"六""七"集中的原理与依据。

第三节　《筮法》与《左传》《国语》中的含"八"筮例

对于《左传》《国语》中含"八"筮例的阐释，从杜预至孔颖达，从韦昭至高亨，虽有无数学者耗费心力，但至今尚未获得令人信服的答案。[2]究其根源，就是《左传》《国语》在记录筮例时，偏重义理阐发，只简单录入占筮的结果而忽略揲蓍的具体过程。清华简《筮法》以筮例为证，详细叙述了占筮的原则与方法，为准确解释《左传》《国语》中含"八"筮例的内涵提供了新线索。

最早注意到清华简《筮法》与《左传》《国语》中含"八"筮例之间关系的是程浩，他说在《筮法》卦例中，"九""八""五""四"等"恶爻"的出现，会使卦象由吉转凶。观诸《左传》《国语》中的诸多事例，可知在遇"八"之后，卦象大多是不利的。《左传》中的穆姜筮卦，就很可能属于《筮法》一系的古易占筮，因为在其"四位"的某一位中有包含恶爻"八"的"艮"，就会出现杜预所说的"史疑古易遇八为不利，故更以《周易》占"的情况。[3]

《左传》《国语》中含"八"的筮例共有三例，晋国占其二。清华简虽属楚

---

① 张政烺：《试释周初青铜器铭文中的易卦》，《考古学报》1980年第4期。

② 相关研究成果，参见刘大钧：《周易概论》，齐鲁书社1986年版，第127—133页。

③ 程浩：《清华简〈筮法〉与周代占筮系统》，《周易研究》2013年第6期。

文字系统，但带有明显的晋系文字特征（字例见表2）。《筮法》中，"夕"作"夕"，见于《古玺汇编》1723；"返"作"返"，见于中山圆壶。[1]这些例证为《筮法》与《左传》《国语》中含"八"筮例间的密切联系，提供了文字学方面的证据支撑。

表2　清华简、三晋、楚例字对照[2]

	尹	百	昭	夕	返	史
清华简	 良臣3	 良臣10	 良臣5	 筮法3	 筮法40	 良臣1
三晋	 集成11577	 货系1346	 玺汇3310	 铭文选（2）881	 铭文选（2）882	 玺汇0301
典型的楚文字	 包126	 包138	 包214	 天卜	 鄂君启节	 包138

　　《左传》《国语》所记筮例，一向被视为研究《周易》的范例，唯含"八"筮例有所不同。据《左传》记载，襄公九年，史官占断卦变之后，穆姜说"是于《周易》曰"；而据《国语·晋语四》记载，重耳揲蓍后，司空季子换用《周易》解卦。这些都说明《左传》《国语》中含"八"筮例所用的揲蓍之

① 李守奎：《清华简〈筮法〉文字与文本特点略说》，《深圳大学学报（人文社会科学版）》2014年第1期。

② 材料参见李守奎：《楚文献中的教育与清华简〈系年〉性质初探》，《出土文献与古文字研究（第六辑）——复旦大学出土文献与古文字研究中心成立十周年纪念文集》，上海古籍出版社2015年版，第291—302页。

法，一定不属于《周易》系统。《筮法·死生》云："三吉同凶，恶爻处之，今焉死。三凶同吉，恶爻处之，今焉死。"①《筮法》中的"恶爻"，指的是"八""九""五""四"。《筮法》说"天之道，男胜女，众胜寡"，三卦为吉，一卦为凶，揆诸天道，吉卦占优。但三吉卦不如一恶爻，一旦有恶爻出现，则卦兆由生转死。《左传》《国语》所选筮例，皆能在现实生活中得到印证，如恶爻"八"在"艮"六二的位置出现，乃当宫廷之位（见表3），而宫廷有吝恰是穆姜薨于东宫的征兆，因此程浩定《左传》《国语》中的含"八"筮例为《筮法》一系古易揲蓍的结果，是非常有见地的。

表3 宫室四位布局

外之位也	门之位也
宫廷之位	室之位也

但必须指出的是，程浩只注意到了《左传》《国语》中的含"八"筮例与清华简《筮法》相同的一面，但对于二者间的差异则未细致梳理：

其一，既然在《筮法》中，"八"为恶爻，那为何《国语》中的"遇《泰》之八"却是吉兆？《国语·晋语四》载："董因逆公于河，公问焉，曰：'吾其济乎？'对曰：'……臣筮之，得《泰》之八，曰："是谓天地配亨，小往大来。"今及之矣，何不济之有？'"②春秋时期，史官占筮时碰到悭吝之象，为了避讳，会换用其他筮法解卦。如《国语》中，重耳遇"《屯》《豫》皆八"，司空季子改用《周易》解释；又如《左传》中，穆姜遇"《艮》之八"，史官便换用《周易》变卦。需要特别说明的是，"小往大来"为《周易》"泰卦"卦辞，是史官在遇恶爻"八"之后换用《周易》解卦的例证。虽然按照《筮法》，"《泰》之八"为恶兆，但董因等人巧妙地换用《周易》卦辞解卦，所以为吉。

---

① 李学勤主编：《清华大学藏战国竹简（肆）》，中西书局2013年版，第79页。

② 徐元诰：《国语集解》，中华书局2002年版，第343—345页。

其二，既然《筮法》为八卦系统，没有六十四卦名及卦爻辞，那为何《左传》《国语》中的占筮却出现了《屯》《豫》等别卦之名？《左传》载，襄公九年，"穆姜薨于东宫。始往而筮之，遇《艮》之八。史曰：'是谓《艮》之《随》。《随》，其出也。君必速出！'姜曰：'亡！是于《周易》曰：《随》，元、亨、利、贞，无咎。'"①《筮法》不用六十四卦系统，没有别卦之名。根据《筮法》，《随》卦是无法称呼的，而史官则在此处将《筮法》一系古易转换为《周易》，故而《随》卦的出现，实际上是借用了《周易》卦名。

上文讲过，清华简《筮法》可以脱离《别卦》，独立进行占筮，但它们为何又在一起出现？整理者认为，《别卦》是经卦衍生谱，对于《周易》卦象、卦名、卦序及经卦的衍生研究都有一定参考价值。②八经卦为三画卦，六十四卦为重卦、六画卦，二者卦画的数量不同，但清华简《别卦》的独特之处是卦象为经卦，与《筮法》同属八卦系统，只是其卦名为别卦，属六十四卦系统。质言之，《别卦》是八卦系统与六十四卦系统的合体。《筮法》没有别卦，别卦之名见于《别卦》。《筮法》占筮只用八卦系统，《别卦》既有八卦系统，又有四十卦系统。《别卦》既无经文，又无传文，只有一个卦序，不能占筮。战国之际，"三易"皆是六十四卦系统，而我们之所以怀疑清华简《别卦》与《筮法》同地出土，主要是因为《别卦》为《筮法》八卦系统，与其他易学六十四卦系统转换时的辅助材料。

其三，既然《筮法》以两卦为一组，一个六画卦不能占筮，那么为何穆姜只筮得《艮》卦、董因只筮得《泰》卦？《左传》中，史官据《周易》卦变，由《艮》卦之《随》卦，说明当时只筮得一卦。如果有两卦，那为何只言《艮》卦的卦变而不言后一卦的卦变？《左传》《国语》解卦只用卦象，从不用爻象，为何《筮法》中却有爻象？这就说明《左传》《国语》中含"八"筮例所用的揲蓍法，与清华简《筮法》中的占筮方法存在着显著差异。

我们以周原扶风卜骨为例，卜骨正面有一组筮数（单卦一组）：

一六一六六八。

① 杨伯峻：《春秋左传注》（修订本），中华书局1990年版，第964—965页。
② 李学勤主编：《清华大学藏战国竹简（肆）》，中西书局2013年版，第128页。

背面有六组筮数（两卦一组）：

六九八一八六，

九一一六五。

六八一一八，

八八六六六六。

一八六八五五，

六八一一一。①

沣西张家坡卜骨一组是：

一一六一一。

另一组是：

六六八一一六，

六一六六六一。②

李学勤先生研究数字卦，有个非常重要的发现：殷周数字卦揲蓍法，可以分为甲、乙两种。③扶风卜骨、沣西张家坡卜骨属西周遗物，所用皆为李先生所说的揲蓍法乙，可见当时揲蓍法乙有两种占筮形式，一是单卦一组占筮，二是两卦一组占筮。《左传》《国语》中的含"八"筮例，一种是穆姜得单卦，与扶风卜骨正面单卦占筮同；一种是重耳得《屯》《豫》两卦，与扶风卜骨背面两卦对占同。因此，《左传》《国语》中含"八"筮例所用筮法，正是西周时期扶风卜骨、沣西张家坡卜骨所用的筮法。程浩说的"《筮法》一系古易"，很可能是殷周揲蓍法乙。清华简《筮法》必须以两卦一组为占筮，因此《左传》《国语》的含"八"筮例中，真正与清华简《筮法》相同的只有重耳得《屯》《豫》两卦，穆姜、董因得单卦，与《筮法》只是近似。

---

① 罗西章、王均显：《周原扶风地区出土西周甲骨的初步认识》，《文物》1987年第2期。

② 张亚初、刘雨：《从商周八卦数字符号谈筮法的几个问题》，《考古》1981年第2期。

③ 李学勤：《周易溯源》，巴蜀书社2006年版，第231页。

《左传》《国语》中的含"八"筮例之所以成为千古不解之谜，其难点主要表现在：其一，既然上六爻也不变，那么为何不说"之八"？其二，为何只说阴之八，而不说阳之七？《国语·晋语四》云："公子亲筮之，曰：'尚有晋国。'得贞《屯》、悔《豫》，皆八也。筮史占之，皆曰：'不吉。闭而不通，爻无为也。'"韦昭注曰："内曰贞，外曰悔，《震》下《坎》上，《屯》。《坤》下《震》上，《豫》。得此两卦，《震》在《屯》为贞，在《豫》为悔。八，谓《震》两阴爻，在贞在悔皆不动，故曰皆八，谓爻无为也。"①《屯》卦变为《豫》卦时，六二、六三两阴爻不动，仍为"八"，因此韦昭称之为"皆八"，并将史官所说的"爻无为"解释为"阴爻不动"。韦昭之说影响深远，刘禹锡、钱大昕、尚秉和等学者皆采其说。

　　但刘大钧对此提出反对意见，说《屯》的上六爻亦为筮数"八"而未变，何以独指六二、六三两爻，而不及上六爻？②"八"，过去学者或训为"半"③，或训为"别""背"等④。现在由清华简《筮法》看，"八"即指筮数"八"，音近通假之说并不可信。"之八"意谓卦中某筮数为"八"，"皆"的意思是"都"，"皆八"是说《屯》内卦、《豫》外卦皆为筮数"八"。长安西仁村陶拍数字卦"八八六八一八"，是目前所知出土材料中占得"八"最多的一卦，共有四个"八"，即内卦、外卦皆有"八"的例证。过去的研究，如程迥《周易古占法》、钱大昕《潜研堂文集·答问》、高亨《周易古经通说》等，皆把"贞《屯》、悔《豫》"视为本卦与之卦。今以清华简《筮法》为参照，可知它可能是由两个重卦构成的一组卦，并非本卦与之卦的关系。

　　在《左传》襄公九年的"遇艮之八"下，杜预注："《周礼》：'大卜掌《三

① 徐元诰：《国语集解》，中华书局 2002 年版，第 340 页。
② 刘大钧：《周易概论》，齐鲁书社 1986 年版，第 125 页。
③ 俞志慧：《〈国语·晋语四〉"贞屯悔豫皆八"为宜变之爻与不变之爻皆半说》，《中国哲学史》2007 年第 4 期。
④ 廖名春：《〈左传〉〈国语〉易筮言"八"解》，载方铭主编：《〈春秋〉三传与经学文化》，长春出版社 2009 年版，第 6—13 页。

易》.'然则杂用《连山》《归藏》《周易》。二《易》皆以七八为占。故言遇艮之八。"①《归藏》以不变为占，占七、八之爻；《周易》以变为占，占九、六之爻。此处占筮遇"艮之八"，杜预因而怀疑是《归藏》易。但杜预之说不能解释的是，既然《归藏》以七、八为占，那为何《左传》《国语》中只言"遇八"，却不提及"遇七"的筮例？②吴曾祺说："此当是以《连山》《归藏》占之，故有'皆八'之语。观下'是在《周易》'云云，其义自见。"③其下《周易》云云，只能说明此处所用筮法并非《周易》，但不是《周易》并不意味着一定就是《归藏》。

清华简《筮法》卦画由"四""五""六""七""八""九"组成，"六""七"的出现概率非常高，而且有符号化的趋势，真正能预测吉凶的是"八""五""九""四"。《筮法·祟》："坤祟：门、行。纯乃母。八乃奴以死。"④《坤》卦虽有六爻，但只有八爻出现，男子才会为奴而死。《归藏》的七爻、八爻共同担负占筮职责，言八爻必言七爻。而清华简《筮法》的独特之处，就在于七爻符号化，占筮功能削弱，只要八爻单独出现，便能兆示吉凶，这正能解释《左传》《国语》只言八爻、不言七爻的疑难。

对于筮史所说"不吉。闭而不通，爻无为也"的含义，刘大钧解释为，《屯》卦内卦震为车，外卦坎为险陷，有震车遇坎险之象，故不是有作为的卦爻。⑤廖名春说《屯》为"难生"之义，《豫》有"犹豫"之义。⑥清华简《筮法·爻象》："凡爻……作于上，外有咎；作于下，内有咎；上下皆作，邦有兵命、祅怪。"意谓"八"作为恶爻，出现在上卦时，则国外有咎；出现在下

---

① 李学勤主编：《十三经注疏·春秋左传正义》，北京大学出版社1999年版，第870页。

② 〔清〕李道平：《周易集解纂疏》，中华书局1994年版，第756页；尚秉和：《周易古筮考通解》，山西古籍出版社1994年版，第293—294页。

③ 徐元诰：《国语集解》，中华书局2002年版，第340页。

④ 李学勤主编：《清华大学藏战国竹简（肆）》，中西书局2013年版，第115页。

⑤ 刘大钧：《周易概论》，齐鲁书社1986年版，第122页。

⑥ 廖名春：《〈左传〉〈国语〉易筮言"八"解》，《2009年两岸四地"〈春秋〉三传与经学文化"学术研讨会论文集》，2009年8月，第6—13页。

卦时，则国内有眚；上下卦皆出现时，则整个国家将有外敌入侵等灾祸。我们据此推测，重耳问"是否得国"，占筮的结果是上下卦皆有"八"，即内外皆有眚，国家有灾，所以巫史占断为"不吉"。重耳问能否主政晋国，占筮的结果是左下、右上皆为"八"。据《筮法·四位表》左下之位为"宫廷之位"、右上之位为"门之位"（见表3），故重耳之筮，"八"在《屯》居"宫廷之位"、在《豫》居"门之位"——内不得于"宫廷之位"，外不得于"门之位"，不得其门而入，正合史官所说的"闭而不通"。葛陵简乙二·2："一六六六六一，六八六一六六。"[1]学者已注意到此筮例中两个"六"之间的"八"写得比一般数字大，说明其为吉凶的重要征兆。"八"为恶爻，它出现之后，"宫廷之位"与"门之位"闭塞不通，其他爻虽有吉兆，亦不能有所作为，故而史官说"爻无为也"。

第四节　《筮法》与殷周揲蓍法乙

与以先秦诸子为代表的精英文化相比，《筮法》属于一般的知识、思想与信仰世界，其特点是历史悠久、稳定性强、在民间影响久远。《筮法》的揲蓍之法与包山简、葛陵简的相同[2]，可见其在楚地流传极广。《筮法》是为楚人所创，还是另有来源？由于缺少相关的文献记载，追溯《筮法》的源头是一件极其困难的事。《楚辞·离骚》有云："巫咸将夕降兮，怀椒糈而要之。"王逸《章句》云："巫咸，古神巫也，当殷中宗之世。"[3]清华简《楚居》说："丽不从行，溃自胁出，妣隘宾于天，巫奅（咸）该其胁以楚。"[4]妣隘难产，巫咸以荆条包扎其肋骨。由于巫咸为商朝太戊时期的大臣，与妣隘所处时代相去甚远，又因古代职业世袭，故而我们怀疑《楚居》中的"巫咸"是商朝太戊时期的巫咸的后裔或族众。巫咸作为商代名臣而屡见于楚地文献，似可证明楚文

① 河南省文物考古研究所：《新蔡葛陵楚墓》图版一三〇，大象出版社2003年版。

② 马楠：《清华简〈筮法〉二题》，《深圳大学学报（人文社会科学版）》2014年第1期。

③ 黄灵庚：《楚辞章句疏证》，中华书局2007年版，第443—444页。

④ "咸"字的释读，参见复旦大学出土文献与古文字研究中心研究生读书会：《清华简〈楚居〉研读札记》，复旦大学出土文献与古文字研究中心网，2011年1月5日。

化与殷商文化之间有着深厚渊源。巫咸精通占筮之术，其后人远涉楚地，而《商书》的占筮用语"贞曰悔"亦见于《筮法》，这使我们猜测：清华简《筮法》与殷周早期的数字卦之间，应该存在着某种程度的关联。

殷商甲骨易卦有两种类型，一是奇数卦组合，主要为一组或为三组。如刘家桥村北卜骨：一一六六一五，九七七，六八八八六六。[①] 二是偶数卦组合，常见于殷商陶片或铜戈，以两卦一组为多。最典型的是殷墟苗圃北地80号墓出土一件筮数砺石，正面易卦有三组：

七六六六六七，

七六八七六七，

六六五七六八。

侧面有一组：

六六七六六八。

背面有两组：

八一一一六六，

八一一一一六。[②]

《尚书·洪范》："立时人作卜筮，三人占，则从二人之言。"同一件事，三个人分别占筮，则听从占筮结果相同或相近的二人之言。殷墟易卦中的三卦一组，可以理解为"乃卜三龟"，即三人分别占筮。但一组两卦是不是意谓一事占两次？如果两人占卜的结果互相矛盾，那么以谁的占筮结果为准？张朋说，如果两次占筮的结果相同或相近，就不再进行第三次占筮。[③] 但以陕西淳化西周陶罐两卦一组为例：八一一八一六，六八五六一八。[④] 只有一爻

① 安阳市文物工作队：《1995—1996年安阳刘家庄殷代遗址发掘报告》，《华夏考古》1997年第2期。

② 中国社会科学院考古研究所安阳工作队：《1980—1982年安阳苗圃北地遗址发掘简报》，《考古》1986年第2期。

③ 张朋：《数字卦与占筮——考古发现中的筮法及相关问题》，《周易研究》2007年第4期。

④ 姚生民：《淳化县发现西周易卦符号文字陶罐》，《文博》1990年第3期。

相同，不同的则多达五爻，又怎么能说两次占筮的结果相近呢？出土文献中，甚至出现了四卜乃至六卜的情况。如长安西仁村陶拍：

八八六八一八，

八一六六六六，

一一六一一，

一一一六一一。①

周原扶风卜骨背面有六组筮数：

六九八一八六，

九一一六五，

六八一一一八，

八八六六六六，

一八六八五五，

六八一一一一。②

《礼记·曲礼》云："卜筮不过三。"即对一件事的占卜，最多不能超过三次，超过了就是亵渎神灵。而清华简《筮法》为我们提供了两个六画卦同时对占的例证，因此西仁村陶拍、扶风卜骨明显不是就一件事连续占卜四次乃至六次，而很可能是一次占筮得两卦。

李学勤先生指出，殷周揲蓍法分为两种：一种是殷墟甲骨、陶器、岐山卜甲和西周金文筮数所代表的揲蓍法甲，另一种是淳化陶罐、扶风和沣西卜骨筮数所代表的揲蓍法乙。③清华简《筮法》是否源于甲种呢？揲蓍法甲有时会有卦名或卦辞，如殷墟四盘磨卜骨："七五七六六六，曰：凶（斯）□。七八七六七六，曰：凶（斯）□。"④而清华简《筮法》占筮不使用卦名、卦爻辞。揲蓍法甲筮数"一"与"七"并存，以安阳殷墟卜甲为例，即

---

① 曹玮：《陶拍上的数字卦研究》，《文物》2002 年第 11 期。

② 罗西章、王均显：《周原扶风地区出土西周甲骨的初步认识》，《文物》1987 年第 2 期。

③ 李学勤：《周易溯源》，巴蜀书社 2006 年版，第 231 页。

④ 此处文字释读，采李学勤之说。参见李学勤：《周易溯源》，巴蜀书社 2006 年版，第 205 页。

"六七一六七九"。①清华简《筮法》中，"一"代表"七"，因此一卦筮数之中，"一"与"七"不可能同时共存。鉴于以上两点显著差异，我们认为清华简《筮法》出自揲蓍法甲的可能性并不大。

考察清华简《筮法》与殷周易卦的关系，关键一点是将揲蓍法甲与揲蓍法乙分开。关于扶风卜骨，李学勤先生曾说"值得注意的是完全没有七"②，并解释了揲蓍法乙中，"七"极难或不能产生之故③。但"五""六""八""九"都能依次揲蓍出来，为何中间唯独缺少"七"？从现今仅存的先秦筮法——大衍筮法看，这种可能性几乎不存在。清华简《筮法》中"七"写作"一"，有两个重要特征：一是清华简《筮法》只有"一"，没有"七"。殷周揲蓍法甲"一""七"并存，则"七"不可能写作"一"；而殷周揲蓍法乙只有"一"，没有"七"，才是"七"被"一"代替的前提。二是《筮法》中，"一"（"七"）出现的概率特别高。"一"在殷墟砺石中的出现概率是58%，在扶风卜骨中的出现概率是33%，在沣西张家坡卜骨中的出现概率是58%，在西仁村陶拍上的出现概率是50%，在淳化陶罐上的出现概率是62%。④不必再多举例，按照清华简《筮法》"一"（"七"）出现概率高的情况推测，殷周揲蓍法乙的"一"，可能就是"七"。清华简《筮法》中"七"写作"一"的发现，正好能解决殷周揲蓍法乙没有"七"的疑难。殷周揲蓍法乙不是不能产生"七"，而是把"七"写成了"一"，这或许才是它的特征。

殷周揲蓍法乙与楚地筮法的相同之处⑤，可以归结为以下五点：一是筮数分布基本相同。清华简《筮法》所用筮数为"四"、"五"、"六"、"一"（"七"）、"八"、"九"，唯独"四"不见于揲蓍法乙。但从《筮法》看，筮数

① 肖楠：《安阳殷墟发现"易卦"卜甲》，《考古》1989年第1期。

② 李学勤：《周易溯源》，巴蜀书社2006年版，第228页。

③ 李学勤：《周易溯源》，巴蜀书社2006年版，第231页。

④ 以下数据皆见下文表4，不再一一注明。

⑤ 由于清华简《筮法》与葛陵简、包山简、天星观简揲蓍之法相同，所以笔者把它们统称为楚地筮法。

"四"的出现概率极低，仅为1%，"四"不见于揲蓍法乙，是由于它出现概率低的缘故。葛陵简、包山简、天星观简，同样不见筮数"四"。"四"少见甚至不见，反而是揲蓍法乙与楚地筮法相同的明证。

二是筮数出现概率的规律。在揲蓍法乙中，"六""七"的出现概率最高，一般在60%以上，如沣西张家坡卜骨中，二者的出现概率竟高达96%，其他筮数的出现概率则明显偏低。《筮法》亦是如此，"六""七"的出现概率高达92%。清华简《筮法·爻象》云："八为风，为水，为言……五象为天，为日，为贵人，为兵……九象为大兽，为木，为备戒……四之象为地，为圆，为鼓。"[1] 除"六""七"外，《筮法》其他筮数按照"八""五""九""四"顺序排列。为何按"八""五""九""四"的顺序排列，目前有两种说法：一是按照筮数的出现概率，由高到低地排列。但《筮法》中筮数的出现概率，"八"是1.5%，"五"是2%，"九"是3%，"四"是1%，"九"的出现概率高于"八"和"五"，"五"的出现概率又高于"八"，似乎与这种说法不相吻合。二是按照时间的先后顺序进行排列。《筮法·得》云："春见八，乃亦得。夏见五，乃亦得。秋见九，乃亦得。冬见四，乃亦得。"[2] 八、五、九、四与春、夏、秋、冬对应，似乎是按时间顺序排列的。对此，我们该如何取舍？

《筮法》是介绍占筮原则与方法的"说明书"，为了更加详细地介绍占筮的原理，可能对无关或重复的筮例做了剔除。葛陵简、包山简、天星观简与清华简《筮法》揲蓍之法相同，是未经筮人筛选的筮占的真实例证，故而更能反映当时筮占的原貌。葛陵简筮数的出现概率，"八"是4%，"五"是3%，"九"是1%，"四"是0%。[3] 包山简筮数的出现概率，"八"是9%，"五"是1%，"九"是0%，"四"是0%。天星观简筮数的出现概率，"八"是6%，"五"是1%，"九"是1%，"四"是0%。从葛陵简、包山简等看，"八""五""九""四"按照出现概率由高到低排列，依然是楚地筮法筮数排

---

① 李学勤主编：《清华大学藏战国竹简（肆）》，中西书局2013年版，第120页。
② 李学勤主编：《清华大学藏战国竹简（肆）》，中西书局2013年版，第84页。
③ 某筮数未出现，按照0%计算。下同。

列的一般规律。①

殷墟砺石（背面）、沣西张家坡卜骨以及长安西仁村陶拍上的筮数只有"八"，没有"五""九""四"，无法考察。扶风卜骨上筮数的出现概率，"八"是24％，"五"是7％，"九"是5％，"四"是0％。淳化陶罐上筮数的出现概率，"八"是15％，"五"是5％，"九"是3％，"四"是0％。就扶风卜骨和淳化陶罐来看，殷周揲蓍法乙中，"八""五""九""四"是按出现概率由高到低进行排列的说法依然成立。就一般情况来看，殷周揲蓍法乙中，筮数"七"的出现概率要高于筮数"六"；在战国楚简中，筮数"六"的出现概率则普遍高于筮数"七"（包山简例外）。除了"六""七"之外，"八""五""九""四"按照出现概率由高到低地进行排列，是殷周揲蓍法乙与楚地筮法的共同特点。

三是都存在两卦并占的占筮形式。清华简《筮法》中的占筮全部是两卦一组，格式如下：

$$ 炏\quad 炏 $$
$$ 厸\quad 厸 $$

这种两卦并占的形式亦见于揲蓍法乙，如长安西仁村陶拍、周原扶风卜骨等。

四是筮数没有"一"与"七"共存的现象，"一"的出现概率特别高，如殷墟砺石背面的易卦中，"一"的出现概率为58％，包山简中则为47％。

五是殷周揲蓍法乙与《筮法》都不使用卦爻辞，吉凶预测主要借助筮数及其位置对应关系。

以上五点，占筮都不使用卦爻辞，占筮形式都存在两卦并占的例证，筮数分布相同，"一""七"不共存，"八""五""九""四"出现概率的高低关系与排列顺序的先后基本一致（包山简中，筮数"七""六""八""五""九"

---

① 之所以说是一般规律，是因为这并不排除个别例外的存在。另，"八""五""九""四"如果既是按时间先后顺序进行排列，又是按出现频率由高到低地排列，似乎也并不矛盾。

的排列顺序与揲蓍法乙中的筮数排列顺序完全相同)。① 这些都拉近了清华简《筮法》与殷周揲蓍法乙之间的距离。

《连山》《归藏》《周易》皆是六十四卦系统，而清华简《筮法》则是八卦系统，故而它独立于"三易"之外。在殷周揲蓍法甲中，"一""七"并存，与《筮法》的筮数组合明显不同。《左传》《国语》的易卦中多本卦、之卦之变，亦不见于《筮法》。② 因此，揲蓍法乙是目前所知的与楚地筮法形式最为接近的早期数字卦。清华简《筮法》涵盖"十七命"，内容丰富、布局严谨、自成一系，其形成可能有一个比较漫长的过程，所以如果想要寻找楚地筮法的源头，那么揲蓍法乙应是十分值得注意的对象。

需要说明的是，揲蓍法乙与楚地筮法之间依然存在不少差别：一是揲蓍法乙有两种形式，即一组一卦与一组两卦，而楚地筮法只有一组两卦。二是揲蓍法乙中，筮数"七"的出现概率高于筮数"六"，楚地筮法则往往相反。三是二者筮数出现概率的取值范围存在差异，如揲蓍法乙中筮数"五"的取值范围是5%—7%，而其在楚地筮法中的取值范围则是2%—3%；揲蓍法乙中筮数"六"的取值范围是15%—38%，而其在楚地筮法中的取值范围则高达42%—58%。③ 鉴于以上差异，我们目前尚不能判定楚地筮法源于揲蓍法乙。

---

① 殷周揲蓍法乙中，筮数的出现频率，由高到低依次是"七""六""八""五""九""四"。楚地筮法中，则有"六""七""八""五""九""四"与"七""六""八""五""九""四"两种排列顺序，后者与揲蓍法乙的筮数排列顺序相同。

②《左传》《国语》中，含"八"筮例除外，所以我们用"大都"加以限定。

③ 殷周之际，揲蓍法乙的占筮形式是一组一卦与一组两卦。春秋时期，《左传》《国语》中的含"八"筮例也是一组一卦与一组两卦。但到了战国时期，楚地筮法皆变为一组两卦。由此，我们可以做出一个合理的猜测：楚地筮法对揲蓍法乙有所改革，有所损益。

表4　撲蓍法乙与楚地筮法筮数分布、出现概率对照

易例筮数	殷墟砺石（背面）		扶风卜骨		沣西张家坡卜骨		长安西仁村陶拍		淳化陶罐		葛陵简		包山简		天星观简		清华简《筮法》	
	数量	出现概率	数量	出现概率	数量	出现概率	数量	出现概率	数量	出现概率	数量	出现概率	数量	出现概率	数量	出现概率	数量	出现概率
四																	7	1%
五			3	7%					3	5%	5	3%	1	1%	1	1%	13	2%
六	3	25%	13	31%	9	38%	13	36%	10	15%	80	56%	31	43%	50	52%	323	47%
一（七）	7	58%	14	33%	14	58%	18	50%	41	62%	53	37%	34	47%	38	40%	308	45%
八	2	17%	10	24%	1	4%	5	14%	10	15%	4	3%	6	9%	6	6%	10	1.5%
九			2	5%					2	3%	2	1%	0	0%	1	1%	23	3%

说明：由于出土文献中所见筮例来源复杂，卜骨筮数字迹往往模糊不清甚至损毁残缺，故而笔者的统计也未必全面、准确。

推断殷墟卜骨上的奇异数字是易卦，乃张政烺卓越的学术贡献。张先生对数字卦的破解，是按照"偶数为阴，奇数为阳"的原则，把数字卦转换成《周易》卦画。[1]受其影响，不少学者却走入了把数字卦等同于《周易》的认知误区。淳化陶罐的一组筮数是"八一一八一六，六八五六一八"，前者相当于《周易》的困卦，后者相当于《周易》的解卦，李学勤认为两者恰好是一爻不动，即五爻阴阳互变。[2]长安西仁村陶拍采集：2的筮数组合依次是：

八八六八一八，

八一六六六六，

一一六一一一，

一一一六一一。

采集：1的筮数组合是：

六一六一六一，

一六一六一六。

---

① 张政烺：《试释周初青铜器铭文中的易卦》，《考古学报》1980年第4期。
② 李学勤：《西周筮数陶罐的研究》，《人文杂志》1990年第6期。

李学勤先生说按照奇阳偶阴的原则，采集：2分别对应《周易》的《师》《比》《小畜》《履》四卦，采集：1对应《既济》《未济》两卦，与《周易》卦序高度吻合。由《师》至《履》，以及《既济》至《未济》这两处局部卦序，可知当时《周易》的卦序基本同于今传本《周易》的卦序，《周易》在那时已经存在。[①]梁韦弦认为，陶拍上的数字卦已能体现出六十四卦之间"非覆即变"的关系。[②]其他学者，如史善刚、董延寿等，也都以此立说。[③]

淳化陶罐、长安西仁村陶拍上的筮例鲜明地体现了殷周揲蓍法乙，而揲蓍法乙与《周易》的不同，可以总结为以下五点：一是筮数不同。揲蓍法乙有"五"、"六"、"一"（"七"）、"八"、"九"至少五个筮数，而《周易》只有"六""七""八""九"四个筮数。《周易》中，筮数"九"不可或缺，而淳化陶罐、长安西仁村陶拍上只有"六"、"一"（"七"）、"八"，无"九"亦能成卦。二是筮数的出现概率不同。揲蓍法乙中，筮数的出现概率由高到低依次是"一"（"七"）、"六"、"八"、"五"、"九"；而《周易》中，筮数的出现概率由高到低依次是"八""七""九""六"。[④]三是筮数出现概率的取值范围不同。揲蓍法乙中，筮数"八"的出现概率最高为24%，但在《周易》中则高达44%；筮数"九"的出现概率，在《周易》中高达19%，但在揲蓍法乙中最高只有5%。四是《周易》有卦名、卦爻辞，而揲蓍法乙不见卦名及卦爻辞。五是爻变不同。《周易》卦变是"九""六"变，即"六"变"七"、"九"变"八"，但"七""八"不变，此所谓"老变少不变"。淳化陶罐上的筮数是"八"变"六"、"一"（"七"）变"八"，长安西仁村陶拍上的筮数则是"八"变"一"（"七"）、"八"变"六"、"一"（"七"）变"六"。"六"与"八"皆

①李学勤：《周易溯源》，巴蜀书社2006年版，第237页。

②梁韦弦：《关于数字卦与六十四卦符号体系之形成问题》，《周易研究》2007年第1期。

③史善刚、董延寿：《王家台秦简〈易〉卦非"殷易"亦非〈归藏〉》，《哲学研究》2010年第3期。

④《周易》中筮数的出现概率，"八"为44%，"七"为31%，"九"为19%，"六"为6%。参见董光璧：《易学科学史纲》，武汉出版社1993年版，第66页。

是偶数，均为阴爻，但在淳化陶罐与长安西仁村陶拍上竟也发生互变，那么试问这种卦变，在《周易》系统内该如何解释？由此可见，研究者以长安西仁村陶拍、淳化陶罐上两卦一组的筮例，讨论两组筮数之间的卦变关系，推论今本《周易》卦序问题，把非《周易》系统当作《周易》系统进行讨论，其所得结论，恐怕难以令人信服。

先秦时期，占筮是各个易学系统都具备的主要功能。殷周揲蓍法乙中两两并列的数字卦，如殷墟苗圃北地筮数砺石（只限背面）、西周扶风卜骨及沣西张家坡卜骨等，没有卦名，不能像《周易》那样可以依据卦辞、爻辞进行占筮，它们只有一组或两组数字，又如何预测吉凶呢？从揲蓍法乙与清华简《筮法》之间的多重相似性来看，人们利用揲蓍法乙占筮，也有可能是根据出现概率较低的筮数，依据不同筮数之间的位置关系，来预测吉凶悔吝的。

第五节　余　论

《周易》古经的形成，与文王的易学贡献紧密相关。《易传·系辞下》云："《易》之兴也，其当殷之末世，周之盛德邪？当文王与纣之事邪？"[①]《史记·周本纪》："西伯盖即位五十年。其囚羑里，盖益《易》之八卦为六十四卦。"[②]《易传·系辞下》《史记·周本纪》明确肯定了文王"演周易"的贡献，即将八卦推演为六十四卦。但近几十年来，殷周易卦的发现，使学界开始对文王重卦说予以质疑。张亚初、刘雨指出，在文王之前或同时期，自商都王城到边远地区，就广泛流行着重卦符号，因此说"重卦"乃文王之发明是不太可靠的。[③]姜广辉、林忠军、邢文等学者皆从此说。

既然殷周揲蓍法乙不属于《周易》系统，而与楚地筮法有诸多相似之处，那么它也有可能像《筮法》一样，从属于四位八卦分析系统。揲蓍法乙中六

---

① 黄寿祺、张善文译注：《周易译注》，上海古籍出版社2007年版，第421页。

② 〔汉〕司马迁：《史记》，中华书局1959年版，第119页。

③ 张亚初、刘雨：《从商周八卦数字符号谈筮法的几个问题》，《考古》1981年第2期。

个筮数联用的易卦，就不一定是别卦，而有可能是两个彼此独立的单卦。①清华简《筮法》的重要学术价值，就是告诉我们：六个筮数联用，不是断定殷墟易卦为重卦的充分条件。殷墟出土的六个筮数联用的易卦，有可能是重卦，也有可能是两个互不隶属的单卦，如殷墟筮数砺石背面的"八一一一六六"，就有可能是两个单卦。在两种可能性并存的情况下，如果不知其筮法，不知筮者对六个筮数如何规定、分析，我们就依然无法断言重卦在当时即已产生。殷周之际，筮法流变复杂，我们能确定的内容却极其有限。之前，学者看到六个筮数在文王之前即已联用，便断言文王不曾推演六十四卦，但现在看来，六个筮数的联用，与六十四卦系统的形成并不能画等号，而"重卦的筮法首先出现于商，后来才推广到周"之说，也未必是铁板钉钉的结论。

综上所述，清华简《筮法》中八卦的卦名、卦序与《归藏》密合，具有鲜明的《归藏》特征，但它占筮只依据八经卦，不用六十四卦系统，其占筮方法与原则又与《归藏》迥然相异。《筮法》中，筮数"六""七"符号化，筮数"八"可独立兆示吉凶，使《左传》《国语》不言阳之七、只言阴之八的学术公案获得了合理的解释。《左传》《国语》某卦之"八"即筮数"八"，韦昭"八为不动阴爻"的说法存在明显的误读。数字卦向符号卦转型，是先秦易学表现形式的重大调整。清华简《筮法》为我们提供了数字卦向符号卦过渡的生动样本，它所反映的数字爻与符号爻的分工，很可能是先秦时期数字卦向符号卦转型的重要原理与依据。

殷周揲蓍法乙与楚地筮法都不使用卦爻辞，占筮形式都存在两卦并占的例证，筮数分布相同，"一""七"不共存，特别是包山简中"七""六""八""五""九"等筮数的出现概率高低及排列顺序，与揲蓍法乙完全相同，故而揲蓍法乙是目前所知的与楚地筮法形式最为接近的早期数字卦。如果想要寻找楚地筮法的源头，那么揲蓍法乙是非常值得关注的对象。殷墟易卦有六个筮数联用的情形，学者据此认为重卦在文王之前便已产生，

---

① 由于篇幅所限，本文讨论的对象仅限揲蓍法乙。对于揲蓍法甲中两卦一组的筮例，笔者将另文讨论。

文王不曾重六爻，但清华简《筮法》告诉我们，如果不知其筮法，仅凭六个筮数联用的情况，并不能断定其必然是重卦。殷墟卜骨上六个筮数联用的易卦，有可能是重卦，也有可能是两个彼此独立的单卦。由此可知，六个筮数联用的出现，与六十四卦系统的形成之间不能画等号，所以如果不知其筮法，单凭六个筮数在商代晚期联用的情形就断言重卦在当时即已出现，似乎依然有失公允。

（本章内容最初发表于《历史研究》2015 年第 5 期，收入本书时有改动）

第五章　清华简《傅说之命》与傅圣生平事迹新探

　　商高宗武丁即位之后，不拘一格起用贤才，举傅说于版筑之间，使之由胥靡晋升为三公。傅说不负高宗之托，朝夕规谏，嘉靖殷邦，缔造了"武丁中兴"的盛世，并被后世尊称为"圣人"。傅说作为上古时期的中兴名相，与周公齐名，成为历代垂宪治政的贤臣楷模。傅说的生平事迹虽散见于《国语》《墨子》《史记》等文献，但囿于文字记载过于简略，相关研究一直难以取得实质性进展。

　　2012 年，清华简《傅说之命》三篇整理出版，详细叙述了武丁梦贤、君臣遇合、征伐失仲等事件，为考察傅说的生平事迹提供了难得的依托。目前，学界对傅说史事已做了初步考察[1]，但待发之覆依然颇多，如傅说之"说"的

---

[1] 相关研究，参见沈建华：《清华楚简〈说命〉"失仲"与卜辞中的"失"族》，《甲骨文与殷商史》（新四辑），上海古籍出版社 2014 年版，第 47—55 页；刘国忠：《清华简〈傅说之命〉梦境试析》，《出土文献》第六辑，中西书局 2015 年版，第 176—183 页；王辉：《傅说之名再考辨——兼论"鸢"字及其他》，《文史哲》2016 年第 4 期；张卉：《清华简〈说命上〉"说于窜伐失仲"考》，《考古与文物》2017 年第 2 期。

本字是"敩"还是"鸢"？傅说的身份是胥靡还是隐士？既然清华简《傅说之命》中记载了武丁、傅说君臣二人"同梦"之事，那为何《史记·殷本纪》中记载的却是武丁一人之梦？傅岩与北海之州是否同属一地？"天命傅说伐失仲"自然不可信，但是傅说伐失仲的真实动因又是什么？在本章中，笔者就以傅说为中心，试对相关问题做进一步探究，不当之处，敬请方家批评指正。

第一节　傅说之名的由来

傅说为何姓"傅"，史书中有明确记载，即因傅说来自傅岩，故武丁赐姓为"傅"。但对于傅说名"说"的原因，学界鲜有言及。上博简《竞建内之》记述了高宗向祖己请教祭祀的内容：

> 昔高宗祭，有雉雏于彝前，召祖己而问焉，曰："是何也？"祖己答曰："昔先君客（格）王，天不见（现）禹，地不生龙，则祈诸鬼神，曰：'天地盟（明）弃我矣，近臣不谏，远者不方（谤）。'则修诸向（乡）里。今此祭之得福者也，请量之以嗌汲。既祭之后，安修先王之法。"高宗命仪（傅）鸢（说）量之以祭，既祭焉，命行先王之法。①

李学勤先生指出，傅说之"说"写作"鸢"，是有古音的道理的。"说"的古音在喻母月部，"鸢"则为喻母元部，韵部对转，自然可相通假。由此得到一个重要的启示，"傅说"的"说"在古文字里可能写成元部字。②李先生认为"说"在上博简《竞建内之》中写作"鸢"，主要原因是古音通假——两字同属喻母，乃月、元对转。李先生的分析是很有道理的。清华简《傅说之命》甲篇："厥说之状，𪁟（鹘）肩女（如）惟（椎）。"③"鹘"字属见纽元部，"鸢"

---

① 释文采用宽式隶定，内容为上博简《竞建内之》竹简重新编连的结果。参见马承源主编：《上海博物馆藏战国楚竹书（五）》，上海古籍出版社2005年版，第166—176页。

② 李学勤：《试论楚简中的〈说命〉佚文》，《烟台大学学报（哲学社会科学版）》2008年第2期。

③ 整理者称《说命》三篇为上篇、中篇、下篇，但清华简《傅说之命》自带篇题，且不是严格的上篇、中篇、下篇关系，所以笔者称其甲篇、乙篇、丙篇，与整理者的称谓有所不同。引文参见李学勤主编：《清华大学藏战国竹简（叁）》，中西书局2012年版，第122页。

字属喻纽元部，韵部相同，音近可通，故"鹃肩"即"鸢肩"。^①傅说长相与众不同，其肩如鸢，向上耸起成椎形。清华简《傅说之命》面世之后，王辉先生据此撰文指出，"傅说"之"说"本应写作"鸢"，源于其上耸的"鸢肩"，这符合古人取名象物的习惯。^②

傅说之"说"，清华简《傅说之命》丙篇作"敓（敓）"，清华简《良臣》简2作"鹢（鹢）"，《礼记·缁衣》作"兑"，都是从"兑"得声。而上博简《竞建内之》简4作"鸢（鸢）"。与"说"通假的字有很多，但"说"为何写作"鸢（鸢）"，不写作其他字呢？笔者认为，傅说之"说"写作"鸢（鸢）"，与傅说双肩如鸢陡立耸起，可能有着一定的关联。

就文献的体裁来看，清华简《傅说之命》是《书》类文献，而《礼记·缁衣》、上博简《竞建内之》则是对《书》类文献的引用与改编，故而它们的时代相对较晚。清华简《傅说之命》三篇，傅说之"说"皆作"敓（敓）"，保存的可能是更为原始的面貌。《墨子·尚同中》："是以先王之书《术令》之道曰：'唯口出好兴戎。'则此言善用口者出好，不善用口者以为谗贼寇戎。"《墨子》的撰作时代亦早于上博简《竞建内之》，针对该书引用《说命》并将"说命"二字写作"术令"，孙诒让指出，此为"术""说"音韵相近之故。^③

《史记·殷本纪》载："（武丁）得而与之语，果圣人，举以为相，殷国大治。故遂以傅险姓之，号曰傅说。"^④傅说筑城于傅岩，因以为姓。清华简《傅说之命》三篇中，"傅"字皆写作"専（専）"，可能是初文；而清华简《良臣》简2写作"敇（敇）"，上博简《竞建内之》简4写作"仅（仅）"，则是后起字。敇从"夫"得声，仅从"父"得声，它们与"専"是古音通假关系。作为人名的专用术语，"傅""说"一体，"専（専）"字为初文，则可为"说"字之间的演变关系提供相应的参照。因而傅说的"说"字或作"敓"，或作"鹢"，

① 虞万里：《清华简〈说命〉"鹃肩女惟"疏解》，《文史哲》2015年第1期。
② 王辉：《傅说之名再考辨——兼论"鸢"字及其他》，《文史哲》2016年第4期。
③〔清〕孙诒让：《墨子间诂》，中华书局2001年版，第85页。
④〔汉〕司马迁：《史记》，中华书局1959年版，第102页。

或作"鸢"，或作"术"，首先由于音近通假，其次才是因为傅说双肩上耸如鸢。人一生下来，就会被长辈赐名，至于傅说的"鸢肩"，虽可能是先天如此，但也可能是后天长期从事艰苦劳役所致①，所以王辉先生所持的傅说的"说"本字是"鸢"的观点，尚有商榷的余地。

第二节 傅说的身份

关于傅说的身份，学界主要有两种观点：

一是刑徒。《吕氏春秋·求人》云："傅说，殷之胥靡也。"高诱注："胥靡，刑罪之名也。"② 据高诱的说法，"胥靡"指服劳役的囚犯。《墨子·尚贤中》云："傅说被褐带索，庸筑乎傅岩。"③ 傅说身着粗布衣服，系缚绳索，参加筑城劳作，自然是服役之刑徒。又，《墨子·尚贤下》云："昔者傅说居北海之洲（州），圜土之上。"清人孙诒让注："周以圜土为系治罢民之狱。据此书，则殷时已有圜土之名，不自周始矣。"④ 圜土，在西周时期指监狱，孙诒让认为"圜土"之称早在商代即已出现。傅说身处监狱之中，自然是戴罪之人。

二是隐士。《尚书·说命上》孔传云："傅氏之岩，在虞、虢之界，通道所经，有涧水坏道，常使胥靡刑人筑护此道。说贤而隐，代胥靡筑之，以供食。"⑤ 按照汉儒孔安国的说法，傅说为谋生计，代替胥靡筑城，这说明他本人并非胥靡。《周礼·天官冢宰》云："胥十有二人，徒百有二十人。"郑玄注："此民给徭役者。"⑥ 陈奇猷据此指出：《周礼》中，每官之末皆有胥徒若干人，以至于最小之官如内宰亦有胥八人、徒八十人之多，可见胥徒乃执贱

---

① 张伦敦：《〈清华简·说命〉所载傅说事迹史地钩沉——兼论卜辞中的"云奠河邑"》，《古代文明》2017年第3期。

② 陈奇猷：《吕氏春秋新校释》，上海古籍出版社2002年版，第1524—1526页。

③〔清〕孙诒让：《墨子间诂》，中华书局2001年版，第59页。

④〔清〕孙诒让：《墨子间诂》，中华书局2001年版，第68—69页。

⑤〔汉〕孔安国传，〔唐〕孔颖达正义：《尚书正义》，上海古籍出版社2007年版，第366页。

⑥ 李学勤主编：《十三经注疏·周礼注疏》，北京大学出版社1999年版，第8页。

役者。^①陈先生强调傅说只是承担徭役的人，并非戴罪之身。杜勇先生认为傅说的治国思想、教育理念都是具有思想高度和启发意义的，没有一定社会地位和阅历的人是无从体会并加以总结的，所以傅说不太可能身处社会底层。^②杜先生从傅说的学识、谋略着眼，认为他更可能是一个隐士。

首先从傅岩的地理位置说起，《史记正义》引《括地志》云："傅险即傅说版筑之处，所隐之处窟名圣人窟，在今陕州河北县北七里，即虞国虢国之界。"^③傅岩，其地在今山西省平陆县。北海指渤海，北海之州在渤海一带，傅岩与北海之州的地理位置相差悬殊。清人孙诒让点校《墨子·尚贤下》时，对于"傅岩为何在北海之州"的问题无法给出相应解释，只能含糊其词地说："虞、虢界近南河，距北海绝远，《墨子》《尸子》说盖与汉晋以后地理家异。"^④清华简《傅说之命》甲篇的面世，为学界考察傅岩与北海之州的位置关系提供了新的线索。现将相关文句抄录如下：

> 隹（惟）殷王赐说于天，庸为失仲使人。王命厥百攻（工）向，以货旬（徇）求说于邑人。隹（惟）弨（弼）人得说于尃（傅）岩，厥卑（俾）繲（绷）弓，绅（引）弹（关）辟矢。说方筑城，滕降庸力……亓（其）隹（惟）说邑，才（在）北海之州，是隹（惟）员（圜）土。^⑤

傅说为失仲使人，筑城地点在傅岩。而傅说归殷之后，封邑在北海之州。清华简《傅说之命》明确指出傅岩与北海之州是两个不同的地方。《墨子·尚贤下》："昔者傅说居北海之洲（州），圜土之上，衣褐带索，庸筑于傅岩之城，

---

① 陈奇猷：《吕氏春秋新校释》，上海古籍出版社 2002 年版，第 1526 页。

② 杜勇：《〈古文尚书·说命〉真伪与傅说身份辨析》，《天津师范大学学报（社会科学版）》，2009 年第 5 期。

③《古文尚书·说命上》孔安国传、《水经注·河水四》皆持此说。引文参见〔汉〕司马迁：《史记》，中华书局 1959 年版，第 103 页。

④〔清〕孙诒让：《墨子间诂》，中华书局 2001 年版，第 68 页。

⑤ 释文采用宽式隶定，参见李学勤主编：《清华大学藏战国竹简（叁）》，中西书局 2012 年版，第 122 页。

武丁得而举之，立为三公，使之接天下之政，而治天下之民。"①《史记集解》中，徐广引《尸子》云："傅岩在北海之洲（州）。"②傅岩在山西省平陆县，北海之州在渤海一带，现在依据清华简《傅说之命》，《墨子》《尸子》两书将傅岩的地理位置定在北海之州的错误记载应予以澄清。傅说筑城傅岩在先，封邑北海之州在后，《墨子》《尸子》两书的作者在摘抄材料时，误将不同时期的材料混抄在了一起，造成了后人对傅岩和北海之州地理位置的误判。

怀效锋《中国法制史》指出，商代的监狱被称为"圜土"，或在地上围起圆墙而成，或在地下挖圆形土牢而成，而傅说就曾是关押在圜土中的刑徒。③蒲坚《中国法制通史》说傅说是罪隶，他被囚禁在圜土，身着囚衣，系缚绳索，在傅险之地从事筑城的劳役。④此外，章颖《中国法制史》、万安中《中国监狱史》、张晋藩《中国古代法律制度》等皆持类似的意见。《礼记·月令》云："命有司，省囹圄，去桎梏，毋肆掠，止狱讼。"孔颖达疏："狱，周曰圜土，殷曰羑里，夏曰均台。"⑤夏代的监狱是均台，商代的监狱是羑里，周代的监狱是圜土。傅说是殷人，当时的监狱称"羑里"，不称"圜土"。《墨子·尚贤下》云"昔者傅说居北海之洲（州），圜土之上"，"居"是居住，不是囚禁。如果"圜土"是监狱的话，则应该说囚禁在圜土之"中"，而不是居于圜土之"上"。因此，《尚贤下》中所说的"圜土"，未必是学者通常所理解的"监狱"。清华简《傅说之命》甲篇说："亓（其）隹（惟）说邑，才（在）北海之州，是隹（惟）员（圜）土。"⑥傅说的封邑在北海之州，称"圜土"。《傅说之命》明确说"圜土"是傅说的封邑，则学界此前将"圜土"理解为监狱，并以此为证据，推断傅说的身份是刑徒，现在看来也值得商榷。⑦

---

①〔清〕孙诒让：《墨子间诂》，中华书局2001年版，第68页。

②〔汉〕司马迁：《史记》，中华书局1959年版，第103页。

③怀效锋主编：《中国法制史》，中国政法大学出版社2015年版，第38页

④蒲坚主编：《中国法制通史》（第一卷），法律出版社1999年版，第173页。

⑤李学勤主编：《十三经注疏·礼记正义》，北京大学出版社1999年版，第472页。

⑥李学勤主编：《清华大学藏战国竹简（叁）》，中西书局2014年版，第122页。

⑦笔者不否认傅说的身份是刑徒，只是认为不能以"圜土是监狱"之说作为证明此点的凭据。

傅说作为商代贤相，德行出众，不可能因为犯罪行为而成为胥靡。关于"胥靡"，《墨子》一书提供了另外一种说法，即战俘也会成为胥靡。《墨子·天志下》云："是以差论蚤牙之士，比列其舟车之卒，以攻伐无罪之国，入其沟境，刈其禾稼，斩其树木，残其城郭以御其沟池，焚烧其祖庙，攘杀其牺牷。民之格者，则刭拔之，不格者则系操而归。丈夫以为仆圉、胥靡，妇人以为舂酋。"① 对于战败的国家，焚烧其祖庙，摧毁其城郭，男子俘获为胥靡，女子则为舂酋。裘锡圭先生曾指出，"胥靡"不是刑徒的专称，俘虏为奴，也可称为"胥靡"。② 高宗武丁将傅说封邑在北海之州，必有缘由，故而这里可能是其部族的居住地（家乡）。③ 清华简《傅说之命》甲篇云："说于寧伐失仲，一豕乃旋保以逝，乃遂（践）。"④ 寧，不是指"包围"，而是指"豕韦"。⑤ 傅岩，在豕韦部族的管辖范围内，实际上是傅说的客居之地。《韩非子·难言》中说"傅说转鬻"，王先慎《集解》云："转次而佣，故曰'鬻'。"⑥ 笔者猜测，傅说部族与其他部族作战，失败后，傅说被俘虏并贩卖，从北海之州辗转至傅岩，最终成为失（豕）仲的胥靡。失（豕）仲是豕韦部族的首领，傅说是外族远迁之人，所以他的贤能不被失（豕）仲所知。

《礼记·学记》三引《兑（说）命》，其一曰："念终始典于学。"孔疏："意恒思念，从始至终，习经典于学也。"其二曰："学（教）学半。"孔疏："言教人乃是益己学之半也。"其三曰："敬孙（逊）务时敏，厥修乃来。"孔疏："当能敬重其道，孙（逊）顺学业，而务习其时，疾速行之……若敬孙（逊）以时，

---

① 〔清〕孙诒让：《墨子间诂》，中华书局2001年版，第214—215页。

② 裘锡圭：《裘锡圭学术文集》（杂著卷），复旦大学出版社2012年版，第261页。

③ 廖名春先生已经指出，北海之州是傅说的封邑，也可以说是他的家乡；而傅岩是傅说的客居之地，是他干苦工的地方。参见廖名春：《清华简〈说命中〉的内容与命名》，《扬州大学学报（人文社会科学版）》2014年第4期。

④ 李学勤主编：《清华大学藏战国竹简（叁）》，中西书局2012年版，第122页。

⑤ 张卉：《清华简〈说命上〉"说于寧伐失仲"考》，《考古与文物》2017年第2期。

⑥ 〔清〕王先慎：《韩非子集解》，中华书局1998年版，第22页。

疾行不废，则其所修之业乃来。"①傅说建言武丁，强调教育的重要性，把经典作为学习的重要内容，认为教学相长，教育别人的过程也是提升自己的过程。古代只有贵族能接受教育，庶民没有接受教育的权利，故而这样先进的教育理念，的确不像是身份低微的胥靡所能具有的；另外，三公乃武丁时期最高级别的辅政官员，傅说如果没有丰富的学识和执政经验，也是无法胜任的。《吕氏春秋·慎行论》云："伊尹，庖厨之臣也；傅说，殷之胥靡也。皆上相天子，至贱也。"②《吕氏春秋》为突出不拘一格起用贤人的重要性，便强调傅说身份卑贱，乃胥靡出身。但傅说在傅岩筑城、为胥靡，只是一段时间，在此之前，其身份未必如此低微③，不然他深厚的学识、丰富的治国谋略、先进的教育理念从何而来？

总之，学术界尤其是从事中国司法制度研究的学者，多将"圜土"视作商代监狱。清华简《傅说之命》甲篇将"圜土"视为傅说的封邑，是不同于以往的新知。傅岩在山西平陆，北海之州在渤海一带，二者的地理位置悬远。傅说筑城傅岩在先，被武丁起用、封邑北海之州在后，《墨子》《尸子》说"傅岩在北海之州"，是误将不同时期的原始材料抄在一起所致。传世文献只是说"傅说举于版筑之间"，在傅岩筑城劳作；清华简《傅说之命》指出，当时占据傅岩的是豕韦部族，傅说是为豕韦部族首领失（豕）仲筑城；《韩非子·难言》说"傅说转鬻"，认为傅说作为失（豕）仲的胥靡，可能是从北海之州被辗转贩卖至傅岩的。然而，傅说重视教育，倡导教学相长，如此先进的理念又恐是身份低微的胥靡难以具备的。由此，笔者猜测他可能确实在傅岩做过一段时间的胥靡，但此前的身份未必如此低微。

---

① 李学勤主编：《十三经注疏·礼记正义》，北京大学出版社1999年版，第1051—1059页。

② 陈奇猷：《吕氏春秋新校释》，上海古籍出版社2002年版，第1524页。

③《新唐书·宰相世系表》："傅氏出自姬姓。黄帝裔孙大由封于傅邑，因以为氏。商时虞、虢之界，有傅氏居于岩傍，号为傅岩。盘庚得说于此，命以为相。"如果该记载可信，则傅说应为黄帝之后，属于没落贵族，亦非身份低贱之人。参见《新唐书宰相世系表集校》，中华书局1998年版，第728页。

第三节　武丁、傅说二人"同梦"的真相

"同梦"一语，最早见于《诗经》。《齐风·鸡鸣》云："虫飞薨薨，甘与子同梦。"[1] 以夫妻同梦，表达彼此间的情笃。历史文献中的"同梦"叙事，最早见于《左传·襄公十八年》：中行献子在伐齐之前，梦见自己与晋厉公争讼，后与巫皋说起此事，竟发现二人同梦。[2] 清华简《傅说之命》则将"二人同梦"的叙事拓展至《书》类文献，从而成为上古时期"君臣同梦"题材的经典范例。为方便说明，兹将清华简《傅说之命》与《史记·殷本纪》中的相关内容进行对比。

清华简《傅说之命》甲篇曰：

> 王乃讯说曰："帝殹（抑）尔以畀余，殹（抑）非？"说乃曰："隹（惟）帝以余畀尔，尔左执朕袂，尔右稽首。"王曰："旦（亶）朕（然）。……"[3]

清华简《傅说之命》乙篇云：

> 说来自傅岩，在殷。武丁朝于门，入在宗。王谷（原）比厥梦，曰："女（汝）迷（来）隹（惟）帝命。"说曰："允若寺（时）。"[4]

又，《史记·殷本纪》记载：

> 帝武丁即位，思复兴殷，而未得其佐。三年不言，政事决定于冢宰，以观国风。武丁夜梦得圣人，名曰说。以梦所见视群臣百吏，皆非也。于是乃使百工营求之野，得说于傅险中。是时说为胥靡，筑于傅险。见于武丁，武丁曰是也。得而与之语，果圣人，举以为相，殷国大治。[5]

一、武丁、傅说君臣"同梦"的荒诞

《史记·殷本纪》记载武丁夜梦得圣人，发现群臣皆不像，于是派百工在

---

① 陈子展：《诗经直解》，复旦大学出版社 2015 年版，第 188 页。

② 杨伯峻：《春秋左传注》（修订本），中华书局 2009 年版，第 1035—1036 页。

③ 李学勤主编：《清华大学藏战国竹简（叁）》，中西书局 2012 年版，第 122 页。

④ 李学勤主编：《清华大学藏战国竹简（叁）》，中西书局 2012 年版，第 125 页。

⑤ 〔汉〕司马迁：《史记》，中华书局 1959 年版，第 102 页。

傅岩找到了傅说。《殷本纪》中的武丁之梦，是一人求贤之梦，傅说并不知武丁梦境之事。清华简《傅说之命》中，武丁与傅说"原比厥梦"：傅说言上帝赏赐之时，武丁左手拉着他的衣袖，右手行稽首之礼，武丁承认确是如此。两人梦境完全相同，堪称君臣二人"同梦"。梦境，往往脱胎于个人的实际经历，并融入了其对生活的独特感知。两个人梦境相同的可能性本就非常小，而其细节相同则更不可信。武丁与傅说验证梦境时，傅说对梦境细节的描述如数家珍，与武丁的梦境完全吻合，这本身便透露出荒诞意味。

二、武丁梦境真实场景还原

既然武丁君臣二人"同梦"之事不可尽信，那么进一步的工作便是剔除梦境的荒诞成分，探寻历史真相。《国语·楚语上》云："昔殷武丁能耸其德，至于神明，以入于河，自河徂亳。"[1]《尚书·无逸》云："其在高宗，时旧劳于外，爰暨小人。作其即位，乃或亮阴，三年不言。"[2]武丁在即位之前，曾流落民间，由《楚语上》可知他到过河套一带。武丁能给傅说准确画像，说明他最起码到过傅岩，见过傅说。《殷本纪》记载，武丁"与之（傅说）语，果圣人"，即通过与傅说现场对话，方了解其学识、谋略，认定他是圣贤。在清华简《傅说之命》中，武丁只是验证了自己的梦境与傅说的梦境相同，至于傅说贤能与否，概无涉及，说明武丁在即位之前，就已非常了解傅说的能力与抱负。要了解一个人的学识与才干，仅靠一两次接触是远远不够的，故而可以推断，武丁与傅说应有多次来往，使武丁下定决心，请傅说来做自己安邦定国的辅佐。质言之，武丁在即位为天子之后，想要起用傅说，但考虑到傅说身份卑微，故而以"托梦"为借口，佯称是上帝将傅说赐予自己的。由此可知，所谓"以梦求贤"、史诗般的君臣际遇，不过是武丁精心编织的善意的"政治谎言"。

---

[1] 徐元诰：《国语集解》，中华书局 2002 年版，第 503 页。

[2] 〔汉〕孔安国传，〔唐〕孔颖达正义：《尚书正义》，上海古籍出版社 2007 年版，第631 页。

三、托词于上帝的原因

商代实行世卿世禄制度，公门出公，卿门出卿，重要的职位都是由贵族担任。在《史记·周本纪》中，武王列举了纣王的罪状，其中一条便是"乃维四方之多罪逋逃是崇是长"[①]，即任命刑罪之人为官长。武丁起用傅说，同样要面对这样的窘境。傅说当时身为胥靡（刑徒），武丁却要将之擢为三公，可谓公然冒天下之大不韪，必然会遭到众卿士的坚决反对，但武丁采取了非常巧妙的办法——借助虚构的梦境。武丁在与傅说验证梦境时，他故意设问："帝殹（抑）尔以畀余，殹（抑）非？"对此，傅说当然心领神会，回答说"确实是上帝将我赐予您的"。殷商时期，生产力水平低下，迷信鬼神、崇拜上帝是当时社会中普遍流行的思想观念。在殷人的思想观念中，上帝是至上神，代表着天意，地位崇高且威力巨大。武丁声称，是上帝将傅说赏赐给他的，那么他提拔傅说出任辅弼大臣便是奉上帝之命。武丁的梦境是虚构的，但他借用上帝之名，为自己的梦境披上了神圣的外衣，谁反对他重用傅说，便是违背上帝的意志，这便有效地纾解了大臣们施加的阻力。

综上，我们对武丁以梦境求贤的认识，是放在清华简《傅说之命》与《史记·殷本纪》的比较中进行的。清华简《傅说之命》中，武丁之所以强调傅说是上帝赏赐给自己的，是为了纾解大臣们施加的阻力，而在《殷本纪》中，上帝则自始至终未曾出现。清华简《傅说之命》只验证梦境是否相同，不问傅说贤能与否，而《殷本纪》既注重傅说相貌相合，又问其才能与谋略，省略了武丁即位之前早已熟知傅说的细节。清华简《傅说之命》中，武丁、傅说的梦境细节完全相同，杜撰色彩较为浓重，而《殷本纪》则记载了武丁一人的求贤之梦，傅说对其梦境一无所知，神话意味明显削弱。清华简《傅说之命》不称傅说为"圣人"，而《殷本纪》则称傅说为"圣人"，这是傅说的后世声名日渐显赫的结果。殷商之际，巫鬼信仰盛行，清华简《傅说之命》宣扬"上帝赐傅说于武丁"，接近殷商时期人们思想的原貌，而《史记·殷本纪》的记载更

---

① 〔汉〕司马迁：《史记》，中华书局 1959 年版，第 122 页。

加平实、可信，剔除了荒诞不经的内容，反映了西汉时期人文理念的发展，是史家对武丁求贤之梦重新解读的结果。

第四节　傅说与商代方国豕韦的覆亡

一、战争爆发的原因

清华简《傅说之命》甲篇："天乃命说伐失仲。失仲是生子，生二戊（牡）豕。失仲卜曰：'我亓（其）杀之'，'我亓（其）已，勿杀'。勿杀是吉。失仲违卜，乃杀一豕。说于韋伐失仲，一豕乃旋保以逝，乃遽（践）。"[1]整理者将"于韋伐"释作"于围伐"，廖名春、赵晶进一步解释"围伐"是围攻之意。[2]张卉持不同意见，她注意到楚地简帛中的"围"字多写作"回"，"豕韦"和武丁所处时代相同，她认为"宀"为饰笔，"韋"即"韦"，应为国名，是"豕韦"的简称。[3]张卉之说可从。清华简《傅说之命》甲篇说"天乃命说伐失仲"，可上天为何要惩罚豕韦呢？因为失仲是豕韦部族的首领，古代占卜反映的是天意，失仲违卜，触怒了上天，所以上天命傅说征伐豕韦。

《史记·殷本纪》载："自中丁以来，废适而更立诸弟子，弟子或争相代立，比九世乱，于是诸侯莫朝。"[4]由于商人的继承制度存在缺陷，故而自商王仲丁开始，便连续发生国君的弟弟、儿子争抢王位的事件，使商王朝的实力被严重衰弱。《国语·郑语》云："大彭、豕韦为商伯矣。"韦昭注："殷衰，二国相继为商伯。"[5]商王朝衰落，豕韦崛起，成为当时重要的诸侯方国。由《傅说之命》甲篇中的"说方筑城，滕降庸力"[6]，可知失仲是令胥靡筑城

① 李学勤主编：《清华大学藏战国竹简（叁）》，中西书局2012年版，第122页。

② 廖名春、赵晶：《清华简〈说命（上）〉考释》，《史学史研究》2013年第2期。

③ 据传世文献记载，豕韦居住在今河南滑县，与清华简《傅说之命》所记豕韦居于傅岩有异，二者可能是豕韦部族的不同分支。参见张卉：《清华简〈说命上〉"说于韋伐失仲"考》，《考古与文物》2017年第2期。

④〔汉〕司马迁：《史记》，中华书局1959年版，第101页。

⑤ 徐元诰：《国语集解》，中华书局2002年版，第467页。

⑥ 李学勤主编：《清华大学藏战国竹简（叁）》，中西书局2012年版，第122页。

的①，而修筑防御工事，便可能是豕韦军事力量不断增强的表现。武丁在即位之后，为了巩固商人的统治，便开始征伐诸侯国，豕韦自然成为其诛伐的对象。所谓"天命伐豕韦"，不过是托词，真正的原因是豕韦国力增强，对商王朝构成了潜在的威胁。

二、傅说为征伐豕韦的主将

《国语·郑语》云："彭姓彭祖、豕韦、诸、稽，则商灭之矣。"②过去，学界普遍认为是武丁率领军队诛灭豕韦的③，现在依据清华简《傅说之命》，可知傅说是征伐豕韦的主将，武丁并未亲自参与战争。"失"为书母质部，"豕"为书母支部，双声对转，所以失仲即"豕仲"。另外，豕韦当时的国君是失（豕）仲，这也是从清华简中获得的新知。

"天命伐豕韦"，其实是武丁命令傅说伐豕韦。傅说居于北海之州而非傅岩，故而与失仲部族没有血缘关系。傅说腹有良谋，学识过人，被转鬻至傅岩，却没有得到失仲应有的器重与赏识。他身为胥靡，劳苦筑城，难免有怨艾之心。傅说亲身在傅岩筑城，熟悉失仲部族及方国周边的地理情况，故而是武丁征伐豕韦部族的上佳人选。④

三、诛灭豕韦的时间

傅说诛灭豕韦的时间唯见于今本《竹书纪年》。今本《纪年》载："（武

---

① 《墨子·尚贤下》云："昔者傅说居北海之洲，圜土之上，衣褐带索，庸筑于傅岩之城，武丁得而举之。"《说苑·善说》中，陈子曰："夫善亦有道，而遇亦有时。昔傅说衣褐带剑，而筑于秕傅之城，武丁夕梦旦得之，时王也。"或有学者认为傅说当时承担的是修路的工作，但清华简《傅说之命》记载"说方筑城，滕降庸力"，故而"筑城说"更为可信。参见〔清〕孙诒让：《墨子间诂》，中华书局2001年版，第68—69页；向宗鲁：《说苑校证》，中华书局1987年版，第273—274页。

② 徐元诰：《国语集解》，中华书局2002年版，第467页。

③ 《史记集解》引贾逵语："祝融之后封于豕韦，殷武丁灭之，以刘累之后代之。"参见〔汉〕司马迁：《史记》，中华书局1959年版，第88页。

④ 古豕韦国在今河南滑县，傅岩则在今山西平陆，二者地理位置相距甚远。我们认为，商时，豕韦部族可能有不同的分支，河南滑县有分布，山西平陆也有分布，傅说所征伐的应是北方的一支。

丁)六年,命卿士傅说。……(武丁)五十年,征豕韦,克之。"① 武丁六年,傅说受封为三公;武丁五十年,傅说率兵征伐豕韦。由此可见,傅说升任三公在先,而征伐豕韦在后。清华简《傅说之命》甲篇云:"隹(惟)敄(弼)人得说于尃(傅)岩……天乃命说伐失仲。……亓(其)隹(惟)说邑,才(在)北海之州,是隹(惟)员(圜)土。说逨(来),自从事于殷,王用命说为公。"②清华简《傅说之命》虽没有记载傅说征伐豕韦的具体时间,但一系列事件以武丁求得傅说、傅说征伐豕仲、傅说受封为三公为先后顺序,是征伐豕韦在先,出任三公在后。由于没有其他材料佐证,目前我们不好判断孰是孰非,但按常理来说,傅说以胥靡身份觐见武丁,武丁不可能立即封他为三公,故而傅说更可能是在规谏武丁,征伐豕韦,取得一系列功勋之后,受封为三公的。

四、商代方国豕韦的结局

清华简《傅说之命》甲篇云:"失仲是生子,生二戊(牡)豕。"③人生猪,堪称千古奇闻,自然不可信。其背后的史实,可能与豕韦部族擅长养殖有关。豕韦部族食猪肉、衣猪皮,以擅长养猪著称于当时。④《傅说之命》甲篇记载邑人在一头猪的带领下,奇迹般地逃脱了商人军队的围攻,所以说豕韦部族崇拜猪,甚至以猪为图腾,都是可以理解的。清华简《傅说之命》甲篇又云:"失仲违卜,乃杀一豕。说于韋(韦)伐失仲,一豕乃觏(旋)保以遣(逝),乃遂(践),邑人皆从,一豕埅(随)仲之自行,是为赤(赦)致(俘)之戎。"整理者主张"觏"读为"旋","遣"用为"逝",此云失仲之子不战而退守;"遂"读为"践",与"剪"通,意谓伐灭。⑤按理说失仲违卜,两头小猪都应

---

① 王国维:《今本竹书纪年疏证》,参见方诗铭、王修龄:《古本竹书纪年辑证》,上海古籍出版社1981年版,第225页。

② 李学勤主编:《清华大学藏战国竹简(叁)》,中西书局2012年版,第122页。

③ 李学勤主编:《清华大学藏战国竹简(叁)》,中西书局2012年版,第122页。

④ 徐中舒:《先秦史论稿》,巴蜀书社1992年版,第48—49页。

⑤ 李学勤主编:《清华大学藏战国竹简(叁)》,中西书局2012年版,第122—124页。

被杀死，可他为何只杀死一头呢？作为神话传说，这其实暗示着其两个儿子一生一死的不同结局。失仲生了两个牡豕（儿子），傅说前来征伐时，一个儿子就地隐藏起来①，发现后被剪灭。于是，豕韦部族的邑人便跟随着失仲的另一个儿子，成功地逃了出去，成为边远地区的赦俘之戎。

综上所述，殷商时期，人们崇拜上帝，巫鬼信仰盛行，清华简《傅说之命》成书于这一时期，自然呈现出神话传说与历史事件混而不分的复杂样态。史学工作者的使命就是拨开神话传说的迷雾，还原真实的历史场景。傅说之"说"，清华简《傅说之命》作"𢥫（敓）"，上博简《竞建内之》作"鸢"。清华简《傅说之命》是《书》类文献，上博简《竞建内之》是对《书》类文献的引用与改编，成书时代偏晚。因此，傅说的"说"本字是"鸢"的说法，依然有商榷的余地。"圜土"是傅说封邑之所，不是学者通常所理解的"监狱"。北海之州与傅岩的地理位置不同，北海之州是傅说的封邑所在地（家乡），而傅岩则是傅说的客居之地。傅说之所以为胥靡，不是因为犯了罪，而可能是作为战俘被辗转贩卖至傅岩。傅说做胥靡只是一段时间，此前身份未必如此低微。

武丁在即位之前，就已在傅岩见过傅说，对傅说的学识、谋略有充分的了解。武丁即位之后，以梦兆神谕为由起用傅说，但这不过是他精心编织的善意的"政治谎言"。武丁声称是上帝将傅说赏赐给自己做辅政大臣的，不过是为了纾解大臣们施加的阻力。过去学者据《国语·楚语上》《史记·殷本纪》等文献，强调傅说擅长文治，向武丁朝夕规谏，要求慎于祭祀、重视教育，但通过清华简《傅说之命》，则可获知，傅说曾担任军事主将，而商代重要的方国——豕韦，就是傅说亲自率领军队剪灭的。质言之，傅说文武兼备、战功显赫，清华简《傅说之命》的问世，在很大程度上拓展了学界对傅说圣人形象的认知。

（本章内容最初发表于《古代文明》2018年第4期，收入本书时有改动）

---

①"一豕乃旋保以逝"，意为"一个儿子立即消失了"，这种说法未免太过荒诞，故而笔者将之解释为"就地隐藏"。

第六章 从"殷质"到"周文":商周籍田礼再考察

古代中国作为农业大国,是世界上历史最悠久的农业发源地之一。立春之日,天子率领群臣、庶民躬耕籍田,并将收获物进献、祭祀上帝等神祇,以祈求风调雨顺,文献上称之为"籍田礼"。行礼之时,天子亲执耒耜,率先垂范,"唯农是务",目的在于凸显农业生产的重要性,劝天下之民尽力于农桑。作为事神、劝农的重要举措,自西周至明清,籍田礼成为一种流行于古代农耕社会的重要的礼仪形式。

2011年,清华简《系年》出版,其中有关周武王籍田千亩的记载,为研究商周之际籍田礼的真实情形,提供了重要的学术线索。宁镇疆、雷晓鹏等学者已经展开了相关探讨[①],但商代是否存在籍田?籍田礼是否纯为周人所创制?商代籍田与周代籍田礼之间是什么关系?相关问题,待发之覆依然颇多。

[①] 参见宁镇疆:《周代"籍礼"补议——兼说商代无"籍田"及"籍礼"》,《中国史研究》2016年第1期;雷晓鹏:《清华简〈系年〉与周宣王"不籍千亩"新研》,《中国农史》2014年第4期。

本章便在前人的研究基础上继续探索，不当之处，敬请方家批评指正。

第一节　籍田的特殊性质

关于西周籍田的性质，学界存在着不同的观点：一是将籍田等同于一般性质的"公田"。杨宽说西周时代原实行井田制，农民除了私田以外，都要集体耕作贵族所有的"公田"，或称"籍田"。[①] 徐喜辰说得更为明确，即认为天子、诸侯耕种的籍田是"国"中"公田"。[②] 二是认为籍田与公田不同。金景芳指出："籍田是一种礼节性的、象征性的东西。既不能根据它说当时的统治阶级真的参加农业生产劳动，也不能认为当时的天子、诸侯只靠这项收入来过活。"[③] 按照金先生的观点，籍田仅仅是一种礼仪，并不能维持天子、诸侯的生计。李西兴说千亩收获主要用作祭祀品，可见在西周时期，千亩就是王室的祭祀田。[④] 李先生从籍田农产品主要用于祭祀的角度，强调籍田与公田存在着明显的差异。

清华简《系年》的问世，为学界重新审视籍田的性质提供了新的线索。清华简《系年》第一章云："昔周武王监观商王之不恭上帝，禋祀不寅，乃作帝籍，以登祀上帝天神，名之曰千亩。"[⑤] 雷晓鹏指出，武王设置籍田的目的是祭祀上帝天神，籍田是周王室为了生产上帝之粢盛而专门开辟的"祭祀田"。[⑥]

由于《周礼》一书的真实性备受学界质疑，故而《孟子·滕文公》是现存关于西周井田制最早的文献记载。《孟子·滕文公上》云：

---

① 杨宽：《西周史》，上海人民出版社 1999 年版，第 842 页。

② 徐喜辰：《"籍田"即"国"中"公田"说》，《吉林师大学报》1964 年第 2 期。

③ 金景芳：《论井田制度》，齐鲁书社 1982 年版，第 54—55 页。

④《中国古代史论丛》编委会编：《中国古代史论丛》第九辑，福建人民出版社 1985 年版，第 134 页。

⑤ 李学勤主编：《清华大学藏战国竹简（贰）》，中西书局 2011 年版，第 136 页。

⑥ 雷晓鹏：《清华简〈系年〉与周宣王"不籍千亩"新研》，《中国农史》2014 年第 4 期。

使毕战问井地。孟子曰："……夫仁政，必自经界始。经界不正，井地不钧，谷禄不平，是故暴君汗吏必慢其经界。经界既正，分田制禄可坐而定也。夫滕，壤地褊小，将为君子焉，将为野人焉。无君子，莫治野人；无野人，莫养君子。请野九一而助，国中什一使自赋。卿以下必有圭田，圭田五十亩；余夫二十五亩。死徙无出乡，乡田同井，出入相友，守望相助，疾病相扶持，则百姓亲睦。方里而井，井九百亩，其中为公田。八家皆私百亩，同养公田；公事毕，然后敢治私事，所以别野人也。"①

滕文公派毕战向孟子请教井田之制，孟子说公卿以下要有供祭祀的圭田，每家五十亩。每一井田九百亩，当中一百亩是公田，外围八百亩是私田。孟子在这里解说了三种田：公田、私田与圭田。"雨我公田，遂及我私"，公田是与私田相对应的概念，而圭田则专指祭祀田。天子的祭祀田称"籍田"，公卿以下官员的田地称"圭田"，虽然名称不同，但完全可以作类比推理。与一般性的公田相较，西周籍田有其特殊性：一是其收获物的用途和服务的对象明显不同于公田。由清华简《系年》可知，当时的籍田被称作"帝籍"，产出的粢盛专门用来祭祀上帝、天神，而公田则主要是用来维持贵族生计的。二是籍田有相关礼仪，具有"媚神"的特殊功能。如《诗经·周颂·载芟序》曰："春籍田而祈社稷也。"②每年春季，周天子都要率群臣举行籍田礼，而公田却没有相应的祭祀仪式。三是籍田的征税情况也与公田相异。贵族的公田需要交税，而籍田则不必交。

总之，结合清华简《系年》与《孟子·滕文公》可知，公田的收获物主要用于满足贵族生活所需，籍田生产的粢盛则是专门用来祭祀上帝、天神的。收获物是否用来祭祀上帝、是否举行籍田礼、是否交税，将籍田与一般性的公田区分开来。在尊祖敬宗的上古社会，祭祀田在贵族社会中普遍存在，从天子举行籍田礼、号令天下，到士大夫圭田不交税，彰显的都是当时贵族特殊的社会地位。

---

① 杨伯峻：《孟子译注》，中华书局1960年版，第118—119页。
② 陈子展：《诗经直解》，复旦大学出版社2015年版，第644页。

第二节　籍田礼的创制与发展

关于籍田礼的创设者及创设原因，传世文献中没有明确记载。《国语·周语上》记虢文公之言："夫民之大事在农，上帝之粢盛于是乎出。"① 籍田收获之物，是用来祭祀上帝的。虢文公又说："今天子欲修先王之绪，而弃其大功，匮神之祀而困民之财，将何以求福用民？"② 他劝谏周宣王，如果想效法先王，就不能舍弃其创制的籍田礼。由虢文公之语，我们获知籍田所产粢盛是用来祭祀上帝的，籍田礼的创设者为宣王的某位先祖，但不知具体是谁。

清华简《系年》第一章载："昔周武王监观商王之不恭上帝，禋祀不寅，乃作帝籍，以登祀上帝天神，名之曰千亩。"③ 其中所说的商王不恭上帝，很容易引起误解。《尚书·多士》云："自成汤至于帝乙，罔不明德恤祀。"④ 从成汤到帝乙，商代的"先哲王"大都能修身明德，恭敬祭祀。《墨子·天志》引《太誓》曰："纣越厥夷居，不肯事上帝，弃厥先神祇不祀。"⑤ 又《逸周书·克殷》云："殷末孙受，德迷先成汤之明，侮灭神祇不祀。"⑥ 从《太誓》《克殷》等篇可知，疏于祭祀上帝的仅是纣王，因此笔者认为，清华简《系年》说"周武王监观商王之不恭上帝"中的"商王"，并非指商朝的所有君主，而可能指商代末期诸王，尤其是纣王。⑦

---

① 徐元诰：《国语集解》，中华书局2002年版，第15页。

② 徐元诰：《国语集解》，中华书局2002年版，第21页。

③ 李学勤主编：《清华大学藏战国竹简（贰）》，中西书局2011年版，第136页。

④〔汉〕孔安国传，〔唐〕孔颖达正义：《尚书正义》，上海古籍出版社2007年版，第621页。

⑤〔清〕孙诒让：《墨子间诂》，中华书局2001年版，第206页。

⑥ 黄怀信、张懋镕、田旭东：《逸周书汇校集注》（修订本），上海古籍出版社2007年版，第354页。

⑦《史记·殷本纪》载："帝武乙无道，为偶人，谓之天神。与之博，令人为行。天神不胜，乃僇辱之。为革囊，盛血，昂而射之，命曰'射天'。武乙猎于河渭之间，暴雷，武乙震死。"商代不敬天神的国君，除了商纣，还有帝武乙。帝武乙和纣王，皆可归入商代晚期诸王的行列。周武王的目的是起兵克商，帝武乙与纣王不同时，因此强调纣王不敬上帝，对于武王更具实际意义。参见〔汉〕司马迁：《史记》，中华书局1959年版，第104页。

在商代早中期，"先哲王"用田地生产出的粢盛祭祀上帝，是能做到诚心祭祀上帝的，而纣王则沉迷于酒色，以致疏于祭祀上帝、天神。在这里，清华简《系年》凸显的是武王与纣王的差别，而不是武王与殷商所有君主的差别。殷商一代，尊崇上帝的观念即已出现，上帝居于非常崇高的地位。商人对上帝与祖先神的崇拜往往混而不分，他们通过祭祀祖先来致敬上帝；然而在周人的宗教观中，上帝和祖先则是两分的，所以从殷墟黄组卜辞看，祖先祭祀虽在商朝末年日益隆盛，但周武王依然认为纣王不敬上帝。武王设立籍田礼，专门礼敬上帝，故而在周人眼中，上帝祭祀被重视起来。籍田礼的创设，是对商朝末年纣王不敬上帝的"反拨"，但于商代早中期"先哲王"的举措而言，则是一种延续与继承。

《令鼎》铭文："（成）王大耤农于諆田。"（《殷周金文集成》2803）千亩是籍田，諆田也是籍田，二者名称不同，说明西周籍田不止一处。《裁簋》铭文："王曰：裁，令女（汝）作司徒，官司耤田。"（《殷周金文集成》4255）西周天子拥有众多籍田，需要征调大量庶民为其耕种，于是便出现了专门管理籍田的官员——司徒、甸师（人）[1]。《国语·周语上》云："王乃使司徒咸戒公卿、百吏、庶民，司空除坛于籍，命农大夫咸戒农用。"[2]在籍田礼中，司徒带领公卿、百吏及庶民做好相关准备工作，足见其地位非同一般。

雷晓鹏认为西周时期的"籍田""籍礼"是周天子的专属，诸侯与"籍田""籍礼"并无关系。他的主要依据，是诸侯不能祭祀上帝，自然也不会有籍田。[3]诸侯籍田礼见于《礼记》《吕氏春秋》。《礼记·祭义》云：

> 是故昔者天子为藉千亩，冕而朱纮，躬秉耒；诸侯为藉百亩，冕而青纮，躬秉耒，以事天地、山川、社稷、先古，以为醴酪齐盛于是乎

---

① 《周礼·天官冢宰》："甸师掌帅其属而耕耨王藉，以时入之，以共粢盛。"参见杨天宇：《周礼译注》，上海古籍出版社2004年版，第62页。

② 徐元诰：《国语集解》，中华书局2002年版，第17页。

③ 雷晓鹏：《清华简〈系年〉与周宣王"不藉千亩"新研》，《中国农史》2014年第4期。

取之，敬之至也。①

从《礼记·祭义》看，祭祀的对象是天地、山川、社稷、先古，先古即先祖。《礼记·王制》云："诸侯祭名山大川之在其地者。"②又《公羊传·僖公三十一年》载："天子祭天，诸侯祭土。天子有方望之事，无所不通。诸侯山川有不在其封内者，则不祭也。"③天子有帝籍，专门祭祀上帝，诸侯虽不能祭祀上帝，但对于自己的先祖、封国内的名山大川等，还是要祭祀的，而那些用于祭祀的物品，也是需要专门的田地生产的。《孟子·滕文公上》云："卿以下必有圭田，圭田五十亩。余夫二十五亩。"朱熹注："圭，洁也，所以奉祭祀也。"④从《孟子·滕文公上》中的记载来看，不仅是诸侯，公卿以下的各级官吏，每家也须有五十亩圭田以供祭祀。天子千亩，诸侯百亩，卿以下官吏五十亩；天子籍田在南郊，诸侯籍田在东郊。⑤

综上，清华简《系年》所记，只是西周初年武王设置籍田的情况，不能代表西周时期的整体情况。从传世文献来看，西周时期已经形成了严密的祭祀田等级制度：天子的称籍田，卿大夫的称圭田；天子籍田千亩，诸侯只有百亩，卿以下官吏的则为五十亩；天子祭祀天地，诸侯祭祀封国内的名山大川。诸侯有祭祀田，但不能称为"籍田"，而且祭祀的对象、所用的牺牲等，都要比天子的帝籍低一个等级。《国语·周语上》中，虢文公只是说先王创制了籍田礼，但未透露是哪位先王。据清华简《系年》记载，籍田礼的创设者是武王，籍田的收获物主要用来祭祀上帝、天神，正与《周语上》暗合。殷周之际，是中国早期文明的重要变革期，周公作为"元圣"，被以往的学者视为西周礼乐的制作者，现在根据清华简《系年》中的内容，可知在周公之前，武王便已

中编 史证篇

---

① 李学勤主编：《十三经注疏·礼记正义》，北京大学出版社1999年版，第1329页。

② 李学勤主编：《十三经注疏·礼记正义》，北京大学出版社1999年版，第385页。

③ 李学勤主编：《十三经注疏·春秋公羊传注疏》，北京大学出版社1999年版，第266—267页。

④ 朱熹：《四书章句集注》，中华书局1983年版，第256页。

⑤《礼记·祭统》："是故天子亲耕于南郊，以共齐盛。……诸侯耕于东郊，亦以共齐盛。"参见李学勤主编：《十三经注疏·礼记正义》，北京大学出版社1999年版，第1347页。

创制籍田礼，表达对上帝的崇敬。所以，若说得更准确一些，西周时期礼乐的制作，在武王时代即已发轫。

第三节　籍田礼的废除

在周宣王"不籍千亩"的含义上，学界存在着不同的认知。一是以范文澜为代表，认为周宣王"不籍千亩"，是废弃助法、改力役地租为物品地租的重要举措[①]；二是以赵光贤为代表，强调"不籍千亩"只能解释为在籍田中不举行籍礼，并无其他意义[②]，金景芳、王玉哲等学者亦持类似观点。清华简《系年》问世以后，雷晓鹏提出新说，认为"畋"意为"治理"，"弃帝籍弗畋"，意谓周宣王将帝籍废弃，从此不再耕种、整治。雷先生认为周宣王不仅废除了籍礼，还下令彻底废弃籍田，任其荒芜。[③]

依据传统文献中的说法，可知宣王废除的只是籍田礼。《国语·周语上》云："宣王即位，不籍千亩。虢文公谏曰：'不可。……王乃使司徒咸戒公卿、百吏、庶民，司空除坛于籍，命农大夫咸戒农用。先时五日，瞽告有协风至。王即斋宫，百官御事各即其斋三日，王乃淳濯飨醴。及期，郁人荐鬯，牺人荐醴，王裸鬯，飨醴乃行，百吏、庶民毕从。及籍，后稷监之，膳夫、农正陈籍礼，太史赞王，王敬从之。'"[④]虢文公讲了籍田礼之前的飨礼、天子的亲耕仪式及礼毕后的宴飨，相当详尽。这些都是籍田礼的重要环节。《史记·周本纪》云："宣王不修籍于千亩。"[⑤]"修"为动词，"籍"则必然是名词，故而只能解释为"籍礼"，不能训为"治"。张守节《正义》说"宣王不修亲耕之

① 范文澜：《中国通史》第一册，人民出版社1978版，第96页。

② 赵光贤：《从周代租税制度说到宣王"不籍千亩"——兼与李西兴同志商榷》，《中国经济史研究》1991年第3期。

③ 雷晓鹏：《清华简〈系年〉与周宣王"不籍千亩"新研》，《中国农史》2014年第4期。

④ 徐元诰：《国语集解》，中华书局2002年版，第15—18页。

⑤〔汉〕司马迁：《史记》，中华书局1959年版，第144页。

礼也"①，就准确解释了《周本纪》的文意。

清华简《系年》说宣王废弃帝籍不再耕种了，传世文献《国语》则认为宣王舍弃的是籍田礼，虽然都是舍弃，但两种记载存在着明显的差异。籍田专供祭祀上帝，必然为良田，甚至是最优质的田地。周人以农业立国，视土地如黄金，故而舍弃帝籍不再耕种，任最优质的田地荒芜，显然是没有道理可讲的。《论语·八佾》云："子贡欲去告朔之饩羊。子曰：'赐也！尔爱其羊，我爱其礼。'"②鲁文公不视朔，废弃朝享之祭。子贡见其礼废，便欲废除祭祀之羊，但孔子主张存羊以复其礼。宣王为中兴之主，不是昏聩无能之辈，他见籍田礼内涵空洞、仪式烦琐、劳民伤财却没有实效，便决定废除籍田礼，这与鲁文公废朝享之祭类似。虢文公主张继续推行籍田礼，与孔子同调。笔者认为，研究者不应拘泥于清华简《系年》文本，宣王"不籍千亩"之事还是要依据传世文献，理解为"舍弃籍田礼"为妥。

关于籍田礼被废除的时间，《国语》和《史记》有彼此矛盾的记载。《国语·周语上》云："宣王即位，不籍千亩。"韦昭注："自厉王之流，籍田礼废，宣王即位，不复遵古也。"③据《国语》可知，籍田礼的废除，是在周宣王即位之初。《史记·周本纪》记载："（宣王）十二年，鲁武公来朝。宣王不修籍于千亩，虢文公谏曰不可，王弗听。"④《周本纪》虽然没有记载籍田礼的废除时间，但司马迁明言"鲁武公来朝"，可知此事当在宣王十二年之后。今本《竹书纪年》云："二十九年，初不藉千亩。"⑤今本《纪年》将籍田之废定在宣王二十九年，说法最为明确。

清华简《系年》第一章云："宣王即位，共伯和归于宋（宗）。宣王是始弃

① 〔汉〕司马迁：《史记》，中华书局 1959 年版，第 145 页。

② 杨伯峻：《论语译注》，中华书局 1980 年版，第 29 页。

③ 徐元诰：《国语集解》，中华书局 2002 年版，第 15 页。

④ 〔汉〕司马迁：《史记》，中华书局 1959 版，第 144 页。

⑤ 王国维：《今本竹书纪年疏证》，参见方诗铭、王修龄：《古本竹书纪年辑证》，上海古籍出版社 1981 年版，第 256 页。

帝籍弗畋。”①"始"意为"开始"，"是"表示肯定语气。清华简《系年》说宣王在即位之初即废除籍田礼，这正与《国语·周语上》"宣王即位，不籍千亩"的说法对应，证明《史记》、今本《纪年》所记时间可能是错误的。周厉王是历史上有名的暴君，韦昭说"自厉王之流，籍田礼废"，将籍田礼的废弃归罪于厉王，但就清华简《系年》来看，籍田礼的废除是在宣王即位之初，因而韦昭的观点很可能是错误的。

今本《竹书纪年》云："（宣王）二十九年，初不藉千亩。""初"意为"起初、最初"，在古文中用作句首发语词，一般没有明确具体的时间。但今本《纪年》将"初"与时间用语"（宣王）二十九年"连用，明显不合常理。废除籍田礼，是一次性的事，不应有初次、再次之分，因此笔者怀疑今本《纪年》"初不藉千亩"的"初"，意为"周宣王即位之初"，而今本《纪年》将"初不藉千亩"与"（宣王）二十九年"连用，则恐怕是今本《纪年》的作者硬性编排所致。除此之外，今本《竹书纪年》还记载了宣王元年"复田赋"②，但西周王朝施行周公籍田之法，并未征收田赋，征收田赋是初税亩施行之后的事，因此今本《纪年》说宣王元年复田赋，似乎也是误记。

第四节　"千亩"名称的由来

对于"千亩"一词，整理者注释说："《周语上》注：'天子籍田千亩，诸侯百亩。'《北堂书钞》引贾逵云：'籍田，千亩也。'"③在整理者看来，"千亩"是籍田的数量单位。但廖名春先生有不同观点，他说从清华简《系年》简四"戎乃大败周师于千亩"句可知，"千亩"当为地名。④苏建洲先生认为，从

---

① 李学勤主编：《清华大学藏战国竹简（贰）》，中西书局 2011 年版，第 136 页。

② 王国维：《今本竹书纪年疏证》，参见方诗铭、王修龄：《古本竹书纪年辑证》，上海古籍出版社 1981 年版，第 253 页。

③ 籍田，整理者原作"田籍"，笔者在核对原文后证其误，故改正。参见李学勤主编：《清华大学藏战国竹简（贰）》，中西书局 2011 年版，第 137 页。

④ 廖名春：《清华简〈系年〉管窥》，《深圳大学学报（人文社会科学版）》2012 年第 3 期。

简文看，"千亩"应是地名，过去学者认为是籍田的数量单位，有误。①

清华简《系年》第一章云："昔周武王监观商王之不恭上帝，禋祀不寅，乃作帝籍，以登祀上帝天神，名之曰千亩。"②从《系年》"名之曰千亩"一句看，"千亩"理应是地名，但为何如此命名呢？《史记·孝文本纪》记载了"开籍田"，《集解》引应劭之语云："古者天子耕籍田千亩，为天下先。籍者，帝王典籍之常。"③《文献通考》卷八十七载："周制：天子孟春之月，乃择元辰，亲载耒耜，置之车右，帅公卿诸侯大夫，躬耕籍田千亩于南郊。"④特别是《礼记·祭义》："昔者天子为藉千亩，冕而朱纮，躬秉耒；诸侯为藉百亩，冕而青纮，躬秉耒。"⑤以"百亩"与"千亩"对言，更说明"千亩"为面积单位。"地名说"与"面积说"皆有文献依据，不好轻易判断孰是孰非。笔者认为两说可以并立，即"千亩"有两层含义：一是指天子籍田的面积为千亩；二是由籍田面积引申为地名，指天子籍田的所在地。

《诗经·祈父》疏引孔晁语："宣王不耕籍田，神怒民困，为戎所伐，战于近郊。"⑥由于天子及众臣都要亲自参加籍田礼，且籍田不能离国都太远，所以学者多认为天子籍田就在京师近郊，至于具体方位，传世文献存两说：一说南郊，见《礼记·祭统》；一说东郊，见《白虎通·耕桑》。学者或认为，籍田时，天子"冕而朱纮"，此为太阳之色，故千亩在南郊。其说可从。

除了周宣王"千亩之战"中的"千亩"，传世文献之中还有晋穆侯"千亩之战"中的"千亩"，那么二者之间关系如何呢？

---

① 苏建洲等：《清华简二〈系年〉集解》，万卷楼图书股份有限公司 2013 年版，第 14 页。

② 李学勤主编：《清华大学藏战国竹简（贰）》，中西书局 2011 年版，第 136 页。

③〔汉〕司马迁：《史记》，中华书局 1959 年版，第 423 页。

④〔元〕马端临：《文献通考》，中华书局 1986 年版，考七八七上。

⑤ 李学勤主编：《十三经注疏·礼记正义》，北京大学出版社 1999 年版，第 1329 页。

⑥ 李学勤主编：《十三经注疏·毛诗正义》，北京大学出版社 1999 年版，第 672 页。

周宣王、晋穆侯伐戎史事表

时间 \ 文献	古本《竹书纪年》	《史记·晋世家》	《国语》	今本《竹书纪年》
宣王四年	使秦仲伐戎			
宣王三十一年	王遣兵伐太原戎，不克			今本《纪年》所记史事与古本《纪年》同，只是时间晚两年
宣王三十六年	王伐条戎、奔戎，王师败绩	（穆侯）七年，伐条，生太子仇		
宣王三十八年	晋人败北戎于汾隰，戎人灭姜侯之邑			
宣王三十九年	王征申戎，破之	（穆侯）十年，伐千亩，有功。生少子，名曰成师	战于千亩，王师败绩于姜氏之戎	王师伐姜戎，战于千亩，王师败逋
宣王四十一年				王师败于申

清华简《系年》云："宣王是始弃帝籍弗畋，立卅又九年，戎乃大败周师于千亩。"① 《国语·周语上》载："（宣王）三十九年，战于千亩，王师败绩于姜氏之戎。"② 关于宣王败绩于姜氏之戎，清华简《系年》与《国语·周语上》所记的时间、地点、人物及战争结果皆同，证明此事可信。古本《纪年》载："明年（宣王三十九年），王征申戎，破之。"③ 据清华简《系年》与《国语·周语上》所载，宣王三十九年，周宣王征伐的是姜氏之戎，结果战败，而古本《纪年》则说宣王征伐的是申戎，结果取胜。这两种记载中，征伐的对象及结果皆不同，可见时间记载有误，故而当据今本《纪年》，将时间改为宣王四十一年。

---

① 李学勤主编：《清华大学藏战国竹简（贰）》，中西书局2011年版，第136页。

② 徐元诰：《国语集解》，中华书局2002年版，第21页。

③ 方诗铭、王修龄：《古本竹书纪年辑证》，上海古籍出版社1981年版，第58页。

《史记·晋世家》载:"(穆侯)十年,伐千亩,有功。生少子,名曰成师。"①学者之所以认为晋穆侯"千亩之战"与周宣王"千亩之战"不是一回事,主要证据有二:一是时间不同。晋穆侯十年,相当于周宣王二十六年,而宣王"千亩之战"发生在周宣王三十九年。二是结果不同。宣王"千亩之战"是失败的,而晋穆侯的征伐则取得了胜利。

笔者认为,两次"千亩之战"当为一次②,主要理由如下:

其一,晋国若有千亩则违背礼制。从清华简《系年》看,千亩又名"帝籍",是专门用来祭祀上帝的。晋国是诸侯之国,没有祭祀上帝的资格,因此晋国不应有帝籍,自然也不会有千亩。

其二,学界关于晋地千亩的地望,主要观点有二:一是据《左传》杜预注,千亩在西河界休县以南;二是据《括地志》,千亩在岳阳县北九十里。两者皆是耳食之言,并无充足证据予以证实。为何晋国会有以"千亩"为名的地望呢?许兆昌、刘涛认为,自周人于山西省南部起源后,到了夏朝末年,他们便开始了漫长的迁徙,最终经由文王建丰、武王都镐,建立了西周王朝。远古时代,随着氏族的迁徙,人们从前居住地的旧名也跟着"迁移"。在迁徙中,周人将其起源地晋南附近"千亩"一地的地名,带到了都城镐京附近。③依据清华简《系年》,"千亩"之名是武王克商时为帝籍所取的专名,故周人于夏朝末年在山西一带起源时,"千亩"之名是不可能存在的,那么这一名称又怎么会跟随周人"迁移"呢?许、刘二人之说的失误之处,在于其忽视了"千亩"之名创制的最初时间。据《国语·周语上》可知,宣王"不籍千亩",招致天神降罪,进而败于千亩,那么宣王与戎狄的交战之所必在京师近郊,故从地望上看,如果晋地(山西)有"千亩",则与上述"千亩"在京师近郊的结论相

---

①〔汉〕司马迁:《史记》,中华书局1959年版,第1637页。

②其实,不少学者已提出了这一观点,但他们将共和十四年归入宣王纪年,认为《国语》的作者记载失误。对此,笔者并不赞同。参见沈长云:《关于千亩之战的几个问题》,载《周秦社会与文化研究》,陕西师范大学出版社2003年版,第171—182页。

③许兆昌、刘涛:《周代"千亩"地望考》,《古代文明》2014年第2期。

矛盾。

其三，宣王三十六年伐条戎，三十九年伐申戎，间隔三年。《史记·晋世家》载，晋穆侯七年伐条，十年伐千亩，间隔正好也是三年。不仅如此，二者都是伐条戎，都是战败，的确不似偶然巧合。

其四，学者认为周宣王"千亩之战"与晋穆侯"千亩之战"结果不同，其中或许另有隐情。《竹书纪年》记载两周之际"两王并立"，而清华简《系年》坚决否认此事，是何缘故？原因就是平王虽然在西申称天王，但《系年》作者站在携王的立场上，不认可此事。今本《纪年》云："（宣王）三十八年，王师及晋穆侯伐条戎、奔戎，王师败逋。"[1] 既然周宣王与晋穆侯联合作战，那为何今本《纪年》只说"王师败逋"，却不说晋穆侯的情况？《系年》《国语》记载周宣王是战争的失败者，《晋世家》则说晋穆侯是战争的胜利者，主角明显不同。千亩位于京师近郊，"战于千亩"说明是戎狄主动进攻，而王师被动出击。由此，笔者猜测，当时的情况或许是周宣王迎击姜氏之戎于千亩，败绩，晋穆侯远道前来，增援宣王，击溃姜氏之戎——这正与《晋世家》中"有功"一语切合。《系年》《国语》以宣王为主角，为强调其废除籍田礼的恶果，便仅言其战败而不记晋穆侯之克捷；而《晋世家》取材于晋国史书，只记晋穆侯，不涉及王师的情况，所以言晋穆侯"有功"。"千亩之战"之所以在不同文献中呈现出不同结果，可能与史官选材视角、所持立场的差异有关。

第五节　由"殷质"到"周文"

甲骨文中出现了多条商王"观耤（籍）"的卜辞，现将相关例证列举如下：

1. 己亥卜，贞：令（命）吴小籍臣。（《甲骨文合集》5603）

2. 己亥卜，……观籍。（《甲骨文合集》5603）

3. 己亥卜，贞：王往观耤，延往？（《甲骨文合集》9501）

4. 庚子卜，贞：王其观耤，唯往？十二月。（《甲骨文合集》9500）

---

[1] 王国维：《今本竹书纪年疏证》，参见方诗铭、王修龄：《古本竹书纪年辑证》，上海古籍出版社1981年版，第257页。

武家璧、夏晓燕将此次商王"观籍"的过程归纳为己亥日任命"吴"担任"小籍臣"、己亥日提前卜问是否王往"观籍"、庚子日临行卜问是否王其"观籍",并据此推论,这是立春之日登观台、举行籍田礼前的重要活动。[①]但笔者认为,上述例证中的"观"是动词,"观籍"指商王观看民众籍田,而非登观台、举行籍田礼。除此之外,两位先生对商代籍田的认识基本上是准确的。

但宁镇疆先生否定商代存在籍田、籍礼,他说商、周之间籍田的不同,表现在周代籍田固定在一地,而商代籍田则涉及陮、妦、名、噩多地;周代籍田,周王须亲自为之,而在商代,商王只是观籍;周代籍田礼时间固定,而商代卜辞中则保留有"三月""十二月"两条材料,籍田礼的时间明显不固定。鉴于此,宁先生认为商代可能并不存在类似周代这样专门作为统治者向神灵表示虔诚,亲耕并以出产作物礼神的功用性的"籍礼"。[②]《令鼎》铭文曰:"王大籍农于諆田,饧,王射,有司眔师氏、小子伂射。王归自諆田。"(《殷周金文集成》2803)諆田与千亩明显不是一地,所以宁先生认为西周籍田地点为一处的说法似乎有商榷的余地。《国语·周语上》说"耨获亦如之",西周籍田礼并无固定时间,夏季除草、秋季收获,皆可根据时令节气举行仪式,只不过早春耕作尤为重要而已。

对商代籍田、籍礼的考察,我们不能只局限于"观籍"卜辞,而应拓宽材料研究的范围。现择取冏地卜辞三例如下:

1. 庚寅,贞:王米于冏,以祖乙?(《殷契粹编》227)

2. 己巳,贞:王米冏,其登于祖乙?(《殷墟文字甲编》903)

3. □□卜,争贞:□乙亥登□冏黍[于]祖乙?(《甲骨文合集》1599)

米,指粟实。"王米于冏",意谓为祭祀祖乙,王亲自采粟于冏地。商王当然不会亲自劳作,农事是借民力为之,此符合籍田的重要特征。"王米于

---

① 武家璧、夏晓燕:《"观籍"卜辞与武丁元年》,《中原文物》2014年第4期。

② 宁镇疆:《周代"籍礼"补议——兼说商代无"籍田"及"籍礼"》,《中国史研究》2016年第1期。

冏""王米冏",意谓每次祭祀祖乙,商王都专门到冏地采粟,可见冏地是商王为祭祀祖乙而划拨的专用田。从卜辞看,上帝能令雨、令雷、令电、令雹、令风、降旱,威力巨大,能影响农业生产的方方面面,故商人多次向上帝求"年"(农业收成)。上帝作为至上神,与商王的祖先神有着明确的上下尊卑关系,商王的祖先神"宾于帝",即侍奉在上帝左右。既然上帝的地位在祖乙之上,且祖乙有专门的祭祀田,那么笔者猜测上帝也应有专门的祭祀田。

在商代是否存在籍田、籍田礼的问题上,我们必须明确相应的判定标准。"籍田"的本质特征便是借民力为之,收获物供祭祀上帝之用。裘锡圭先生指出,从卜辞看,商王亲自参加的往往是冏地的农业生产,冏地的收获也经常被商王用来祭祀祖先,商王亲自参加农业生产跟周王籍田确实是同性质的。[①]笔者认为,裘先生之说可从。商代的籍田是借民力为之的,商王观看籍礼并将收获物拿去祭祀。商人将上帝视为至上神,专门划拨田地以供祭祀。商、周两代皆有管理籍田的官员,一是小籍臣,一是司徒。《系年》中,武王祭祀上帝的形式为"登祀",亦与卜辞"登于祖乙"相合。因此,商代虽或未产生祭祀上帝的专用词——帝籍,但已经有了籍田的基本形式,甚至可以说,商代确实存在着专门用来祭祀上帝的籍田。商代中期以前,原有专供祭祀上帝的田地及仪式,但到了商末,纣王对祖先神的祭祀极为隆重,对上帝的祭祀则有所怠慢。武王设立帝籍,夺取对上帝的祭祀权,不过是其夺取天子之位的政治借口。

关于籍田礼的环节,《国语·周语上》中的虢文公说:"及籍,后稷监之,膳夫、农正陈籍礼,太史赞王,王敬从之。王耕一墢,班三之,庶民终于千亩。"[②]籍田礼最主要的特征有两个:一是天子要亲自劳作(当然多是象征性的),以示对天神的虔诚恭敬;二是祭祀的主神为上帝。《甲骨文合集》9501:"己亥卜,贞:王往观耤,延往?"即武丁卜问是否去观耤(籍)。由此可知,商王有时是不去观耤(籍)的。从"观耤"卜辞看,商王只是观看耤(籍)田,

---

① 裘锡圭:《古代文史研究新探》,江苏古籍出版社1992年版,第320—322页。

② 徐元诰:《国语集解》,中华书局2002年版,第18—19页。

并未以亲自耕作的形式向上帝表达自己的虔诚，这与周天子亲自参加籍田礼、亲自劳作有明显区别。西周籍田礼举行前的倒数第九天，太史测地气，举行前的倒数第五天，乐官报告和风至，足见准备之充分；而武丁在籍田前一天才任命小籍臣，明显仓促了许多。质言之，作为仪式主角的商王的"缺席"，成为否定商代存在籍田礼的关键性证据。

对于商、周之际文明的演进，王国维先生曾有著名论断："中国政治与文化之变革，莫剧于殷周之际。"他将殷周鼎革视为古代政治、文化上的最大变局，并详细阐述道："殷周间之大变革，自其表言之，不过一姓一家之兴亡与都邑之移转；自其里言之，则旧制度废而新制度兴，旧文化废而新文化兴。"① 王国维将殷、周的制度文化定义为旧、新两种不同的制度文化，认为殷周之间存在着明显的文化断裂。孔子曰："殷因于夏礼，所损益，可知也；周因于殷礼，所损益，可知也。其或继周者，虽百世，可知也。"② 现在，越来越多的学者不赞成王国维的观点，而倾向于孔子之说，认为商、周文化的演变是一种损益，延续多于断裂。

西周籍田礼的形成，也应作如是观：籍田礼并不是周人的"无中生有"，而是在商代籍田的基础上发展而来的。殷商之时，商人划拨出专门的田地，用其中收获的谷物恭敬地祭祀上帝或先祖，反复卜问与农业生产密切相关的风、雨、雷等天气候象。商王经常发布农作命令，甚至亲自参与农业生产。籍田时，商王亲临现场，以示对农事的重视，此外还专门任命管理籍田的官员——小籍臣。可以说，商代已初步有了籍田礼的雏形。周人的籍田礼，分为礼仪开始前的准备、飨礼的举行、籍礼的正式举行、礼毕后的宴会、对庶人耕作的巡查监督五个环节。③ 与商人相比，周人做了更多的礼仪制度层面的设计 ④，将籍田仪式化、制度化、规范化，使之上升为一种农事礼仪。从商代

① 王国维：《观堂集林》，中华书局 1959 年版，第 451、453 页。

② 杨伯峻：《论语译注》，中华书局 1980 年版，第 21—22 页。

③ 杨宽：《西周史》，上海人民出版社 1999 年版，第 268—283 页。

④ 如周人将"射礼"引入籍田礼。

的籍田到西周的籍田礼，孔子所说的"损益"生动地呈现出来。

《广雅·释言》云："质，地也。"《玉篇·贝部》云："质，朴也。"所谓"质"，即指质地、质实，以及事物原始的朴素状态；而"文"，则指事物外在的文饰、华美的形式。殷人尚"质"，注重事物质地的朴实无华，与礼仪本身固有的实质性内容；周人尚"文"，强调事物的外在形式，以及典章制度、礼仪规范的建设。商人专门划拨祭祀地，借民力耕种，将收获的物产敬祀祖先、敬奉上帝。商王任命小籍臣作为管理籍田的官员，并亲自观籍，以示对籍田的重视。可以说，在商代，籍田礼的实质——关键性内容，已经具备。与之相较，周人制定了更为详尽的程式：籍田开始前，天子要斋戒沐浴，"淳濯飨醴"；籍田时，天子必须亲自参加，亲执耒耜；此外，他们还把射礼融入籍田礼中。与商人相比，周人没有为籍田礼增加多少实质性的内容，而是更注重对其仪式的改造，以此表达礼敬上帝的虔诚，以及对农业生产的重视。清人刘逢禄说："殷革夏，救文以质，其敝也野。周革殷，救野以文，其敝也史。殷周之始，皆文质彬彬者也。"[1]殷周之道，一质一文，周革殷弊，救质以文，于是周初文质彬彬，礼乐制度粲然完备。从商代设立籍田、商王亲自观籍，到周武王创制籍田礼、天子亲执耒耜，这一过程展现的是质文代变、由"殷质"到"周文"不断演进的文明历程。

综上所述，清华简《系年》对西周籍田礼的记述虽然简略，却有着重要的史料价值。根据《国语·周语上》，我们只知道籍田礼的创设者是西周的某位先王，却不知具体是谁，及为何要创设籍田礼。清华简《系年》明确记载了周武王创制籍田礼的史实，揭示其创制籍田礼的目的是以收获物祭祀上帝、争夺祭祀权，最终实现天命的移易、政权的更迭。《系年》称帝籍为"千亩"，《令鼎》称帝籍为"諆田"，名称上的差异说明西周的籍田不止一块。千亩为天子用以祭祀上帝的专用田，晋国作为诸侯国，不可能享有祭祀上帝之礼，自然也没有千亩。千亩在周武王时才有其名，故而认为千亩是夏朝末年由山

---

① 程树德：《论语集释》，中华书局1990年版，第401页。

西传至镐京的观点是不可信的。商代借民力籍田，以供祭祀；西周武王尊崇上帝，创制籍田礼。殷人尚"质"，有籍田之实而无籍田之礼；周人重"文"，籍田与籍礼兼备。由商代初创籍田到西周制定籍田礼，这一过程展现了由"殷质"到"周文"的更迭，与中国早期文明演进的轨迹。

（本章内容最初发表于《江西社会科学》2018年第2期，收入本书时有改动）

第七章　"康丘之封"与西周封建方式的转进

　　康叔名封，亦称卫叔、卫康叔，为武王、周公同母少弟，成王的叔父。《史记·管蔡世家》记载："康叔封、冉季载皆少，未得封。"[①]武王克商后，康叔因年龄尚小，故未受封。又《史记·卫康叔世家》载："周公旦以成王命兴师伐殷，杀武庚禄父、管叔，放蔡叔，以武庚殷余民封康叔为卫君，居河、淇间故商墟。"[②]周公平定三监之乱后，分封诸侯，封康叔于卫国。殷商故地是反抗周人统治最强烈的地区，特别是在经历了三监之乱——亲兄弟反目成仇之后，如何规划周人在东方的统治格局，直接关涉西周政权的长治久安，所以成王、周公将康叔分封于卫，是当时极为重要的战略决策之一。

　　2011年，清华简《系年》整理出版，其中第四章记述了卫国五次迁都的历史，为考察"康侯封卫"的真实情况提供了珍贵的资料。李学勤先生率先撰文指出，《系年》"乃先建卫叔封于庚丘，以侯殷之余民"，其中的"庚"与

---

① 〔汉〕司马迁：《史记》，中华书局1959年版，第1564页。
② 〔汉〕司马迁：《史记》，中华书局1959年版，第1589页。

"康"是古文字通假，庚丘就是康丘，也便是康侯的"康"。① 李先生的观点确为不刊之论，但其背后隐含的学术信息尚未得到真正挖掘：纣王时代，朝歌已成为商人的政治中心②，那周公为何不在朝歌封建卫国，却选址在康丘？康丘地望何在？"康"是谥号还是国名？康叔、卫叔二称产生的先后次序如何？"康丘之封"给西周的封建制度带来了哪些新质？笔者不揣谫陋，试对上述问题做进一步的考察，不当之处，敬请方家批评指正。

第一节　"康叔"之"康"的起源

关于"康叔"之"康"的起源，过去学界一直存在诸多争论，归纳起来，主要为以下两种：

一是国名说。《白虎通·姓名》云："管、蔡、曹、霍、成、康、南皆采也。"③ 意谓康与管、蔡等一样，皆是周初分封的采邑。马融、王肃、《孔传》作者皆持此说。孔颖达《尚书正义》云："以定四年《左传》祝佗云'命以《康诰》'，故以为'命康叔之诰'。知'康，圻内国名'者，以管、蔡、郕、霍皆国名，则康亦国名，而在圻内焉。"④ 管、蔡、郕、霍皆是国名，以此类推，则康也应该是国名。孔颖达沿用前人之说，并无新据。清人孙星衍说："康叔子又称康伯，则康非谥甚明，旧说以为国名，是也。"⑤ 孙星衍从康叔父子谥号不可能相同入手，论证"康"是国名，视角较孔说更为新颖，只是由于当时所

---

① 相关研究，参见李学勤：《清华简〈系年〉及有关古史问题》，《文物》2011 年第 3 期；《清华简〈系年〉解答封卫疑谜》，《文史知识》2012 年第 3 期。

②《史记·殷本纪》正义引《竹书纪年》云："自盘庚徙殷至纣之灭二百五十三年，更不徙都，纣时稍大其邑，南距朝歌，北据邯郸及沙丘，皆为离宫别馆。"商代晚期实行两都制，安阳名为都城，实为宗庙祭祀场所。帝乙、帝辛以朝歌为别都，在此处理重要事务，可见政治重心已转移至朝歌。参见〔汉〕司马迁：《史记》，中华书局 1959 年版，第 106 页。

③〔清〕陈立：《白虎通疏证》，中华书局 1994 年版，第 419 页。

④〔汉〕孔安国传，〔唐〕孔颖达正义：《尚书正义》，上海古籍出版社 2007 年版，第 530 页。

⑤〔清〕孙星衍：《尚书今古文注疏》，中华书局 1986 年版，第 354 页。

见资料有限，孙星衍没有考虑到康叔、康伯之名与卫国都城之间的关联。

司马贞为《史记·卫康叔世家》作索隐曰："康，畿内国名。宋忠曰：'康叔从康徙封卫，卫即殷墟定昌之地。畿内之康，不知所在。'"①司马贞引宋忠之语，认为康叔自"康"迁至卫国，"康"为畿内国名，但文献阙如，不知"康"的具体位置所在。孔颖达、司马贞虽坚持"康为国名说"，但自东汉马融起，持此说者就一直搞不清"康"的具体地理位置。学者对此做了考证，刘起釪据《水经注》等文献，考证康在今河南省禹州市、临汝镇之间，是殷商畿内之地。他认为康叔受封，是在武王即位之初，甚至文王时期也有可能。②只是，在周人克商之前，纣王怎么可能允许在自己的王畿之内，让康叔拥有他的采邑？刘先生的考证明显不妥。《史记·管蔡世家》载："康叔封、冉季载皆少，未得封。"③《史记·太史公自序》又云："收殷余民，（康）叔封始邑。"④武王克商后，康叔并未受封；成王时，康叔始封。"康为国名说"成立的主要障碍，是其与《史记·管蔡世家》《史记·太史公自序》中的记载相左。康叔在武王时期没有受封，在成王即位后首次受封于卫。康叔没有采邑，如何从康徙封于卫？

二是谥号说。郑玄主张"康"为谥号，其依据是"初封于卫，至子孙而并邘、鄘也"⑤。清儒江声补充证据说："《逸周书·谥法解》云：'温柔好乐曰康，安乐抚民曰康，令民安乐曰康。'康之为号，有此三谊，皆与康叔之行相似……《史记》言康叔封、冉季载皆少未得封，是则当武王时，康叔实未有国。及武王崩，即有流言之事，周公出居东都，既反而居摄，又有东征之事，其时皆未皇封康叔也。逮三监既诛，而以其地封康叔，则康叔始封，即

---

①〔汉〕司马迁：《史记》，中华书局1959年版，第1589页。

②刘起釪：《尚书研究要论》，齐鲁书社2007年版，第565—567页。

③〔汉〕司马迁：《史记》，中华书局1959年版，第1564页。

④〔汉〕司马迁：《史记》，中华书局1959年版，第3308页。

⑤〔汉〕孔安国传，〔唐〕孔颖达正义：《尚书正义》，上海古籍出版社2007年版，第530页。

当为卫国，何尝有康国乎？康自是谥号，郑说诚是，马、王、《伪孔》皆非也。"①"康为谥号说"主要依据有二：一是康叔的所作所为与《逸周书·谥法解》对谥号"康"的解说吻合；二是康叔始封于卫国，此前未曾受封，没有封国（采邑），自然不能以国为号。对此，皮锡瑞更是详加考证：

> 《卫世家》无从康徙封卫之文，《史记·自序》云："牧殷余民，叔封始邑。"是叔封始邑于卫，非始邑于康。宋忠云"畿内之康，不知所在"，是其说本无征，故郑不用马义。王肃好与郑难，乃舍郑而从马，《伪孔传》即肃造，而亦云地阙，是为臆说无疑。若《姓书》云："康叔故城在颍川。"《括地志》云："故康城在许州阳翟县西北三十五里。"此等书皆当《伪孔》盛行之后，傅会地名，以实其说，岂可为据？而后人信之者，盖以《史记》云"康叔卒，子康伯代立"，若是谥号，不应父子同谥为康。不知父子不可同名，未尝不可同谥。谥法周公所作，而文王谥文，周公亦谥文，见于《国语》云"周文公之颂曰"，此其确证。若父子不可同谥，当时敢以非礼之谥加之周公乎？……《古今人表》以卫康叔封与陈胡公满并列，班氏当亦以康为谥。胡是谥号，康亦谥号。《人表》第六等又有卫康叔，《注》云："封子。"若康叔因封康而称康，岂其子亦曾先封于康耶？蔡邕《述行赋》曰："悟卫康之封疆。"此伯喈用今文说，以康为谥之明证。卫康犹云齐桓、晋文，若以康为国名，则"卫康之封疆"，又岂可通耶？康乃谥号，而以之名篇者，疑康叔生即以康为号，没因为谥，史公分别《康诰》《酒诰》《梓材》之义，以务爱民属之《康诰》，则康当取爱民为义。《康诰》一篇，云"用康保民""用康乂民""迪吉康""康乃心"，"康"字甚多，疑康叔之康，即以此为号，如成王生号成王之比也。②

皮锡瑞列举了七条证据，力证"康"为谥号，主要理由如下：卫是康叔始封之地，《史记·卫康叔世家》中无从康徙封之文；父子可以同谥，如周公与

---

① 转引自〔清〕皮锡瑞：《今文尚书考证》，中华书局1989年版，第305页。

② 本文对皮氏的论证过程有所节略，参见〔清〕皮锡瑞：《今文尚书考证》，中华书局1989年版，第306页。

文王；《史记·周本纪》中，《康王之诰》可以写作《康诰》；《汉书·古今人表》中，"卫康叔封"与"陈胡公满"并列，"胡"既然是谥号，那与之对应的"康"也应为谥号；康叔封之子未曾受封于康，但《古今人表》称其为"卫康叔"，列第六等，这说明"康"只能是谥号；"卫康"如同"齐桓""晋文"，故若以"康"为国名，则无法解释；"康"可与《尚书·康诰》中"用康保民"等语句互证，取爱民为义，故应是谥号而非地名。

皮锡瑞旁征博引，以证其说，颇为雄辩，但依然存在一些问题：谥法非周公所创，且在西周中后期才日臻严格；周初生称、谥号不分，文王之"文"、康叔之"康"皆非谥号；康叔与齐桓公、晋文公是不同时代的人，不能类比；皮氏认为康叔生前以"康"为号，却无法说清康叔生前为何以"康"为号。总而言之，讲不清以"康"为谥的缘由，谥号说便无从定论。

清华简《系年》第四章云："周成王、周公既迁殷民于洛邑，乃追念夏商之亡由，旁设出宗子，以作周厚屏，乃先建卫叔封于康丘，以侯殷之余民。卫人自康丘迁于淇卫。"① 周成王、周公借鉴夏、商两朝亡国的教训，大封诸侯，首先便将康叔分封于康丘。《系年》提供的信息非常宝贵，有以下几点价值：

一是康叔首封是在成王时期。过去有学者曾将康叔之封定在武王时期，如简朝亮、陈梦家等②，但将清华简《系年》与《史记·卫康叔世家》《史记·太史公自序》等文献相互比照，则可知康叔在武王时期因年纪太小而未尝受封，而康丘之封是康叔的首次受封。

二是康叔之"康"源于康丘而非采邑。马融、王肃、《孔传》主张"康"为国名，郑玄、皮锡瑞等主张"康"是谥号，两说相持不下，长达千年之久。现据清华简《系年》，可知康叔之"康"的确源自其首封之地康丘，是地名而不是谥号或畿内采邑。③ 康叔不是先有采邑"康"，然后才迁至卫国的，康丘是

① 李学勤主编：《清华大学藏战国竹简（贰）》，中西书局2011年版，第144页。
② 顾颉刚、刘起釪：《尚书校释译论》，中华书局2005年版，第1363页。
③ 李学勤：《清华简〈系年〉及有关古史问题》，《文物》2011年第3期。

康叔的始封地，"康叔""康侯"之得名皆源于此。《左传》定公四年言"命以《康诰》，而封于殷虚"，《康诰》之名的由来，即康叔的首封地在康丘。明白了《康诰》之"康"源于"康丘"，就能知晓皮锡瑞摘引《尚书·康诰》"用康保民"等语句来解释"康叔"的谥号属于误读。

三是从人物称谓产生的先后次序看，"康叔"产生在先而"卫叔"产生在后。与康叔有关的青铜器，一是沫司徒逨簋，1977年收入大英博物馆，又称"康侯簋"，其铭文曰："王来伐商邑，诞令康侯啚（鄙）于卫。"[①]二是康侯方鼎，铭文曰："康侯丰作宝尊。"[②]"丰"与"封"通假。三是作册出鼎，铭文曰："康侯在朾（柯）师，锡作册出贝，用作宝彝。"[③]其他如康侯斧、康侯觯、康侯罍、康侯鬲、康侯矛、康侯刀等，铭文皆称"康侯"而不称"卫侯"。周公封康叔于康丘，"康叔""康侯"之称因而产生。康叔赏赐作册出贝壳，作册出称康叔为"康侯"，此为两人生前之事。康侯方鼎为康叔本人自作的祭祀之器，他也自称"康侯"。这些都说明康叔生前便以"康"为号。

《逸周书·克殷》记载："（武王）乃命召公释箕子之囚，命毕公、卫叔出百姓之囚。乃命南官忽振鹿台之财、巨桥之粟。"[④]《克殷》是可靠的西周文献，篇中"卫叔"两见。武王克殷后，卫叔年幼，未能受封就国，故而"卫叔"明显是后儒叙事时对康叔的追称。清华简《系年》问世之后，我们认识到康侯的名号与都城有着密切的关联。据《系年》可知，卫人自康丘迁都淇卫后，便在"康叔"前加"卫"字，称"卫康叔"，简称"卫叔"，"卫叔"这一名号遂流行开来。"康侯"是生称，"卫叔"是追称，所以正像学者所指出的那样，虽然"康叔""卫叔"皆见于早期文献，但从其产生的先后次序上看，应是"康

① 张亚初：《殷周金文集成引得》，中华书局2001年版，第71页。

② 张亚初：《殷周金文集成引得》，中华书局2001年版，第35页。

③ 张亚初：《殷周金文集成引得》，中华书局2001年版，第40页。

④ 黄怀信、张懋镕、田旭东：《逸周书汇校集注》（修订本），上海古籍出版社2007年版，第356—357页。

叔（侯）"在前，"卫叔"在后。^①

四是卫国将都城从康丘迁至朝歌，可能是在考伯时期。路懿菡女士说康叔所建之国，最初以"康"命名，至西周康、昭时期，该名依然沿用。^②卫人自康丘迁至淇卫的时间有两种可能：一是康叔在位之时，二是康叔去世之后。康叔封于康丘并在那里建都，但古代生产力水平低下，修建都城十分费时费力，所以他不太可能将刚建好不久的新都舍弃；另外，考虑到康叔所铸青铜器上的铭文皆称"康"而不称"卫"，故而笔者认为迁都淇卫应是康叔去世之后的事。那么，迁都之事究竟发生在哪位国君在位之时呢？《史记·卫康叔世家》中记载了西周时期卫国的世系：卫国的第一任国君是卫康叔，第二任是康伯，第三任是考伯，考伯之后，是嗣伯、庸伯、靖伯、贞伯、顷侯、釐侯。古人重孝道，子与父的称号不能相同，像康伯髡与康叔封的称号中皆有"康"字，肯定是有缘由的。清华简《系年》告诉我们，卫国国君的称号与都城存在着密切联系。康叔封于康丘，所以称"康叔"；康叔去世后，康伯继续以康丘为都，所以称"康伯"。考伯、嗣伯之后，卫国国君便不再以"康"为号，这很可能是因为他们迁都淇卫已久。殷周时期，国都可以代指国名，自康叔封卫至康伯髡去世，卫国一直以康丘为都城，以"康"为国名。大约在卫国第三代国君考伯之后，卫人自康丘迁至淇卫，国名也改称"卫"。由于"康"这一国名存在的时间比较短，所以在"卫"成为国名并流行开来之后，"康"这个国名便被人们逐渐遗忘了。

综上，康叔在周武王时并未受封，至周成王时才受封于康丘。上古时期，国名与都城之间存在着密切的联系，故而康叔在受封康丘之后，便以"康"为国名，"康叔""康侯""康诰"之"康"也皆源于国名"康"。从马融至孔颖达，从郑玄至皮锡瑞，学者或将"康"看作谥号，或将"康"视为畿内采邑，皆存在不同程度的误读。大约在卫考伯时期，卫人将都城迁至淇卫，国名也

① 董珊：《简帛文献考释论丛》，上海古籍出版社2014年版，第88—95页。
② 路懿菡：《从清华简〈系年〉看康叔的始封》，《西北大学学报（哲学社会科学版）》2013年第4期。

改称为"卫"。康叔生前即以"康"为号，故而康侯是尊称而非谥号，只不过迁都之前称"康叔"，迁都淇卫之后称"卫康叔"或"卫叔"了。从称谓产生的先后次序上看，"康叔（侯）"之号应比"卫叔"略早一些。至此，清儒江声等人的疑惑涣然冰释。

第二节　康丘的地望

《史记索隐》曾引宋忠"畿内之康，不知所在"[①]之语，可知汉代学者已经弄不清"康"的地望所在了。自汉至唐，卫叔采邑"康"的地望皆失载。《路史·国名纪》云："《姓书》康叔故城在颍川，宋衷（忠）以为畿内国。"[②]颍川，范围大致包括今天河南省的许昌市、平顶山市、漯河市、禹州市、登封市、长葛市等地。但《路史》为宋朝文献，距先秦已年代久远，故而说服力有限。《太平寰宇记》卷七"阳翟县"下记："康城，《洛阳记》云：'夏少康故邑也。'"[③]江永《春秋地理考实》云："康叔始食采于康，后徙封卫。《括地志》云：'故康城在许州阳翟县西北三十五里。'阳翟，今许州府禹州。"[④]江永认为，康叔之采邑在河南禹州。康城，则传说为夏代少康的都城。学者存在的问题，是误将少康的都城认作康叔的采邑。清华简《系年》载："（周成王、周公）乃先建卫叔封于康丘，以侯殷之余民。卫人自康丘迁于淇卫。"[⑤]康叔受封于卫之前，先受封于康丘，其后卫人方迁都淇卫。在封卫之前，康叔并无采邑。康丘是康丘，康城是康城，二者原非一地。

清华简《系年》问世以后，学者将对康丘地望的考察重新提上了日程。整理者说，"庚丘"即"康丘"，其地应在殷故地邶、鄘、卫之卫地范围内，故

---

①〔汉〕司马迁：《史记》，中华书局1959年版，第1589页。

② 转引自〔清〕孙星衍：《尚书今古文注疏》，中华书局1986年版，第354页。

③〔宋〕乐史：《宋本太平寰宇记》，中华书局2000年版，第38页。

④〔清〕江永：《春秋地理考实》，影印文渊阁四库全书本，台湾商务印书馆1986年版，第181册，第297页。

⑤ 李学勤主编：《清华大学藏战国竹简（贰）》，中西书局2011年版，第144页。

康叔也可称卫叔。^① 整理者从康叔又称卫叔的角度，论证康丘在卫国境内。李学勤先生又补充证据，他说为便于"侯殷余民"，康丘自应在商朝故地，推想当在邶、鄘、卫三地中的卫地境内。"卫"是大名，"康丘"是其中作为都邑的地点。^② 李先生从便于统治殷商顽民的角度着眼，强调康丘是地名，卫是国名，康丘在卫国境内。但朱凤瀚先生对此持反对意见，他说"卫人自康丘迁于淇卫"，是言康叔受命将其族属、部众由康丘迁入卫地。他认为康丘不会在卫地境内，而是在卫地之外，但既然要监督殷民，也必不会距卫地太远，故应在卫之邻近地。^③ 颜师古在《汉书·地理志》中注"朝歌"云："纣所都。周武王弟康叔所封，更名卫。"^④ 康叔受封之后，将朝歌更名为"卫"，因此《系年》中的"淇卫"即指朝歌，并非"卫国"或"卫地"。朱先生将"淇卫"理解为卫国，以此将康丘定位在卫国境外，可能是有问题的。

《左传》定公四年载："分康叔以大路、少帛、綪茷、旃旌、大吕，殷民七族，陶氏、施氏、繁氏、锜氏、樊氏、饥氏、终葵氏；封畛土略，自武父以南及圃田之北竟，取于有阎之土以共王职；取于相土之东都以会王之东蒐。"^⑤ 周成王、周公分封康叔之时，不仅授之以殷民七族，而且明确界定了卫国的疆域：自武父以南至圃田之北，东到相土的东都（今河南濮阳一带）。况且，"聃季授土，陶叔授民"，可知聃季、陶叔两人亲自参与了卫国疆界的划定之事，因此康叔不可能公然违抗成王、周公的命令，在卫国境外另建新都。《史记·卫康叔世家》称周公把武庚所辖的殷遗民分给了康叔，为便于统治他们，康叔会倾向于在殷遗民聚集的地区建立都城^⑥，因此康叔在卫国境外建都的

① 李学勤主编：《清华大学藏战国竹简（贰）》，中西书局 2011 年版，第 145 页。
② 李学勤：《由清华简〈系年〉重释沬司徒疑簋》，《中国高校社会科学》2013 年第 3 期。
③ 朱凤瀚：《清华简〈系年〉所记西周史事考》，《第四届国际汉学会议论文集：出土材料与新视野》，"中研院"史语所，2013 年，第 441—459 页。
④〔汉〕班固：《汉书》，中华书局 1962 年版，第 1554 页。
⑤ 杨伯峻：《春秋左传注》（修订本），中华书局 2009 年版，第 1537—1538 页。
⑥ 武庚当时居于朝歌，其所辖之民自然也聚集于朝歌附近。如果康丘在卫国境外，离朝歌过于遥远，那么统治殷民七族，便会成为棘手的问题。

可能性并不大。

由于康丘之名不见于传世文献，推定其地理位置的难度非常大，所以我们也只能判定其所在的大致方位。路懿菡女士说："康叔最初的封地完全有可能位于殷都所在的洹水流域。"①《左传》定公四年载康叔封于卫："命以《康诰》，而封于殷虚。"杜预注："殷虚，朝歌也。"② 殷墟是商人的大本营，康叔接手殷民七族，以康丘作为首封之地并监视殷顽民，则康丘应不会离殷墟太远。古文献中，"殷墟"有两处，一处位于洹水流域的安阳，一处位于淇水流域的朝歌，按照杜预的训释，可知康叔所封之"殷墟"确为朝歌。《史记·卫康叔世家》载："（周公）以武庚殷余民封康叔为卫君，居河、淇间故商墟。"③ 由康叔"居河、淇间故商墟"，可知康丘位于黄河与淇水之间，而不在洹水流域。《诗经·卫风·氓》云："氓之蚩蚩，抱布贸丝。匪来贸丝，来即我谋。送子涉淇，至于顿丘。"④ 淇，就是淇水。《卫风》中，"淇"字多次出现，就说明卫国疆域邻近淇水而非洹水。郑玄《诗谱》云："自纣城而北谓之邶，南谓之鄘，东谓之卫。"⑤ 纣城即指朝歌，卫地在朝歌以东。康丘在卫国境内，且应在朝歌以东（或附近地区）。这是依据传世文献推测出的康丘的大致方位。

在古代中国，人们生前聚族而居，死后聚族而葬。为了方便安葬、祭祀先人，墓葬区多选址在居住区附近。新石器时代的姜寨遗址，其墓葬区就位于居住区的东面，中间以壕沟隔开。河南安阳殷墟遗址，中部为宫殿区，东部为墓葬区，墓葬区与宫殿区隔洹水相望，直线距离一千多米。西周

① 路懿菡：《从清华简〈系年〉看康叔的始封》，《西北大学学报（哲学社会科学版）》2013年第4期。

② 李学勤主编：《十三经注疏·春秋左传正义》，北京大学出版社1999年版，第1549页。

③〔汉〕司马迁：《史记》，中华书局1959年版，第1589页。

④ 李学勤主编：《十三经注疏·毛诗正义》，北京大学出版社1999年版，第228页。

⑤ 冯浩菲：《郑氏诗谱订考》，上海古籍出版社2008年版，第52页。

王室墓地选址于丰、镐附近的毕原[①]，东周王室墓葬则在洛邑附近或王畿之内[②]。秦代，芷阳陵区位于咸阳以东的骊山西麓。西汉，有九个王陵都选址在长安附近的咸阳原。对于天子、诸侯国君而言，墓葬地往往都选址在都城附近，这是先秦至两汉时期较为普遍的现象。康叔、康伯相继在康丘去世，其宗族墓地离康丘也不会太远。由此可见，如果能找到西周早期卫国王室宗族的墓地，我们便能进一步明确康丘的地望。

1932年至1933年，在郭宝钧先生的主持下，中央研究院历史语言研究所等单位对河南浚县辛村墓地进行了四次发掘。墓地东西宽500米，南北长300米，大型墓8座，中型墓6座，小型墓54座，车马坑2座，马坑14座。墓葬布局整齐有序，彼此间无隔断、叠压关系。墓葬级别可分为三类：大型墓是侯伯、君夫人的，中型墓是官吏、公族的，小型墓是平民、臣隶的。出土的铜兵器上，有"卫师""成周"等铭文。学者依据传世文献记载、墓葬形制及出土器物，推定浚县辛村是卫国宗族早期墓地，时代大致在西周成康时期到东周初年，即公元前11世纪到公元前8世纪。[③]辛村墓地位于朝歌以东20公里处，位于上文推测的康丘地望范围内，而其时间上限，也正好与周初康叔受封的时间吻合。

值得注意的是，浚县辛村有两座西周早期主仆墓：一是21号墓，下口长5.7米、宽4.5米、深11.6米，为大型墓，属诸侯国君墓；二是60号墓，墓室长2.85米、宽1.6米、深5.1米，为中型墓，属侍从墓。侍从墓中有一青铜

---

① 目前，考古发掘尚未发现西周天子墓葬的相关线索，笔者此处依据的是《史记》等传世文献的记载。周文王、周武王及周公皆葬于毕，关于"毕"的位置，《史记正义》引《括地志》云："周公墓在雍州咸阳北十三里毕原上。"参见〔汉〕司马迁：《史记》，中华书局1959年版，第1522页。

② 考古发掘者在洛阳东周王城遗址5号车马坑内发现了一车六马，与"天子驾六"的文献记载相合，笔者据此推测东周王陵在洛邑附近或王畿之内。参见张亚武、顾立林：《"天子驾六"车马坑陪葬马惊世出土》，新华每日电讯，2003年6月18日。

③ 详细情况，参见郭宝钧：《浚县辛村》，科学出版社1964年版，第72—74页。

尊，铭文曰："隹公还于宗周，陆从公亥匯洛（格）于官（宫？）。"① 作为家臣，陆跟随主人去过宗周，他称主人为"公"，可见主人应为卫国国君。除此之外，2号墓出土了"侯"字戟，8号墓出土了"白（伯）矢"戟……这些出现在铭文中的公、侯、伯等称谓，证实了浚县辛村曾为卫国王室宗族的墓葬区。

康侯丰（封）方鼎为盗掘品，其出土时间、地点皆不详。唐兰先生指出，所有带有"康侯"铭文的器物，大约都是1931年在浚县出土的。② 这就是说，在郭宝钧先生发掘辛村墓葬之前，这些带有"康侯"铭文的器物就已流失了。康侯丰（封）方鼎、康侯斧、康侯刀、康侯斤、康侯矛、康侯觯、康侯罍、康侯车銮铃等器物，在辛村墓地大量出现绝不是偶然的，它们的出现，意味着浚县辛村一带曾是康叔生前活动的重要区域。

2016年3月至10月，河南省文物考古研究院联合淇县文物旅游局，对杨晋庄墓地进行了抢救性发掘。该墓地位于河南省淇县高村镇，东北与辛村卫国贵族墓地隔河相望，直线距离约1.3公里。该墓地茔冢的形制普遍较小，埋葬的应多是平民百姓，其年代最早可至西周早期，所出器物则多与辛村墓地相同。近年，河南省文物考古研究院对辛村墓地及其周边地区进行了考古调查与试掘，证实了辛村西周卫国贵族墓地位是核心区，在其外围，尤其是淇河沿岸，遍布着大量同时期的卫国中小型墓葬③，这种众星捧月式的邦墓格局，同样暗示着其附近应有一个较大的都邑。

总之，由于传世文献失载，康丘的地望很难落实到具体的点。笔者采取的办法是渐次缩小范围，推定其所处的大致区域。据《左传》定公四年记载，周公在分封康叔时，明确规定了卫国的疆界，那么康丘则应在卫国境内。依据《史记·卫康叔世家》和《诗经·卫风》等文献，我们能初步判定康丘位于黄河与淇水之间。山之南、水之北，谓之阳，正因如此，浚县辛村的西周卫

---

① 释文有改动，参见郭宝钧：《浚县辛村》，科学出版社1964年版，第9—19页。

② 唐兰：《西周青铜器铭文分代史征》，中华书局1986年版，第34页。

③ 杨晋庄墓地的情况，参见韩朝会、高振龙：《河南淇县杨晋庄发现西周卫国墓群》，《中国文物报》，2017年6月30日，第8版。

国宗族墓地便选址于淇水北岸。我们知道，古人重视风水，讲究"负阴抱阳"之道，王室宗族墓地一旦选定，那么除非发生重大变故，一般是不会随便迁址的。为了方便送葬与祭祀，国君墓葬距国都不会太远，因此，河南浚县辛村西周早期卫国王室宗族墓地的发现，为确定"康丘"的地理位置提供了非常重要的参照。

辛村墓地年代上限可追溯至西周初年康叔时期，辛村中字型特大墓，规格高于同时期燕国等国君的墓葬，故浚县辛村当为卫国王室墓地所在。据传，康侯丰（封）方鼎、康侯刀、康侯斤、康侯矛、康侯觯、康侯罍等器物出于辛村墓地，说明浚县一带与康叔生前的政治活动关联密切。墓地格局折射着现实社会，辛村为核心墓葬区，以杨晋庄为代表的大量同时期中小型墓葬环布其四周，其大量陪葬的贵重器物、众星捧月式的邦墓格局，都暗示着附近当有一个大的都邑。有鉴于传世文献、考古发现与器物铭文，笔者怀疑康丘很可能在今河南浚县、淇县一带，辛村墓地附近，而河南禹州、汝州两说皆非。

第三节　沫司徒逘簋与康丘之封

与康侯相关的青铜器虽多，但多数无铭文或铭文简短，这在很大程度上限制了我们对康侯问题研究的深入。沫司徒逘簋又称康侯簋，出土于河南浚县辛村，是直接关涉康叔本人且铭文较长的青铜器。其铭文曰：

> 王来伐商邑，征（诞）令康侯啚（鄙）于卫，濇（沫）司徒逘眔鄙，作厥考尊彝。𣄰。①

以前的学者多将其与《左传》定公四年下的"康叔封于卫"相联系，而我们是在清华简《系年》"康叔首封康丘"的背景下，重新审视沫司徒逘簋。"征"，张桂光先生认为当释为"徙"，"徙令"就是改命、改封。司马贞为《史记·卫康叔世家》作索隐曰："康，畿内国名。宋忠曰：'康叔自康徙封卫，

---

① 张亚初：《殷周金文集成引得》，中华书局 2001 年版，第 71 页。

卫即殷墟定昌之地。'"铭文之"徙令康叔图于卫",当指其事。[1] 西周初年,改封之事并不鲜见,但据清华简《系年》可知,康叔首封于卫国康丘,并无自康丘再徙封卫国之事,且卫国迁都之事发生在康叔去世之后,因而张先生将"征"释为"徙",证据尚嫌单薄。

在对"啚(鄙)于卫"的训释上,学界聚讼纷纭。关于"啚",主要有以下几种训释:一是康叔之字。朱廷献先生认为,封,疆也,鄙,边邑也,两字语意接近、古音相同,此为证"鄙"为康叔之字的主要理由。[2] 二是"图",引申为"地图"或"图谋"。彭裕商先生认为,殷周之际已经有了地图,这句铭文意为"成王在卫地赐康侯以地图"。[3] 三是边境。唐兰先生训作"鄙",用作动词,意为"防守边境"[4];李学勤先生则将之理解为"划定卫国国土的边境地区"[5]。四是封国。杨树达先生引《广雅·释诂》,将"啚"训为"国","啚于卫"即"国于卫""封康叔于卫"。[6]

"眔",意为及、达到,学者将"鄙"或解释为康叔之字,或解释为"地图",但若这样,下文的"眔鄙"便不好解释了。沬司徒逘簋的铭文说"王来伐商邑",意为周公奉成王之命,前来征伐武庚。当时,叛乱局势未定,亦未曾封建卫国,故而"鄙于卫"不能释作"划定边境"。周公平定武庚之乱、攻打朝歌,正值用人之际,所以若此时派康叔去戍守边境,则不合时宜。鉴于以上诸说皆存在扞格难人之处,笔者认为,沬司徒逘簋铭文中的"鄙"可能是指都鄙,而非边境之邑,理由如下:

其一,古书中,"鄙""卫"的含义有多种。"鄙"除了"边邑"这一含义

① 张桂光:《沬司徒疑簋及其相关问题》,《古文字研究》第二十二辑,中华书局2000年版,第68页。

② 朱廷献:《尚书研究》,台湾商务印书馆1987年版,第381页。

③ 彭裕商:《淯司徒逘簋考释及相关问题》,《于省吾教授百年诞辰纪念文集》,吉林大学出版社1996年版,第81页。

④ 唐兰:《西周青铜器铭文分代史征》,中华书局1986年版,第32页。

⑤ 李学勤:《由清华简〈系年〉重释沬司徒疑簋》,《中国高校社会科学》2013年第3期。

⑥ 杨树达:《积微居小学述林全编》(下),上海古籍出版社2013年版,第794页。

外，还有"都鄙"与"县鄙"之义。①郑玄注《周礼·太宰》云："都之所居曰鄙。"②"鄙"指都城之外的居住区，在东者称东鄙，在西者称西鄙；同时，"鄙"也是与中心地区相对而言的，在都城附近称都鄙，在国家边境称边鄙。因此，要准确训释"鄙于卫"的含义，关键在解读好"卫"字。学者多将"鄙于卫"的"卫"理解为"卫国"，但其实，"卫"字还可解释为朝歌。颜师古注《汉书·地理志》，释"朝歌"云："纣所都。周武王弟康叔所封，更名卫。"③可知朝歌在康叔时更名为"卫"。清华简《系年》第四章言"卫人自康丘迁于淇卫"④，前一个"卫"字指卫国，后一个"卫"字则指朝歌。

其二，"沬（沬）司徒"之"沬"指沬邑，暗示其管辖范围在卫国中心区域。⑤《尚书·酒诰》："明大命于妹邦。"孔传："妹，地名，纣所都朝歌以北是。"⑥朝歌邻近沬邑之南。《诗经·鄘风·桑中》中说"沬之北""沬之东"如何如何，皆是就朝歌附近而言。⑦《周礼·地官司徒》载："大司徒之职，掌建邦之土地之图与其人民之数，以佐王安扰邦国。以天下土地之图，周知九州之地域广轮之数。"⑧按照《周礼》的记载，地官司徒有不同类别，如大司徒、小司徒、乡师、族师、鄙师等。大司徒掌管的是全国的地理形制、

---

① 陈梦家：《殷虚卜辞综述》，中华书局1988年版，第322页。

② 李学勤主编：《十三经注疏·周礼注疏》，北京大学出版社1999年版，第28页。

③〔汉〕班固：《汉书》，中华书局1962年版，第1554页。

④ 李学勤主编：《清华大学藏战国竹简（贰）》，中西书局2011年版，第144页。

⑤《周礼·地官·司徒》："凡造都鄙，制其地域而封沟之，以其室数制之。"参见李学勤主编：《十三经注疏·周礼注疏》，北京大学出版社1999年版，第257页。

⑥〔汉〕孔安国传，〔唐〕孔颖达正义：《尚书正义》，上海古籍出版社2007年版，第549页。

⑦ 孔颖达《毛诗正义》曰："《酒诰》注云：'沬邦，纣之都所处也。'于《诗》国属鄘，故其风有'沬之乡'，则'沬之北''沬之东'，朝歌也。"参见李学勤主编：《十三经注疏·毛诗正义》，北京大学出版社1999年版，第192页。

⑧ 李学勤主编：《十三经注疏·周礼注疏》，北京大学出版社1999年版，第241页。

天下土地之图，而边境地区的政事、祭祀与民众，则由鄙师管理。[①]"沬"指沬邑，沬司徒熟悉沬邑（或沬邦）的地理形制与人口，负责征调沬地百姓参与城邑建设。沬司徒既然参与"鄙于卫"之事，则说明该军事城邑的修建地点应在沬邑（或朝歌）附近，而不可能是边境。

其三，从殷、周战争的主要矛盾及迫切形势看，"鄙"应指都（朝歌）鄙。沬司徒𨒅簋铭文曰："王来伐商邑，征（诞）令康侯啚（鄙）于卫。"[②]"王来伐商邑"，是指周公二次东征。二次东征之时，武庚无疑是主要的敌人。商朝末年，安阳只是殷商名义上的都城，朝歌才是真正意义上的政治中心。二次东征时，武庚居住在朝歌，因此双方攻防的重点是朝歌城。康叔在朝歌附近修建军事城邑，以武力强行稳定朝歌的局势，而朝歌的安定，就意味着商邑大部分地区的安定。

《史记·三王世家》记载了"康叔后扞禄父之难"[③]，三监之乱爆发后，康叔协助周公平定了武庚之乱。可见，只有"鄙于卫"、在朝歌附近地区驻守，康叔才能有效配合周公正面战场的进攻。从当时殷、周军事斗争的主要矛盾及战争形势看，朝歌及居住在其附近的殷顽民是双方争夺、控制的重点，康叔是平定武庚之乱的重要参与者，在你死我活的军事斗争中，周公派康叔戍守边境的可能性很小。笔者认为，"啚（鄙）于卫"不是指戍守卫国边境，而是指控制商朝的政治中心朝歌，指康叔在朝歌附近地区修建城邑并驻军。[④]

《墨子·明鬼下》云："且惟昔者虞夏商周三代之圣王，其始建国营都日，

①《周礼·地官司徒》："鄙师，各掌其鄙之政令、祭祀。凡作民，则掌其戒令。以时数其众庶，而察其媺恶而诛赏。岁终，则会其鄙之政而致事。"参见李学勤主编：《十三经注疏·周礼注疏》，北京大学出版社1999年版，第401页。

② 张亚初：《殷周金文集成引得》，中华书局2001年版，第71页。

③〔汉〕司马迁：《史记》，中华书局1959年版，第2108页。

④ 对照雍伯鼎铭文可知，"啚"有规划、建设之义。沬司徒铸造青铜簋必有缘由，笔者猜测，康叔当时规划、建设的城邑，或即后来的国都康丘。参见张桂光：《沬司徒疑簋及其相关问题》，《古文字研究》第二十二辑，中华书局2000年版，第69页。

必择国之正坛，置以为宗庙。"① 古代国都的位置不是随意决定的，而是精心选择的。朝歌是商朝末年的政治中心，纣王覆亡前即居住于此。据清华简《系年》可知，康侯封国的都城即康丘。周公等人之所以选择康丘而非朝歌作为首封之都，是因为朝歌城历经纣王、武庚时期的两次战乱，已十分凋敝。据清华简《系年》可知，分封康叔的主要目的是"以侯殷之余民"，故而必然要在殷人的聚居区建都。朝歌一带是殷人主要的聚居区，而康丘又邻近朝歌，于是周公便将康丘用作监控、震慑殷顽民的重要城邑②，康丘也因而有了临时国都的性质。

总而言之，沬司徒逡簋铭文简短，"卫""鄙"存在多层含义，给后人留下了很大的诠释空间，但有几个关键点应该得到重视：一是"王来伐商邑"，指周公来伐商邑。当时，武庚之乱尚未平定，不曾封建卫国，故而"鄙于卫"不能理解为"划定边界"。二是康叔曾将"朝歌"改名为"卫"，故而"卫"可代指朝歌。在清华简《系年》中，"淇卫"便指朝歌。三是"渃（沬）司徒"之"渃（沬）"，是指沬邑。沬司徒的参与，说明康叔驻军的地点离朝歌可能不远。四是二次东征之时，周人的主要目标是平定武庚之乱，而控制了朝歌便意味着控制了卫国的局势。综上，从当时战争的主要矛盾及迫切形势看，"鄙于卫"可能是指康叔在朝歌附近修建城邑并驻军。朝歌是纣王的别都，也是商朝末年的政治中心，历经纣王、武庚时期的两次战乱而残破不堪，所以周公选择康丘替代朝歌，作为临时性的都城。

第四节　西周封建方式的转进：由"续生型"到"创生型"

商邑是反抗周人统治最激烈的地区，周公推行分封制，首先分封康叔于

---

① 〔清〕孙怡让：《墨子间诂》，中华书局 2001 年版，第 235 页。
② 李学勤先生指出，朝歌之所以不是康侯初封之地的都邑，可能是因为其受到了战争的破坏，一时难以修复。参见李学勤：《由清华简〈系年〉重释沬司徒疑簋》，《中国高校社会科学》2013 年第 3 期。

卫地，把艰巨的任务交给了康叔。康叔不仅镇抚商邑，而且为东方诸侯之长，戍守成周，震慑东夷。从某种意义上说，康叔封卫之事直接关系到周人的统治是否稳定。在成王时代，康叔受封最早，封地的地理位置十分重要，其地位也较其他诸侯国国君略高一些。质言之，康叔封于卫国，是解读西周时期分封制的经典范例。本节中，我们以康丘之封为例，结合清华简《系年》及浚县辛村西周卫国宗族墓地出土文物等，进一步揭示周公封邦建国的原则与特征。

一、内服制度外服化

《尚书·酒诰》云："自成汤咸至于帝乙……越在外服，侯、甸、男、卫、邦伯；越在内服，百僚庶尹、惟亚、惟服、宗工，越百姓、里居，罔敢湎于酒。"[1] 商代施行内、外服制：王畿之内称"内服"，以商王的同姓宗族和异姓亲族为主体；王畿之外称"外服"，以与商王血缘关系较为疏远的异姓诸侯国为主体。《诗经·商颂·殷武》云："昔有成汤，自彼氐羌，莫敢不来享，莫敢不来王。"[2] 意谓商汤以武力震慑诸侯，使他们不敢不来朝拜、归附。外服是以商王为主导的异姓诸侯国的集合，是在商人强大的军事胁迫下结成的具有隶附性质的政治军事联盟。

清华简《系年》第四章云："周成王、周公既迁殷民于洛邑，乃追念夏商之亡由，旁设出宗子，以作周厚屏。"[3] 成王、周公迁殷民于洛邑之后，反思夏朝、商朝的亡国教训，认为疏远亲戚，致使宗族离心离德，在关键时刻不再全力匡扶王室，是夏、商覆亡的重要原因，故而大力分封姬姓诸侯国。《荀子·儒效》云："（周公）兼制天下，立七十一国，姬姓独居五十三人……周之子孙苟不狂惑者，莫不为天下之显诸侯。"[4] 在周公分封的七十一个封国中，姬姓贵族的封国就有五十三个，比重高达74.6%。《左传》僖公二十四年载："周之有懿德也，犹曰'莫如兄弟'，故封建之。其怀柔天下也，犹惧有外侮；

① 〔汉〕孔安国传，〔唐〕孔颖达正义：《尚书正义》，上海古籍出版社2007年版，第555页。
② 李学勤主编：《十三经注疏·毛诗正义》，北京大学出版社1999年版，第1462页。
③ 李学勤主编：《清华大学藏战国竹简（贰）》，中西书局2011年版，第144页。
④ 〔清〕王先谦：《荀子集解》，中华书局1988年版，第114—134页。

扞御侮者，莫如亲亲，故以亲屏周。"① 天子是大宗，诸侯是小宗，小宗有维护大宗的义务，而抵御外敌，莫如兄弟之亲。周公按照血缘关系的远近，分封王室宗亲，姬姓诸侯国遂成为拱卫王室的中流砥柱。

军事震慑是硬实力，宗法血缘则属于软实力。周公封建的创新之处，是以宗法血缘维系天下国家，将内服制度外服化，使宗族血缘也从内服延伸至外服，贯穿家、国、天下，上升为政治生活中的第一要素，故一国可归于一家，天下可出于一宗，周天子天下共主的地位显著强化。商代重视祭祀，商王以祭祀权作为软实力，控制着内服众臣及外服诸侯；不同于商代的统治举措，西周以宗法血缘替代祭祀权，并将之作为维系国家政权的重要支撑。由夏至商、由商至西周，彰显的是宗法血缘关系在国家政治生活层面不断延展的进程。

二、政治分化意识主导下的大规模族群迁徙

周公为肢解、分化殷商敌对势力而迁徙殷人的事迹，在传世文献中屡见不鲜，如《左传》定公四年载：

> 昔武王克商，成王定之，选建明德，以蕃屏周。故周公相王室，以尹天下，于周为睦。分鲁公以大路、大旆，夏后氏之璜，封父之繁弱，殷民六族，条氏、徐氏、萧氏、索氏、长勺氏、尾勺氏，使帅其宗氏，辑其分族，将其类丑，以法则周公。……分康叔以大路、少帛、綪茷、旃旌、大吕，殷民七族，陶氏、施氏、繁氏、锜氏、樊氏、饥氏、终葵氏。②

从中，我们可以归纳出以下几点：

其一，"族"是分封诸侯、分割殷人的基础单元。商代实行内、外服制，外服官有侯、甸、男、卫、邦伯等，内服官分太史寮与卿事寮，其下又有百僚、庶尹、亚、服、宗工等众多官职，行政管理系统已比较完备。血缘氏族是殷商社会的基础单位，有自己的领地、族众、族墓地以及自成体系的鬼神崇拜，

---

① 杨伯峻：《春秋左传注》（修订本），中华书局 2009 年版，第 425 页。
② 杨伯峻：《春秋左传注》（修订本），中华书局 2009 年版，第 1536—1538 页。

每个氏族都是一个相对独立的政治与经济实体。① 周公分派鲁国殷民六族、分派卫国殷民七族，都是以"族"为单位而不参照行政建制，说明当时血缘关系在国家建构中居于非常重要的位置，"族"作为生产、生活的基本单位，是比行政机构更为重要、更为基础的社会单元。

其二，周公对殷商族群及其军事联盟的肢解非常彻底。从地理位置上看，殷人至少被一分为四：殷民六族归入鲁国，殷民七族归入卫国，一部分殷顽民迁至成周一带，还有一部分人跟随微子启在宋国奉守殷王先祀。当然，可能还有迁徙到其他地方的。从数量上看，族群数似乎有不成文的规定，鲁国、卫国虽是当时的大国，但所分殷人也不过是六族或七族。当时，周公以族群为单位，按照血缘关系进行"分割"，商人迁徙至东西南北，彼此隔绝，迁居一地的族群数量又十分有限，故再无聚集起来反抗的能力。

其三，族群迁徙规模空前，政治分化成为当时迁徙的主要动因。历史上，商人也曾多次迁移，但那时的迁移主要是为了生存，特别是盘庚迁都之后，殷人已经习惯了定居生活。西周初年商人的迁移，是迫于政治、军事压力下的再次迁移。清华简《系年》第三章云："成王屎（继）伐商邑，杀𬸚子耿，飞廉东逃于商盖氏，成王伐商盖，杀飞廉，西迁商盖之民于邾虖，以御奴虘之戎，是秦先人。"② 周公在平定三监之乱后继续东征，征伐商盖，诛杀飞廉，将飞廉一族从今山东地区迁移至甘肃大堡子山一带，相当于将他们从当时中国的最东端迁移至最西端，路程极为遥远。康叔率领周人自镐京迁居商邑，殷民六族自商邑迁居东夷，飞廉一族自东夷迁居西陲（甘肃），殷人至少一分为四。从这些情形来看，周公分封是当时政治分化意识主导下的一次规模空前的族群大迁移。

三、政治、军事型城邑大规模涌现

诸侯国的分封，是以镐京—成周为主轴，向北、东、南三个方向展开的，由于布控的重点是殷墟、东夷故地，故而东线最为重要。沿着镐京至成周的

---

① 相关研究，参见陈絜：《商周姓氏制度研究》，商务印书馆 2007 年版，第 219 页。

② 李学勤主编：《清华大学藏战国竹简（贰）》，中西书局 2011 年版，第 141 页。

方向，自西而东，姬姓诸侯国依次是魏、焦、北虢、虞、单、邗、雍、东虢、祭、凡、共、卫、胙；再往东，便是曹、茅、鲁、滕等国。我们可以看出，与异姓诸侯国相比，姬姓诸侯国明显占据着较为重要的地位。商末周初，殷顽民是反抗周人统治的主要力量，朝歌是商人势力聚集的中心，周公将卫国分封在河、淇之间的故殷墟，邻近成周，故而卫国是上述姬姓诸侯国中战略地位尤其重要者。

商代末年，安阳只是商朝名义上的京师，其真正的政治中心却是朝歌。康丘西邻朝歌，是用来监控殷顽民的军事重镇。周公封康叔于康丘，就是西周初年周人统天下于一尊、控制殷商腹心地带的力证。康丘邻近朝歌，可用来监视殷顽民；曲阜位于泗水之畔，可用来镇压商奄之民；齐国建都营丘，后迁都临淄，管控薄姑氏之民。康丘、曲阜及营丘等，最初只是周人设置的军事据点；诸侯建国之后，这些城邑由军事重镇逐渐上升为政治中心。过去我们认为西周封邦建国，只是将姬姓诸侯国布置在战略要冲，以期拱卫王室，使王室对天下的控制得到加强，现在以康叔封于康丘为证，我们明白这种控制战略要冲的布局——大到诸侯国的封建，小到都城的选址、军事据点的修建等，都是周公等人精心谋划的结果。可以说，康丘、曲阜、临淄等一大批政治、军事型城邑的涌现，正是当时有计划、大规模的裂土封侯的产物。

四、多元融合，华夏初成

武王克商、周公东征，只是以武力强行镇压了殷人的反抗，尚无法消除殷人与周人在价值观念、典章制度和文化习俗上巨大的差异。《左传》定公四年载："分康叔以大路、少帛、綪茷、旃旌、大吕，殷民七族，陶氏、施氏、繁氏、锜氏、樊氏、饥氏、终葵氏。"[①] 可见周公建立卫国，是强行将周人与殷民七族、土著部落捆绑为一个国家共同体。清华简《系年》第四章载："（周成王、周公）乃先建卫叔封于康丘，以侯殷之余民。卫人自康丘迁于淇卫。"[②] 淇卫即朝歌，为殷民七族所居之地；康丘乃新都，为康叔所居之地。从淇卫

---

① 杨伯峻：《春秋左传注》（修订本），中华书局2009年版，第1537—1538页。
② 李学勤主编：《清华大学藏战国竹简（贰）》，中西书局2011年版，第144页。

与康丘两分的情况看，当时殷人与周人在文化习俗上仍处于两分的状态，彼此间的对立、隔膜并未真正消除。

《左传》定公四年载："命以《康诰》，而封于殷虚，皆启以商政，疆以周索。"杜预注："启，开也，居殷故地，因其风俗，开用其政，疆理土地以周法。索，法也。"[1] 周公审时度势，对殷顽民实施了一系列安抚、怀柔政策，将殷人的风俗与周人的法度有机地融为一体，允许殷贵族"帅其宗氏，辑其分族，将其类丑"，与族众一同居住，继续保留其原有的宗教信仰和社会风俗。周公担心康叔年幼，不能治理好卫国，便作《康诰》《酒诰》《梓材》三篇，反复叮嘱。《史记·卫康叔世家》载："康叔之国，既以此命，能和集其民，民大说（悦）。"[2] 康叔到达卫国之后，按照周公所授方法治理国家，得到了殷商遗民的真心拥护。于是，殷人与周人在文化习俗上开始走向融合。

河南淇县杨晋庄的西周卫国墓葬群中，共发掘中小型墓224座，其中的十余座墓葬配有腰坑，坑内以狗为殉葬品。该墓葬群的年代横跨西周早期至中期，其间尤以西周早期墓茔居多。出土兵器以戈、盾为多，且铜戈、铜戟都受到了不同程度的人为破坏，有的被折断为几截，而器身完整的也都被折弯[3]，反映出了当时的毁兵葬俗。陶鬲盘口矮足的，为商式；卷沿瘪裆的，为周式。我们知道，腰坑葬俗发源于新石器时代晚期，为商代流行的葬俗，而毁兵葬俗则是周人特有的葬俗，这两种葬俗在杨晋庄墓葬中同时呈现，且商式陶鬲与周式陶鬲又同被发掘，足证商、周文化在当地的有机融合。

从卜辞看，殷人虽征服了不少方国，但并没有将其融化为自己的邦族，因为在商代，起主导作用的是血缘，故而各氏族之间的联系并不密切。而周人则以"夏"的继承者自居，周天子分封诸侯（诸夏）至全国各地，当地土著

---

① 李学勤主编：《十三经注疏·春秋左传正义》，北京大学出版社1999年版，第1549页。
② 〔汉〕司马迁：《史记》，中华书局1959年版，第1590页。
③ 相关报道，参见温小娟：《淇县发现西周卫国墓葬群》，《河南日报》，2017年7月16日，第3版。

便以"诸夏"为核心,形成了大小不等的国(邦)族团体。生活的混居、往来的频繁、国(邦)族内部同质因素的增长、宗教信仰与价值观念的趋同,为华夏民族、华夏国家的产生与出现创造了条件。在这种意义上说,华夏民族与华夏国家的最终形成,与周初的封建制度有着不可分割的紧密关联。[①]

分土建国,夏、商两代已有之,并非周朝首创。夏朝属松散的邦国联盟,商朝内服以同姓诸侯国为主,外服以异姓诸侯国为主,但当时的诸侯国尚为相对独立的政治、军事实体,故被学界称作"原生型"封建。周武王灭商之后,虽设立了三监,但武庚依然是商邑之主,殷人的族群结构与国家系统并未在根本上发生改变[②],所以学界将之称作"续生型"封建[③]。西周真正意义上的分封,始于周公。[④] 周公"封建"的突出特色是"泛血缘化",将商代以异姓诸侯国为主体的诸侯国联盟变为西周以同姓诸侯国为主体的宗法诸侯国联盟,以宗法血缘为纽带,强化了周天子"天下共主"的地位。以授民、授疆土为依托,整合原有的族群结构,建立新型宗族国家,是周公对武王分封方式最为重要的突破,因而学界称之为"创生型"封建。康叔封卫,发生在周公二次东征之后,拉开了西周由"续生型"封建向"创生型"封建转进的序幕,其后成王、康王的分封,皆遵循周公所创立的原则与范式。

综上所述,康叔在周成王时期首次受封,在武王时期并未受封。"康叔""康侯""康诰"之"康"皆源自"康丘",与采邑并无关联,故而将康叔之"康"理解为谥号或畿内采邑,皆存在不同程度的误读。康叔封称"康侯",

·140·

---

① 沈长云:《论殷周之际的社会变革——为王国维诞辰120周年及逝世70周年而作》,《历史研究》1997年第6期。

② 武王对黄帝之后、尧之后等的褒封,也是如此。

③ 由于平定东夷一事发生在周公二次东征之后,所以鲁、齐、燕等国的分封是在成王时期,而非《史记·周本纪》中所说的武王时期。

④ 杨朝明、游唤民等学者已有类似说法。参见杨朝明:《周公事迹研究》,中州古籍出版社2002年版,第150—151页;游唤民:《周公大传》,湖南人民出版社2008年版,第172页。

其子髦称"康伯"，皆以"康"为号，但其后卫国国君俱不再以"康"为号，说明卫人自康丘迁居淇卫（朝歌）的时间，当在第三代卫君考伯以后的某个时期。从人物称谓产生的先后次序看，"康侯（叔）"先而"卫叔"后，其间原因可能与卫国都城的变迁有关。河南浚县辛村有卫国王室墓地，其周遭则是如杨晋庄那样的大量同时期中小型墓葬，这种众星拱月式的墓葬格局，暗示着康丘可能在今河南的浚县、淇县一带，在辛村墓地附近，而非远离朝歌的禹州或汝州。

沬司徒熟悉沬邑一带的地理形制与人口，并负责征调沬地百姓"鄙于卫"；康叔之时，"朝歌"更名为"卫"；周公伐武庚的时候，双方攻防的重点是朝歌。由此，笔者怀疑"鄙于卫"并不意味着戍守卫国边境，而是指康叔在朝歌附近的地区修建军事城邑。周公之所以选择康丘而非朝歌作为国都，或许与朝歌曾历经纣王、武庚时期的两次兵火，已变得破败不堪有关。内服制度外服化，以政治为主要动因的族群大规模迁移，大量政治、军事型城市出现，国（邦）族融合，华夏民族与华夏国家初步形成……这些都彰显了由周武王"续生型"到周公"创生型"封建范式的转进。华夏民族的融合，早在夏、商时代便已开启，而西周初年分封制的推行，则从制度设计层面加速了华夏民族文化基因的塑构。

（本章内容最初发表于《史学月刊》2019年第2期，收入本书时略有改动）

第八章　清华简《系年》与共伯和"干王位"考

司马迁编订《史记·十二诸侯年表》，以共和元年为开端。共和元年，是我国历史上有确切纪年的开始，在中国年代学上具有极为重要的意义。"共和行政"是西周由盛而衰的重要转捩点，但由于资料匮乏，很多相关学术问题并未得到解决，如参加"国人暴动"的是哪些人？是共伯和干王位，还是召公、周公二相行政？卫武公与共伯和是否为一人？ 2011 年，清华简《系年》整理出版，其第一章中"共伯和立"的记载，可与《竹书纪年》等文献相互发明，为我们重新梳理"共伯和干王位"这一学术公案提供了新的线索。本章即以此为中心展开考察，不当之处，敬请方家批评指正。

第一节　共伯和摄政的真相

共和时期的执政者是谁，学术界众说纷纭，归纳起来，主要有以下几种说法：

一是周公、召公共同执政。《史记·周本纪》记载："召公、周公二相行政，号曰'共和'。"①司马迁认为厉王出逃之后，国家大政掌握在召公、周公手中。司马贞为《史记·十二诸侯年表》作索隐云："宣王少，周、召二公共相王室，故曰共和。"②所谓"共和"，是指召公、周公联合执政，共同治理国家。由于司马迁及《史记》的崇高地位，此说在学界影响非常深远，杜预、孔颖达、崔述等人皆赞成此说。

二是共伯和摄政。古本《竹书纪年》云："共伯和即干王位。"（《庄子·让王》释文）③司马贞也在《史记索隐》中说："共，国；伯，爵；和，其名；干，篡也。言共伯摄王政，故云'干王位'也。"④古本《竹书纪年》与《史记》不同，它明确主张共伯和摄政，篡天子之位。与之相似的记载，亦见于《鲁连子》，其文曰："周厉王无道，国人作难，王奔于彘，诸侯奉和以行天子事，号曰'共和'元年。"⑤古本《竹书纪年》与《鲁连子》的记载说明，"共和"源于共伯和摄政之事，是共伯和的年号。支持此种说法的，有颜师古、郦道元、梁玉绳等人。

《史记·三代世表》云："厉王胡以恶闻过乱，出奔，遂死于彘。""共和，二伯行政。"⑥在《三代世表》中，司马迁认为执政的是"二伯"，明确地将共伯和排斥在执政者之外。范文澜坚决否定共伯和摄行王事的观点，他说："在嫡长继承制极端严格的周朝（春秋时期，世卿权重，还不敢干诸侯之位，何况西周，侯国世子岂能干王位），可断言必无其事。……战国游士捕风捉影，随意附会，如《庄子》……信口说来，不负责任，《竹书纪年》却误信寓言为真事，后人又误信《纪年》的误记为真史，一误再误。"⑦西周的嫡长子继承制严分等级，故而共伯和以诸侯身份摄天子之事严重违背了礼制。范先生以此

---

① 〔汉〕司马迁：《史记》，中华书局1959年版，第144页。

② 〔汉〕司马迁：《史记》，中华书局1959年版，第513页。

③ 方诗铭、王修龄：《古本竹书纪年辑证》，上海古籍出版社1981年版，第55页。

④ 〔汉〕司马迁：《史记》，中华书局1959年版，第144页。

⑤ 〔汉〕司马迁：《史记》，中华书局1959年版，第144页。

⑥ 〔汉〕司马迁：《史记》，中华书局1959年版，第503—504页。

⑦ 范文澜：《中国通史》第一册，人民出版社1978年版，第95页。

出发，怀疑《竹书纪年》的作者误信《庄子》之说，所记不可信。斯维至强调："自（公元）前841年厉王被逐出国之后，到（公元）前828年14年中，没有国王，而由周公、召公两相行政，史谓'共和行政'。"① 他信从《史记》之说，将"共和行政"理解为贵族民主政治，极力否定古本《竹书纪年》中"共伯和干王位"的说法。

西晋束皙云："幽（厉）王既亡，有共伯和者摄行天子事，非二相共和也。"② 束皙见过《竹书纪年》，他明确表示"共和行政"并非周、召二公联合秉政。《竹书纪年》的说法也见诸《吕氏春秋》等先秦文献，顾颉刚曾明确表示，从《史记》不如从《纪年》。③

三是以共伯和为首的"三公"联合执政。在《汉书·地理志》"河内郡"下，颜师古注引孟康之语曰："共伯入为三公者也。"④ 共伯和加上周、召二公，恰足西周三公之数。童教英等学者以此为说，主张共伯和在特殊情况下摄行王政，与春秋时期"宋襄公被执，执政子鱼摄宋；鲁昭公出奔，执政季孙氏摄鲁"一样。"共和行政"意谓为首的共伯和与周公、召公两人共同行政。⑤ 张政烺认为，"共和行政"是指厉王失位后，诸侯会议代行王政。⑥

鉴于三公联合执政是西周常见的职官运作模式，故而共伯和"入为三公"之说似有其可取之处。但我们知道，三公分掌国政并统于天子，天子才处于政治权力的中心位置；而别国诸侯入仕王朝为公虽是常有之事，但前提是必

---

① 斯维至：《陕西通史》（西周卷），陕西师范大学出版社1997年版，第182页。

②〔唐〕房玄龄等：《晋书》，中华书局1974年版，第1432页。

③ 顾颉刚：《史林杂识初编》，中华书局1963年版，第204页。

④〔汉〕班固：《汉书》，中华书局1962年版，第1554页。

⑤《丰镐考信录》卷七："人君在外，大臣代之出政，常也。襄公之执，子鱼摄宋；昭公之奔，季孙摄鲁。厉王既出，周、召共摄周政，事固当然，不足异也。"童先生的说法，与清儒崔述有些近似。参见崔述：《丰镐考信录》，顾颉刚编订《崔东壁遗书》，上海古籍出版社2013年版，第237页；童教英：《"共和行政"考索》，《浙江大学学报（社会科学版）》1991年第2期。

⑥ 张政烺：《古史讲义》，中华书局2012年版，第261页。

须得到天子的册命。"共和行政"与三公之制的不同，在于周厉王已经出逃，不在镐京，王权呈现出"真空"状态，故而共伯和入朝主政，显然没有得到厉王的允许。当时，周公、召公得不到"国人"的信任，共伯和在诸侯的拥护下入主镐京，那么这一局面便不再是"三公联合执政"这么简单了。

子鱼、季孙摄政，都没有更改年号。"诸侯奉和以行天子事"，可共伯和则不再使用厉王年号，而以"共和"为年号，明显有"干王位"之嫌。《史记正义》引用《鲁连子》的说法："十四年，厉王死于彘，共伯使诸侯奉王子靖为宣王，而共伯复归国于卫也。"[1] 如果只是位列三公，那么宣王即位后，共伯和继续辅政就是了，为何还要"归国于卫"，主动离开？显然，"共伯入为三公"说不可信。

四是周、召二公行政与诸侯干王位并存。郭霞认为国人暴动后，宗周已非周王的王都，而是被共伯和或其他诸侯控制了。召穆公等一班周朝旧臣逃出宗周，在成周利用王子靖的名义召集姬姓诸侯，为周宣王登上王位奠定了基础。[2] 宗周、成周分两地而治，各自为政，厉王与共伯和各控制一方。郭女士之说，没有文献支撑，臆想成分较多，可信度不高。

清华简《系年》所记共伯和之事，为考察"共和行政"提供了新的视角。陶兴华依据《系年》等文献，强调共伯和具有类似于周王的地位和权势，曾一度掌控王政大权，但也仅是摄行王政，并未僭越称王。[3] 其说值得商榷的原因，在于未对清华简《系年》中的"立"字进行充分的文本解读。清华简《系年》第一章云："至于厉王，厉王大虐于周，卿李（士）、诸正、万民弗刃（忍）于厥心，乃归厉王于彘，共伯和立。"[4]《系年》中，"立"字出现了35次，略

① 〔汉〕司马迁：《史记》，中华书局1959年版，第144页。

② 郭霞：《西周共和行政新探》，《郑州大学学报（哲学社会科学版）》2009年第2期。

③ 李西兴曾先提出此类观点，但依据的不是《系年》。参见李西兴：《"共和"新探》，《人文杂志》1984年第2期；陶兴华：《摄政未必便称王 当国未必是僭越——从出土文献看共伯和摄政称王问题》，《西北师大学报（社会科学版）》2013年第5期。

④ 李学勤主编：《清华大学藏战国竹简（贰）》，中西书局2011年版，第136页。

举例句如下：

  1. 宣王是始弃帝籍弗畋，立卅又九年，戎乃大败周师于千亩。

  2. 幽王及伯盘乃灭，周乃亡。邦君诸正乃立幽王之弟余臣于虢，是携惠王。

  3. 晋文侯乃逆平王于少鄂，立之于京师。

  4. 庄公即世，昭公即位。其大夫高之渠弥杀昭公而立其弟子眉寿。^①

  周幽王去世，邦君、诸正拥立余臣；晋文侯杀携王，立周平王。在《系年》中，所有的"立"字皆为"称王、在位"之义。《系年》说宣王"立卅又九年"，意谓宣王在天子之位三十九年，而此条正与"共伯和立"同章，因此《系年》第一章"共伯和立"，明显是指共伯和践天子之位。^②《史记·周本纪》索隐引《汲冢纪年》云："共伯和干王位。"干，篡也。《左传》昭公二十六年载："诸侯释位，以间王政。"厉王出奔之后，去其位、摄行天子事的是"诸侯国君"，而不是像周、召二公这样的王朝卿士，因此《左传》说"诸侯释位"，实际上是间接否定了《史记·周本纪》"召、周二公联合执政"的说法。^③《系年》《竹书纪年》从正面说"共伯和干王位"，《左传》从侧面说"诸侯间王政"，这些材料相互印证，"共伯和摄政称王"之说遂成为有凭有据的学术定谳。

  《庄子·让王》《吕氏春秋·开春论》《鲁连子》等文献，皆支持"共伯和干王位"的说法，其成书年代亦在《史记》之前。但《庄子》多寓言故事，《吕氏春秋》《鲁连子》为战国士人游说驰骋之辞，故而"共伯和干王位"的说法一直被学界质疑。清华简《系年》中的"共伯和立"，一句千金，成为共伯和僭居王位的铁证。

---

① 李学勤主编：《清华大学藏战国竹简（贰）》，中西书局2011年版，第136—138页。

②《太平御览》卷八七九引《史记》云："共和十四年，大旱，火焚其屋，伯和篡位立，故有大旱。其年，周厉王奔彘而死，立宣王。"《史记》无此文，但《太平御览》所引"伯和篡位立"当另有较早来源。"篡位立"一语，正与清华简《系年》中的"共伯和立"相呼应。

③ 参见王玉哲：《中华远古史》，上海人民出版社2000年版，第724—725页。

西周时期，施行国、野分立制度，在王都及其周边地区生活的士、农、工、商被称为"国人"。国人暴动是共和行政的主要起因，但对于参与暴乱的人员的身份，学界却有不同的说法：

一是平民。郭沫若认为国人即"铭文中的邦人"[①]；范文澜认为国人是居住在大邑的工商业者[②]；赵世超则认为国人的主体是士[③]。清华简《系年》第一章说："至于厉王，厉王大虐于周，卿秊（士）、诸正、万民弗刃（忍）于厥心。"[④]学者纠结于作乱的究竟是士，还是工商业者，但从清华简《系年》中的"万民"看，国人应涵盖士、农、工、商，而不局限于某一类人。

二是贵族。何凡、郝铁川认为国人暴动是贵族与王室之间争权夺利的一场内乱。[⑤]杨东晨等人认为，国人暴动是共伯和、召公虎、周定公、芮伯、凡伯等王室改良派大臣，利用民众的愤怒情绪，精心策划的结果。[⑥]《史记·十二诸侯年表》云："及至厉王，以恶闻其过，公卿惧诛而祸作，厉王遂奔于彘，乱自京师始。"[⑦]周厉王暴力止谤，公卿因畏惧获罪被诛而参与彘之乱。将清华简《系年》第一章与《史记·十二诸侯年表》相互比照，可知参与暴动者虽号称"国人"，但卿士（公卿）亦杂厕其中。不过，虽然清华简《系年》称卿士参与了暴乱，但周、召二公并未参与其中。据《史记·周本纪》可知，国人为了诛杀太子靖，便围攻召公之家，使召公不得不让自己的儿子代替太子受诛，这说明动乱已远远超出召公的掌控范围。因此，学者将周、召二公视为发动暴乱的主谋，将厉王被逐定性为一次宫廷政变[⑧]，这一说法并

---

① 郭沫若主编：《中国史稿》第一册，人民出版社1976年版，第285—287页。

② 范文澜：《中国通史》第一册，人民出版社1978年版，第94页。

③ 赵世超：《瓦缶集》，人民出版社2003年版，第170页。

④ 李学勤主编：《清华大学藏战国竹简（贰）》，中西书局2011年版，第136页。

⑤ 何凡：《"国人暴动"性质辨析》，《人文杂志》1983年第5期；郝铁川：《西周的"国人"与"彘之乱"》，《河南师大学报（社会科学版）》1984年第1期。

⑥ 杨东晨、杨建国：《西周晚期"国人暴动"新论》，《学术月刊》2002年第10期。

⑦〔汉〕司马迁：《史记》，中华书局1959年版，第509页。

⑧ 赵光贤：《西周金文年代辨证》，《中华文史论丛》第四十八辑，上海古籍出版社1991年版，第124页。

不可信。

当时推翻厉王统治的有三类人：卿季（士）、诸正、万民。卿士指执政的王朝大臣；诸正是中低阶层的各级官员；万民则指士、农、工、商等基层民众，属于国人的范畴。周厉王倒行逆施，"专利""止谤"，导致"国人"离心离德。过去学界或强调国人暴动的参加者是平民，或认定国人暴动是卿士的精心谋划，但现在由清华简《系年》可知，处于中间阶层的各级官吏也参与其中。当时社会上的各阶层人士皆参与了彘之乱，故而在某种意义上说，国人暴动具有"全民"性。

西周军事力量强大，见诸文献记载的有"西六师""成周八师"等，那么，为何"国人暴动"发生后，西周王朝的军队没有及时镇压？清华简《系年》云"卿季（士）、诸正、万民弗刃（忍）于厥心，乃归厉王于彘"，《史记·十二诸侯年表》说"公卿惧诛而祸作"，可见国人暴动的主体是平民，但领导者则是朝廷卿士。由于"诸正"是包括军队武官在内的中下层官吏，并在卿士的带领下也参与了暴动，所以国人暴动没有遭到"西六师"等西周军事力量的镇压。"归厉王"之"归"，整理者训为"不反之称"①，更直白的解释就是"流放"。《史记·晋世家》载"厉王出奔于彘"②，说周厉王自己主动出逃，是不准确的，《国语·周语上》中所说的"王流于彘"③，才是真实的情形。正因为卿士、诸正参与了流放厉王的暴动，厉王才在彘待了十四年，既没有机会复辟，也没有人勤王。

暴乱发生后，卿士、诸侯国国君推举共伯和践祚，掌握了形势发展的主导权。王红亮认为，周公、召公代表畿内诸侯势力，共伯和代表畿外诸侯势力，所谓"共和行政"，本质上是内、外诸侯争夺王权的一次较量。④"乱自

① 李学勤主编：《清华大学藏战国竹简（贰）》，中西书局2011年版，第137页。

② 〔汉〕司马迁：《史记》，中华书局1959年版，第1637页。

③ 徐元诰：《国语集解》，中华书局2002年版，第14页。

④ 王红亮：《由清华简〈系年〉论"共和行政"的相关问题》，《史学史研究》2016年第3期。

京师始"，当时畿内不少卿士亦参与了暴乱，反对厉王，故而不能简单地说畿内卿士是一派、畿外诸侯是一派。由于当时情况复杂，而我们所见的材料十分有限，所以我们只能笼统地说畿内、畿外的各阶层人士联合起来，赶走了周厉王，以共伯和践祚称王的方式，实现了对厉王暴政的拨乱反正。国人虽反对厉王，但不反对周公、召公；周、召二公虽力保太子靖，但也不满厉王的暴政。双方博弈的结果是：厉王被流放，共伯和摄行天子事，周、召二公继续做朝廷的卿士。

宣王即位，究竟是共伯和主动让位，还是周公、召公谋划逼迫共伯和让位，史书中有不同的说法。《史记·周本纪》载："太子静（靖）长于召公家，二相乃共立之为王，是为宣王。"[1] 由此可知，宣王之立，乃召公、周公之力。《鲁连子》载："十四年，厉王死于彘，共伯使诸侯奉王子靖为宣王，而共伯复归国于卫也。"[2] 意谓共伯和主动让位，立宣王为王。召公冒死以自己之子易太子靖，此事除召公、周公之外，他人皆不知晓。共伯和也认为太子靖是召公之子，他怎么可能立"召公之子"为王呢？笔者认为，相较于《鲁连子》中"共伯使诸侯奉王子靖为宣王"的说法，《史记》中周公、召公谋立宣王，逼迫共伯和退位的记载似乎更可信。

周德虽衰，天命未改，当时的国人虽然怨恨周厉王，但无意于彻底推翻周王朝。共和十四年，随着厉王的去世，国人愤怒的情绪也逐渐消解。今本《竹书纪年》载："大旱既久，庐舍俱焚，会汾王崩，卜于大阳，兆曰厉王为祟。周公、召公乃立太子靖，共和遂归国。"[3] 适逢连续五年的大旱，周公、召公作为拥戴周王室的重臣，借用巫术，以"厉王为祟"作幌子，设计逼迫共伯和退位。《庄子·让王》成玄英疏："共伯，名和，周王之孙也，怀道抱德，食封于共。厉王之难，天子旷绝，诸侯知共伯贤，请立为王，共伯不听，辞不获

① 〔汉〕司马迁：《史记》，中华书局1959年版，第144页。

② 〔汉〕司马迁：《史记》，中华书局1959年版，第144页。

③ 王国维：《今本竹书纪年疏证》，参见方诗铭、王修龄：《古本竹书纪年辑证》，上海古籍出版社1981年版，第253页。

免，遂即王位。"① 正是因为共伯和德行出众、声闻天下，所以诸侯推举他为天子。共伯和性情淡薄，起初并不同意代行天子事，但厉王被逐、太子靖已"死"，他不摄政，周王朝必将生乱，故只得服从众人意愿，践天子之位。共和十四年，周公、召公欲立宣王，便利用巫术，向共伯和施加压力，共伯和本无篡权之心，又获知在召公家长大的孩子竟然是厉王之子，自然主动放弃"干政"，让出王位。《史记·周本纪》突出了召公之谋，《鲁连子》彰显了共伯和之仁，但实际情况则是二公、共伯和、国人三股政治力量互相妥协，最终实现了西周王权的和平交接。

第二节　共和年号及改元的真相

　　共伯和在摄政行天子事之后，有没有改元？有没有实行独立的共和纪年？这是共和行政中不可回避的重要问题。周晓陆等学者依据西周金文没有"唯共和某年"字样、战国简帛中也找不到"共和纪年"的蛛丝马迹，怀疑中国历史上根本就没有"共和纪年"。② 共和年号，来自共伯和之名③，不是因二公联合执政才称"共和"的。清华简《系年》云："卿李（士）、诸正、万民弗刃（忍）于厥心，乃归厉王于彘，共伯和立。"④ 称共伯和"立"，摄政称王，与共和年号的含义契合。《史记·周本纪》载："召公、周公二相行政，号曰'共和'。"⑤ 司马迁明确说当时已废除了厉王年号，采用共和年号。共和年号见于《史记·周本纪》与《史记·齐太公世家》，共和纪年见于古本《竹书纪年》与《鲁连子》。共和年号（或纪年）在多种传世典籍中互见，其含义与清华简

① 〔清〕郭庆藩：《庄子集释》，中华书局1961年版，第983页。

② 周晓陆：《〈徕盘〉读笺》，《北京师范大学学报（社会科学版）》2003年第5期；陆星原：《卜辞月相与商代王年》，上海社会科学院出版社2014年版，第141—145页。

③ 苏辙《古史》卷五云："共伯和者，时之贤诸侯也，诸侯皆往宗焉。因以名其年，谓之'共和'。"参见曾枣庄、舒大刚主编：《三苏全书》第三册，语文出版社2001年版，第388页。

④ 李学勤主编：《清华大学藏战国竹简（贰）》，中西书局2011年版，第136页。

⑤ 〔汉〕司马迁：《史记》，中华书局1959年版，第144页。

《系年》中的暗合，所以我们不能单纯因为未见到相关的出土文献，便认为"共和"年号不存在。

那么，在西周金文中，为何没有"共和纪年"的痕迹呢？我们以逨盘为例。逨曰："雩朕皇考龚叔，穆穆趩趩，龢询于政，明济于德，享佐厉王。逨肇缵朕皇祖考服，虔夙夕，敬朕死事，肆天子多赐逨休，天子其万年无疆，耆黄耇，保奠周邦，谏辟（乂）四方。"[①] 按照嫡长子继承制，厉王居彘之后，应该让太子靖（宣王）即位，故共伯和摄行天子之事严重违背了西周礼制。宣王是天子，逨是宣王之臣，所以逨在接受宣王赏赐的公开场合，在诸位大臣面对面的朝仪中，肯定会对共伯和即位之事讳莫如深，甚至不敢讲厉王的暴政，只是委婉地说自己的父亲尽心辅佐厉王。青铜器的所有者多是王室或贵族后裔，故青铜器上的铭文多是颂扬天子的文治武功，但共和行政揭示的是周厉王的暴虐、臣子的僭越及宗法制的颠覆，所以自然没有人会将这段历史铸为铭文。"共和"年号本是客观存在的，而西周铭文将其纳入周厉王纪年，属于变通的做法，为的是遮掩这段"不光彩"的历史。

有的学者或许会追问：在共和年间铸造的铜器该如何纪年呢？笔者认为，共和年间的青铜器采用共和纪年法的可能性较大，但问题出在继任天子周宣王身上——宣王不允许它们流传于后世。西周严格施行嫡长子继承制，正统观念极强，如果保留了体现共和纪年的青铜器，就相当于承认了共伯和的正统地位，进而威胁到宣王统治地位的合法性，这是宣王绝对不能接受的。逨盘是典型的宣王时代的青铜器，其铭文记述了西周的十二位天子，明确将共伯和排斥在外。就目前考古发掘的情况看，体现共和纪年的青铜器一件也没有，这就说明宣王及其继任者可能有意销毁了体现共和纪年的青铜器甚至部分官方史书与档案，以此遮掩共伯和摄行天子之事的真实历史。

[①] 释文有改动，参见陕西省考古研究所等：《陕西眉县杨家村西周青铜器窖藏发掘简报》，《文物》2003 年第 6 期。

"夏商周断代工程"专家组将共和纪年与厉王、宣王纪年分开单列①；王占奎不相信《史记·周本纪》的"共和十四年"之说，将宣王纪年自共和元年算起②；苏建洲支持夏商周断代工程之说，认为宣王纪年与共和元年无关③。历史的真相是一回事，但后人的理解、记录又是另外一回事，如今本《竹书纪年》将周公七年纳入成王纪年、将共和十四年纳入厉王纪年的做法，就应引起重视——西周纪年只计王年，不计诸侯之年。较之宣王，共伯和并非正统嫡传，所以他的即位是对西周盛行的嫡长子继承制的莫大僭越。共伯和虽然"干王位"，行天子之事，但站在正统、宗法的立场上，他只是"伯"（诸侯），并非真正的"王"。共和年号确实存在过，但共伯和的退位时间与厉王的离世时间基本吻合，为维护西周王室一脉相传的正统，周人采取了变通的做法，有意将共和十四年纳入厉王纪年之中。所以，我们既不能被青铜器铭文的假象迷惑，以为当时没有共和年号，又要遵从西周以来铭文中业已形成的习惯，将共和十四年并入厉王纪年，而不是与厉王纪年分列。

共和年号的存在，说明共伯和确实一度改元，至于改元的具体时间，"夏商周断代工程"专家组认为厉王奔彘与共和元年是同一年，即赞成当年改元说。叶正渤对此提出批评，他说两周天子死后第二年，嗣子才正式即位，改元不符合西周的宗法礼制；共伯和、召穆公是辅政大臣，不是国君，根本不存在改元问题。④清华简《系年》既说共伯和"立"，践天子之位，则以共伯和不是国君来否定改元的观点，已不能成立。厉王被流放、共伯和即位本身并非正常的父死子继，因此不能按照常规的礼制来推算改元的时间。

在《史记》中，共和这一年号有十四年与十五年两说。《史记·鲁周公

---

① 夏商周断代工程专家组：《夏商周断代工程1996—2000年阶段成果报告·简本》，世界图书出版公司2000年版，第88页。

② 王占奎：《周宣王纪年与晋献侯墓考辨》，《中国文物报》，1996年7月7日，第3版。

③ 苏建洲等：《清华二〈系年〉集解》，万卷楼图书股份有限公司2013年版，第29页。

④ 叶正渤：《共和行政及若干铜器铭文的考察》，《纪念徐中舒先生诞辰110周年国际学术研讨会论文集》，巴蜀书社2010年版，第162—163页。

世家》载："（鲁）真公十四年，周厉王无道，出奔彘，共和行政。二十九年，周宣王即位。"①《鲁周公世家》《卫康叔世家》《晋世家》皆持共和十五年之说，而《十二诸侯年表》《周本纪》则持共和十四年之说。清华简《系年》云："十又四年，厉王生宣王，宣王即位，共伯和归于宋〈宗〉。"②清华简《系年》记载共和十四年宣王即位，与《十二诸侯年表》《周本纪》相合，可知《鲁周公世家》等文献中的共和十五年之说为非。既然《十二诸侯年表》所记可信，且其又称公元前841年为"共和元年"，那么共伯和即位当年改元的可能性更大一些。就当时的情形看，国人杀厉王未遂，怒而杀其"子"，可见他们对厉王的憎恶不可遏制。因此在厉王出奔后，周王室继续保留其年号的可能性也不大。

综上，"共和"源于共伯和之名，而不是指周、召二公联合执政。清华简《系年》说共伯和"立"，与"共和"年号的含义暗合。共和年号见于《史记·周本纪》《史记·齐太公世家》，共和纪年见于古本《竹书纪年》与《鲁连子》。速盘上的铭文罗列了西周的十二位天子，明确地将共伯和排斥在天子谱系之外。出于宗法制度与正统观念，西周统治者可能是有意销毁了带有共和纪年铭文的青铜器，故而我们不能因为找不到相关的青铜器铭文，便认定共和年号（或纪年）不存在。西周纪年只记王年，不记诸侯之年，共伯和的身份毕竟为诸侯，他的即位违背了当时的嫡长子继承制，所以周人站在宗法制的立场上，维护王室正统，特意将共和纪年归入厉王纪年。《史记》中的《鲁周公世家》《卫康叔世家》《晋世家》持共和十五年之说，而《十二诸侯年表》《周本纪》持共和十四年之说，但既然清华简《系年》记载共和十四年宣王即位，那么《十二诸侯年表》《周本纪》的说法可能是正确的。《十二诸侯年表》以公元前841年为共和元年，则共伯和即位当年改元的说法似乎更为可信。

---

① 〔汉〕司马迁：《史记》，中华书局1959年版，第1526页。
② 李学勤主编：《清华大学藏战国竹简（贰）》，中西书局2011年版，第136页。

第三节　《系年》与共伯和身份的考察

关于共伯和的身份，学界主要有以下几种观点：

一是周公的后嗣凡伯。清代学者魏源说：

> 共地后入于卫，故《鲁连》以归卫为言。而杜预谓共县东南有凡城，《郡县志》共有汎亭，即《雅》诗凡伯之国，则共地即凡国。古者多以所都名国，故殷与商并称，唐与晋并称，以及梁魏、韩郑皆然。凡之即共，亦犹是已。凡、蒋、邢、茅、胙、祭，皆周公之胤，而凡伯《板》诗作于厉王时，已称"老夫灌灌"，则其年必长于周、召二公，故二公从民望而推之，以亲贤镇抚海内。其后归老于凡，并释侯位不居，而老于共山之首，故天下皆以共伯称焉。犹厉王终于汾上，谓之汾王，以见其失王位。此称共伯，则表其并辞侯位也。①

魏源认为共伯和被称为凡伯的原因：一是凡城在共县东南，两者同属一地。二是《板》诗作于厉王时，可证凡伯与厉王是同时代人，年长于周、召二公，德高望重。三是凡伯在共山之首去世，故称"共伯和"。晁福林、杨东晨等学者提出否定性意见，主要证据是凡伯与共伯和的人名、国名皆不同，凡伯之名非"和"。②笔者认为，晁、杨两先生之说可从。

二是金文中的伯龢父。"伯龢父"见于师㝅簋（《殷周金文集成》4311），"师龢父"见于元年师兑簋（《殷周金文集成》4274）等器，"司马共"见于谏簋（《殷周金文集成》4285）。郭沫若、杨树达、晁福林等学者认为此三人为同一人，即共伯和。其中，杨树达的论证最为有力，其证据如下：一是伯龢父称"若曰"，与周王身份相符；二是伯龢父自称"小子"，与《尚书·君奭》中的周公相类；三是铭文首记命辞，次记赐物，末记扬休制器，与其他王命

————

① 〔清〕魏源：《诗古微》，《续修四库全书》第77册，上海古籍出版社2002年版，第270页。

② 晁福林：《试论"共和行政"及其相关问题》，《中国史研究》1992年第1期；杨东晨、梅焕钧：《西周晚期"共伯和干王位"新论》，《河南大学学报（社会科学版）》2002年第4期。

臣工之器无一不同。①陈梦家、马承源等学者持反对意见，主要理由是：共伯和为诸侯，而师龢父为师氏；共伯和为卫国之君，共为国名，伯为爵称，和为其名，而伯和父又称师和父，伯为行辈之称，和父为其字。所以不好说二者为同一人。②

元年师兑簋铭文：

> 隹元年五月，初吉甲寅，王才（在）周，各（格）康庙，即立（位）。同仲右（佑）师兑，入门，立中廷。王乎内史尹册令（命）师兑：胥师龢父，司左右走（趣）马、五邑走（趣）马，赐女（汝）……（《殷周金文集成》4274）

师晨鼎铭文：

> 隹三年三月，初吉甲戌，王才周师录宫。旦，王（格）各大室，即立（位），司马共右（佑）师晨，入门，立中廷。（《殷周金文集成》2817）

谏簋铭文：

> 隹五年三月，初吉庚寅，王在周师录宫。旦，王各（格）大室，即立（位），司马共右（佑）谏，入门，立中廷。（《殷周金文集成》4285）

从这些青铜器铭文看，司马共引导师兑、谏入见王，王与司马共明显为两人。共伯和是共国国君，其担任司马之事不见于传世文献。如果事件发生在共和行政之前，则其司马的身份与传世文献中"共伯和当时为诸侯国君"的记载明显不符；如果发生在共和行政之后，那么厉王在彘而共伯和又在宗周摄政，两人根本不可能见面。国人暴动，并没有遭到军队的镇压，由清华简《系年》可知，当时的卿士、诸正也参与了国人暴动。如果共伯和当时任朝

---

① 郭沫若：《两周金文辞大系图录考释》，《郭沫若全集·考古编》第八卷，科学出版社2002年版，第245—246页；杨树达：《积微居金文说》（增订本），中华书局1997年版，第119—120页；晁福林：《伯和父诸器与"共和行政"》，《古文字研究》第二十一辑，中华书局2001年版，第174—190页。
② 陈梦家：《西周铜器断代》（上册），中华书局2004年版，第238页；马承源主编：《商周青铜器铭文选（三）》，文物出版社1988年版，第200页；杜勇、周宝宏：《金文史话》，社会科学文献出版社2011年版，第113页。

廷司马，统帅军队，最后又践祚登天子之位，那么他必然难避阴谋夺权之嫌，这与共伯和"好行仁义，诸侯贤之"的记载明显抵触。宣王即位后，共伯和归于卫，但为何宣王元年至宣王十一年，伯龢父依然在朝廷从事政治活动呢？① 不管如何解释，司马共（伯龢父）与共伯和之间的关系都方枘圆凿，难以理顺。因此笔者推测，金文中的司马共（伯龢父）不可能是共伯和。

三是金文中的"井伯"。韩巍在《西周金文世族研究》中指出，"共"是"井"之误，共伯和可能是金文中被称作"武公"的"井伯"。② 井伯的封地在关中宝鸡一带，据《鲁连子》所记共伯和归国于卫可知，其封地在卫国共邑（卫州共城县）——一个在京畿之内，一个京畿之外，地理位置相差悬殊。井伯为内服朝廷卿士，共伯和为外服诸侯。③ 鉴于以上诸多差异，我们认为"井伯为共伯和"的说法并不可信。

四是卫武公。《史记正义》引《鲁连子》云："十四年，厉王死于彘，共伯使诸侯奉王子靖为宣王，而共伯复归国于卫也。"共伯和在践天子之位之前是诸侯，让位宣王后回到卫国，自然是卫国的国君。《鲁连子》虽已亡佚，但这残存的文字是共伯和是卫武公的有力证明。清华简《系年》第一章云："十又四年，厉王生宣王，宣王即位，共伯和归于宋〈宗〉。"整理者指出，简文中的"宋"系"宗"之误，"宗"指其宗国，即卫。④《路史·发挥二》云："一十四年，天下大旱，舍屋焚，卜于太阳，兆曰：厉王为祟。召公乃立宣王。共伯还归于宗，逍遥得意于共丘山之首。"⑤ 共是卫国之别邑，卫是大地名，共是小地名。清华简《系年》中的"归于宗"与《路史》所言的"归于宗"明显对应，

① 苏建洲等：《清华二〈系年〉集解》，万卷楼图书股份有限公司 2013 年版，第 27 页。

② 韩巍：《西周金文世族研究》，北京大学 2007 年博士研究生学位论文。

③ 韩巍认为共伯和称"伯"而不称"侯"，说明他应是王朝贵族而非外服诸侯，故《左传》称共伯和为诸侯，是不明西周制度而泛称之。其说似可商榷，笔者试举两例反证：康叔的儿子称康伯，为卫国诸侯；而且不仅是《左传》，《鲁连子》《史记索隐》等文献亦称共伯和为诸侯。

④ 李学勤主编：《清华大学藏战国竹简（贰）》，中西书局 2011 年版，第 136—137 页。

⑤ 转引自〔清〕郭庆藩：《庄子集释》，中华书局 1961 年版，第 984 页。

指共伯和在退位后归于卫国，更准确地说，是回到了共邑。

《庄子·让王》云："许由娱于颍阳而共伯得［志］乎共（丘）首。"司马彪注："共伯名和，修其行，好贤人，诸侯皆以为贤。周厉王之难，天子旷绝，诸侯皆请以为天子，共伯不听，即干王位。"[1]帝尧欲禅位于许由，许由坚辞不受，以水洗耳；帝舜打算让位于善卷，善卷逃入深山。《庄子·让王》中所举的许由、善卷等人，皆是辞让王位、拒绝厚禄、志行高洁之士，而文中将"得乎共首"与"娱于颍阳"对举，亦可知"得乎共首"是指共伯和致仕赋闲，而非继续执政做国君。

由于《让王》隶属于《庄子》杂篇，故而一些学者认为其不可信。《吕氏春秋·慎人》云："共伯得乎共首。"高诱注："共，国；伯，爵也。弃其国，隐于共首山而得其志也。"[2]高诱注与《庄子·让王》相互印证，可知共伯和在舍弃天子之位后，逍遥隐居于共山之首，这与卫武公在共和行政之后继续在卫国做国君的史实明显不合。

《左传》昭公二十六年载："诸侯释位，以间王政。"杜预注："间，犹与也。去其位，与治王之政事。"[3]意谓共伯和放下卫国的国政，践天子之位，处理政事长达十四年。西周时期，卫国是东方的大国，卫国国君是诸侯之长。据《史记》中的《十二诸侯年表》与《卫康叔世家》可知，卫武公执政期间，未发生任何僭越、摄政之事。国不可一日无君，如果卫武公是共伯和，试问卫国十四年无君，国家机器如何运转？卫国自康叔立国之后，国君之位共传四十一人，在武公时期，国力最为强盛。一个国家缺失国君的十四年，反而是其最鼎盛的时期，试问这该如何解释？

学者声称卫武公为共伯和，谥号也是重要证据之一。《史记·卫康叔世家》云："共伯弟和有宠于釐侯，多予之赂；和以其赂赂士，以袭攻共伯于墓上，共伯入釐侯羡自杀。卫人因葬之釐侯旁，谥曰'共伯'，而立和为卫侯，

---

① ［清］郭庆藩：《庄子集释》，中华书局1961年版，第983页。

② ［战国］吕不韦等：《吕氏春秋》，清刊本。

③ 李学勤主编：《十三经注疏·春秋左传正义》，北京大学出版社1999年版，第1473页。

是为武公。"①王红亮认为,《史记·卫康叔世家》载卫武公名和, 共伯也名和; 卫武公之兄可称"共伯余", 则卫武公可称"共伯和"。②西周中期以后, 谥法日益严格。按照谥法, 同一时代同一诸侯国国君的谥号, 一般是不能重复的, 更别说亲兄弟的谥号。卫武公哥哥的谥号既为"共伯", 那么卫武公便不可能再以"共伯"为谥号。

卫武公为共伯和的说法, 最关键的反证就是卫武公的在位时间与共伯和不符。据《史记·卫康叔世家》记载, 卫釐侯十三年共和行政, 卫釐侯四十二年卫武公才即位。共伯和摄政时间为公元前 841 年, 卫武公即位时间为公元前 812 年, 其间间隔二十九年。彘之乱时, 卫武公尚未即位, 不是诸侯国国君, 只是诸侯庶子。对此疑窦, 学者以卫武公高寿作解释。司马贞说: "《国语》称武公年九十五矣, 犹箴诫于国, 恭恪于朝, 倚几有诵, 至于没身, 谓之叡圣。又《诗》著卫世子恭伯蚤卒, 不云被杀。若武公杀兄而立, 岂可以为训而形之于国史乎? 盖太史公采杂说而为此记耳。"③顾颉刚延续了司马贞的思路, 说卫武公长寿, 于九十五岁时作《懿戒》, 可知其非卒于此年。假令武公卒于此年, 则共和元年时, 武公二十岁; 假令武公以百岁卒, 则共和元年时, 武公当二十五岁。因此, "共伯和为卫武公"的说法是可能成立的。④

据《史记·十二诸侯年表》可知, 卫武公于公元前 758 年去世, 那么即便是以人生百岁计, 公元前 841 年共和行政时, 武公也只有十七岁。彘之乱使周王朝处于危难之间, 召公、周公等老臣都无力扭转危局, 各诸侯国国君又怎会一致同意一个十七岁的少年来处理国家大事? 共伯和笃好仁义, 德行出众, 得到了诸侯的普遍拥护, 倘若年龄没有三四十岁, 恐怕是难以做到的。

---

①〔汉〕司马迁:《史记》, 中华书局 1959 年版, 第 1591 页。

②王红亮:《由清华简〈系年〉论"共和行政"的相关问题》,《史学史研究》2016 年第 3 期。

③〔汉〕司马迁:《史记》, 中华书局 1959 年版, 第 1591 页。

④徐中舒先生直接将卫武公的即位时间提前至周厉王奔彘以前, 以弥缝两人生活年代上的间距。参见顾颉刚:《史林杂识初编》, 中华书局 1963 年版, 第 203—208 页; 徐中舒:《禹鼎的年代及其相关问题》,《考古学报》1959 年第 3 期。

因此，顾先生的说法显然不合常理。

《史记·卫康叔世家》载："（卫）武公将兵往佐周平戎，甚有功，周平王命武公为公。五十五年，卒。"① 卫武公之所以称"公"，是因为其受到了周平王的册命，他在位时间是五十五年。清华简《系年》第二章记载：

> 幽王起师，回（围）平王于西申，申人弗畀，曾人乃降西戎，以攻幽王，幽王及伯盘乃灭，周乃亡。邦君诸正乃立幽王之弟余臣于虢，是携惠王。立廿又一年，晋文侯仇乃杀惠王于虢。周亡王九年，邦君诸侯焉始不朝于周，晋文侯乃逆平王于少鄂，立之于京师。三年，乃东徙，止于成周。②

幽王死后，邦君、诸正拥立携王，携王在位二十一年。清华简《系年》所记，与古本《竹书纪年》"幽王既死，而虢公翰又立王子余臣于携"③ 切合，我们由此可以断定，周幽王死后，两王争立，平王并未立刻即位。《史记·周本纪》称公元前770年平王即位，显然不可信。"周亡王九年"，才是平王的即位之年。

对于"周亡王九年"，目前学界主要有两种观点：一是携王被杀后的第九年，即公元前741年④；二是周幽王死后的第九年，即公元前762年⑤。目前学术界多倾向于第一种观点。即便是按照时间较早的第二种观点，即公元前762年来计算：公元前762年平王即位，公元前759年卫武公护送平王东迁，则自平王东迁至共和行政，其间足有八十二年，已大大超出了卫武公在位五十五年的年限。平王东迁后，卫武公不会立即去世；幽之乱暴发前，共伯和已在位多年。如果考虑到这些，共伯和在位的时间恐怕还要延长一些。

---

① 〔汉〕司马迁：《史记》，中华书局1959年版，第1591页。

② 李学勤主编：《清华大学藏战国竹简（贰）》，中西书局2011年版，第138页。

③ 方诗铭、王修龄：《古本竹书纪年辑证》，上海古籍出版社1981年版，第60页。

④ 刘国忠：《从清华简〈系年〉看周平王东迁的相关史实》，载陈致主编：《简帛·经典·古史》，上海古籍出版社2013年版，第173—179页；王晖：《春秋早期周王室王位世系变局考异——兼说清华简〈系年〉"周无王九年"》，《人文杂志》2013年第5期。

⑤ 李学勤主编：《清华大学藏战国竹简（贰）》，中西书局2011年版，第139页。

崔述《丰镐考信录》、胡承珙《毛诗后笺》曾怀疑《史记·十二诸侯年表》中的卫武公纪年不足信，清华简《系年》对平王即位时间的记载，与《史记·卫康叔世家》中的相关内容彼此呼应，成为否定"共伯和是卫武公"的又一有力证据。

总之，前人认定共伯和为卫武公的原因有三：一是《鲁连子》记载共伯和在辞去王位后归于卫，可知他是卫国国君；二是卫武公之兄因谥号为"共伯"，故被称作"共伯余"，卫武公名"和"，所以他可能被称作"共伯和"；三是司马贞、顾颉刚认为卫武公长寿，其"干王位"时已有二十岁。我们的看法是：卫是大地名，共是小地名，清华简《系年》中的"归于宗"与《路史·发挥二》中的"归于宗"明显对应，可见共伯和在辞去王位后回到了卫国共邑。共伯和逍遥于共首山，致仕赋闲，与卫武公在共和行政之后继续在卫国做国君的史实明显不符。西周中后期，谥法日益严格，同一时代下的同一诸侯国国君的谥号一般不能相同。《史记·卫康叔世家》记载卫武公哥哥的谥号为"共伯"，则卫武公的谥号不可能是"共伯"。据《史记·十二诸侯年表》可知，卫武公于公元前758年去世，即便是以人生百岁计，共和行政时，他也只有十七岁，年轻有才之人虽常见，但如此年少便以德行闻达于诸侯，得到诸侯的普遍拥戴并践天子之位，可能性实在不大。从清华简《系年》看，平王即位最早可上溯至公元前762年，卫武公护送他东迁则在公元前759年。自共和行政至平王东迁，其间间隔了八十二年，远超卫武公在位时间的二十七年。因此，清华简《系年》中对平王即位时间的记载，成为质疑"共伯和为卫武公"的又一力证。笔者无意彻底推翻"共伯和与卫武公为一人"的说法，只是指出清华简《系年》的中的记载，明显不利于此说的证成。

第四节　余论：历史真实与人为遮蔽

共和行政的真相是：厉王居彘之后，诸侯国国君举荐共伯和登天子之位；共伯和并无贪恋权力之心，但推却不得，最终摄政称王，周公、召公则担任朝廷卿士。《晋书·束皙传》载："幽（厉）王既亡，有共伯和者摄行天子事，非二相共和也。"①此为束皙转述、解释《竹书纪年》之语，并非《纪年》原文，笔者怀疑"共伯和干王位"才是真正的《纪年》原文。由于《竹书纪年》的叙事过于简略，让人觉得共伯和是个野心家，是蓄意谋逆、僭越篡权的，但共伯和摄行天子之政，并非出于其本人的意愿，而是各诸侯国国君竭力推举的结果。所以，如果没有《吕氏春秋·慎人》《庄子·让王》等文献，人们对共伯的误解就很难消除。

共伯和行仁义，享誉诸侯，践天子之位，一生中可记述的亮点颇多，但《庄子》一书借对帝位、爵禄的舍弃，来彰显生命的可贵，所以只记录了共伯和让位于宣王、逍遥于共首山之事。《鲁连子》记厉王死后，"共伯使诸侯奉王子靖为宣王"，凸显的是共伯和的仁义。但其实，宣王在召公家中长大，共伯和根本不知他为厉王之子，又怎么可能奉他为天子呢？召公、周公主动谋立宣王，共伯和被动同意，才是当时的实情。

《左传》昭公二十六年下，王子朝说："至于厉王，王心戾虐，万民弗忍，居王于彘。诸侯释位，以间王政。"②周厉王出奔，共伯和违礼僭越"干王位"，周人王统被迫中断，颜面扫地。王子朝是周景王之子、王室后裔，他在追述这段往事时，只说"诸侯释位，以间王政"，避谈"共伯和干王位"，实际是站在周王室后裔的立场上曲意遮掩，以回护先祖的尊严。可以确定的是，在王子朝甚至周宣王之臣逯那里，就已有了掩饰共伯和"干王位"的倾向。

国人暴动，周厉王被流放到彘，《国语·周语上》说"王流于彘"，用语极为准确。在对共和行政的记载上，《史记》多处照抄《国语》，但司马迁将"王流于彘"改为"厉王出奔于彘"，明显有为尊者讳的意味。周幽王死后，两王并立，携王与平王对峙，直到"周亡王九年"，平王才正式即位。《史记》记载，周幽王于公元前771年去世，平王于公元前770年即位，所以这个公元前770年并非真实的历史时间，而是"正统"时间。《史记·周本纪》记载：

---

① 〔唐〕房玄龄等：《晋书》，中华书局1974年版，第1432页。

② 李学勤主编：《十三经注疏·春秋左传正义》，北京大学出版社1999年版，第1473页。

"召公、周公二相行政，号曰'共和'。"① 共和年号，本是因共伯和摄政而得名，《史记·周本纪》却将之解释为召公、周公二相行政，将"共伯和干王位"排斥在历史真相之外。明明是厉王被放逐，《史记》却说他主动"出奔"；明明是共伯和"干王位"，《史记》却删去共伯和摄政之事，说周、召二公行政；明明是二王并立，《史记》却闭口不谈携王在位二十一年。由此可见，《史记》虽为信史，但司马迁在记述西周史事时，始终持"尊周"的正统观念。

所谓历史记载，是历史事实与记述者主观立场的合一。由于记述者的立场存在差异、选材角度各有侧重、著作体裁各有限制，"共和行政"在不同的文献典籍中便呈现出迥异的面貌。客观地讲，上述文献的历史叙事，可谓各得一面之真实。史书本为保存历史真相而产生，中国也自古就有秉笔直书的传统，但囿于史书体例、编纂者取材的立场与视角，史书有时也会对史实造成不同程度的遮蔽。《逸周书·谥法》说"柔质慈民曰惠，爱民好与曰惠"②，"惠"是美谥，清华简《系年》称余臣为"携惠王"，可知他抚恤百姓，并非无德之君，但周平王争位成功之后，文献中关于携王嘉言善行的记载遭到剔除，以致在后世的史书中，携王始终以负面形象呈现。学者批评司马迁"不录携王，疏矣"③，殊不知司马迁在撰写西周史时，亦绕不开被西周统治者增删、修补过的档案资料④。

综上所述，过去我们多认为国人暴动的参与者是平民，现在由清华简《系

----

① 〔汉〕司马迁：《史记》，中华书局1959年版，第144页。

② 黄怀信、张懋镕、田旭东：《逸周书汇校集注》（修订本），上海古籍出版社2007年版，第665页。

③ 〔清〕梁玉绳：《史记志疑》，中华书局1981年版，第103页。

④ 学者或认为，司马迁未见过西周时期的官方档案，他所用的材料，无非是诸国《春秋》。《史记·太史公自序》云"司马氏世典周史"，可知司马氏家族曾掌管西周的国史。又《史记·殷本纪》载："自成汤以来，采于《书》《诗》。"司马迁撰写《史记》时，多采撷《尚书》，而西周官方档案是《尚书》的重要材料来源。同时，诸国《春秋》亦非凭空杜撰，而是必然借鉴了西周的档案资料。因此，司马迁在撰写西周史时，必然受到了西周档案资料潜移默化的影响。

年》看，卿士、诸正也参与其中，在某种意义上说，国人暴动带有"全民"性质。司马迁的"周、召二公联合行政"说在学界影响深远，但清华简《系年》称共伯和"立"，与古本《竹书纪年》及《左传》相互印证，可见共伯和摄政称王才是历史真相。卫武公曾护送周平王东迁，故其去世时间必在平王东迁之后，由清华简《系年》可知，平王东迁最早可追溯至公元前759年，自共和行政至平王东迁，其间间隔了八十二年，较卫武公的在位时间多了二十七年，因此"共伯和是卫武公"的主流说法，便要面临新见文献所带来的严峻挑战。共伯和以诸侯身份，践天子之位，严重违背了西周的嫡长子继承制。由此可知，只有将出土文献与传世文献相结合，拨开专制王权、正统观念等因素的层层遮蔽，研究者才能真正发掘共和行政的历史真相。

（本章内容最初发表于《中国史研究》2019年第4期，
收入本书时略有改动）

下编

义理篇

第九章　内弭外抚：周公政治谋略的展开

关于《逸周书·皇门》，清儒朱右曾云："大似《今文尚书》，非伪古文所能仿佛。"① 丁宗洛也说："此篇雄奇郁勃，的系周初文字。"②《逸周书》各篇成书年代相对较晚，而《皇门》是其中少数几篇可以被断定为西周时期的文献之一，史料价值极高。

《皇门》究竟是周公摄政当国的政治宣言，还是归政成王后的告别演说？周公为何召集大门宗子、迩臣发布训诰？由于传世本《皇门》流传千年，文句多有脱漏、错讹，所以该篇的成书年代及思想主旨便成为令学界争论不休的公案。清华简《皇门》未经后儒修改，所以其中"朕遗父兄""毋作祖考羞"等关键语句的面世，便为我们重新认识它的撰作年代及史料价值提供了极为难得的契机。

---

① 黄怀信、张懋镕、田旭东：《逸周书汇校集注》（修订本），上海古籍出版社2007年版，第1229页。

② 黄怀信、张懋镕、田旭东：《逸周书汇校集注》（修订本），上海古籍出版社2007年版，第543页。

第一节 学界关于《皇门》篇成书问题的纷争

清华简《皇门》与《逸周书·皇门》来源相同，是先秦时期的不同传本，因而它们的成书问题可以放在一起讨论。研究清华简《皇门》的成书年代，其用语特征便是很好的切入视角。周宝宏等学者依据《皇门》篇中一些晚出的词语、宾语前置的句式，判断清华简《皇门》出于战国人之手，且其所述的历史事件也不一定是真实的。①

实际上，《皇门》篇中的"朕冲人""屏朕位""耿光"等词语皆见于西周金文，"大门宗子""有分私子""元武圣夫"等词语却不见于其他先秦文献，这暗示其渊源久远。先秦古书形成过程复杂，主体内容形成之后，后世依然会做一定的增删。《皇门》篇中两周词语并存的现象，只能说明该篇脱胎于西周档案材料，其后又经后儒润色而成，并不能证明其成书年代是在战国以后。② 另，我们这里所说的清华简《皇门》的成书年代，是指其主体内容的撰作年代，而非指其最终的成书年代。关于这一问题，目前学界主要有以下三种说法：

一、周公摄政初期

清儒陈逢衡说"《皇门》作于流言初起之时"③，李学勤先生认为《皇门》反映了周公刚刚摄政时的心理状态④，但二人皆并未列举理由。郭伟川认为《逸周书·皇门》是周公接获三叔勾结武庚作乱的消息后，紧急临朝，会群臣于闳门时所说的一番话。为了证实这一观点，他将该篇中的"是人"解释作

---

① 周宝宏、刘杨：《论清华简〈皇门〉篇写成时代》，《简帛》第十三辑，上海古籍出版社2016年版，第107—111页。

② 张怀通先生根据"呜呼"等语气词，判定《皇门》不是战国时期的篇章。不过此说过于笼统，缺少更为清晰的时间断限。参见张怀通：《〈逸周书〉新研》，中华书局2013年版，第118—125页。

③ 黄怀信、张懋镕、田旭东：《逸周书汇校集注》（修订本），上海古籍出版社2007年版，第1209页。

④ 李学勤：《清华简与〈尚书〉、〈逸周书〉的研究》，《史学史研究》2011年第2期。

管、蔡，将"狂夫"理解为武庚。① 笔者认为，郭先生的观点可从，但其论证过程存在问题。清华简《皇门》面世之后，可知"是人""狂夫"牵涉夏、商两代后嗣立王之事，故而郭先生的论说依据无法在简文中坐实。

二、周公摄政后期

朱凤瀚认为，《皇门》是周公在东征归来之后、致政成王之前的这段时期中撰作的，是在由处理东方之事转向治理朝政的过程中发布的。② 朱先生将《皇门》中的"我王"解释为成王，但从武王于克商后访问箕子的事迹看，这里的"我王"也可能是武王。杜勇认为《皇门》撰作于周公摄政后期，是周公东征归来后，将治政重心转向封藩建卫、制礼作乐、营洛迁殷等事务时发布的一篇重要诰辞。③ 清华简《皇门》篇云："譬如艅舟，辅余于险，临余于济。"④ 平定三监之乱后，西周政局转危为安，而清华简《皇门》中，周公却反复强调"忧""险"，呼吁大门宗子助己勤王。杜先生之说的问题，在于二次东征结束之后，很难再找到具体而明确的事件指向。

三、周公摄政结束、归政成王之时

刘师培将《皇门》看作周公归政成王的"政治告别"宣言，他说："此篇系于《作雒解》后，当作于成王即政元年（即周公摄政第八年）。是年距入甲申统五百三十五年，正月己巳朔，二日庚午。"⑤ 刘师培的主要依据，一是《皇门》篇在《逸周书》中位于《作雒》篇之后；二是成王即政之年的正月初二为

---

① 郭伟川编：《周公摄政称王与周初史事论集》，北京图书馆出版社 1998 年版，第 199—200 页。

② 朱凤瀚：《读清华楚简〈皇门〉》，《清华简研究》（第一辑），中西书局 2012 年版，第 202 页。

③ 杜勇：《清华简〈皇门〉的制作年代及相关史事问题》，《中国史研究》2015 年第 3 期。

④ 李学勤主编：《清华大学藏战国竹简（壹）》，中西书局 2010 年版，第 165 页。

⑤ 李均明亦持类似意见。参见黄怀信、张懋镕、田旭东：《逸周书汇校集注》（修订本），上海古籍出版社 2007 年版，第 544 页；李均明：《清华简〈皇门〉之君臣观》，《中国史研究》2011 年第 1 期。

庚午。

"朕"字的多次出现,是简本不同于传世本的重要语言特征。清华简《皇门》曰:

> 1.公若曰:呜呼!朕寡邑小邦,蔑有耆考虑事屏朕位。
>
> 2.肆朕冲人非敢不用明刑,惟莫开余嘉德之说。
>
> 3.朕遗父兄眔朕荩臣,夫明尔德,以助余一人忧,毋惟尔身之懔。①

《尔雅·释诂》云:"朕,我也。"郭璞注:"古者贵贱皆自称朕。"②上古时期,"朕"指代"我",人们不管身份高低,皆可自称"朕"。《皇门》篇既然为周公所作,那么里面的"朕"便皆指周公。

虽然在《尚书》的《金縢》《大诰》等篇中,周成王多自称"予冲人",但是,既然清华简《皇门》"惟莫开余嘉德之说"中的"余"指周公,那么"朕冲人"中的"朕"便当指周公而非成王。同理,清华简《皇门》"朕遗父兄眔朕荩臣,夫明尔德,以助余一人忧"中的"余",也是指周公。质言之,清华简《皇门》中的"公""朕""余",皆指周公。

从清华简《皇门》看,周公是训诰大门宗子辅助自己渡过难关的,但《逸周书·周书序》云:"周公会群臣于闳门,以辅主之格言,作《皇门》。""主"指的是"成王"。③《周书序》本来是断代的重要参照,但作者将《皇门》理解为周公训诰群臣辅佐成王,则是错误的。换言之,《周书序》的作者对于《皇门》的主旨已不甚了解,所以《周书序》并不能作为《皇门》篇断代的依据。④

《逸周书·作雒》云:"(成王)元年夏六月,葬武王于毕。二年,又作师

---

① 李学勤主编:《清华大学藏战国竹简(壹)》,中西书局2010年版,第164—165页。

② 〔晋〕郭璞注:《尔雅》,中华书局2016年版,第5页。

③ 此为陈逢衡之说,参见黄怀信、张懋镕、田旭东:《逸周书汇校集注》(修订本),上海古籍出版社2007年版,第1131页。

④《逸周书·周书序》:"周公既诛三监,乃述武王之志,建都伊洛,作《作洛》。"《皇门》篇在《作雒(洛)》之后,学者或将皇门之事定在周公营建洛邑之后。其实,潘振已经指出,由于《作雒》首先追述武王之命,所以《作雒》排在《皇门》前面。参见黄怀信、张懋镕、田旭东:《逸周书汇校集注》(修订本),上海古籍出版社2007年版,第543页。

旅，临卫政殷，殷大震溃。"①成王元年，安葬武王于毕；成王二年，周公东征。西周纪年只纪王年，不纪大臣之年，周公为臣，所以在西周纪年中，根本没有周公纪年之说。武王去世之后的第二年便是成王元年，并不是周公摄政七年后才是成王元年。刘师培如果只讲成王继位元年，不谈周公摄政七年之后才是成王元年，则其说亦有可取之处。

王连龙认为，周公先言前代哲王的大门宗子、迩臣，推荐元圣武夫助王治国，次论后嗣不遵祖先遗训，谗贼媚嫉祸乱国家，最后告诫诸臣要有所借鉴，勤于助王治国。这种训诰，在某种意义上是为致政善后，与成王即政的大背景相符，足证周公训诰的时间是成王即政元年。②笔者认为，周公是将所有的政治威胁都扫清之后才归政成王的，清华简《皇门》篇中多次提及"忧""险"，可见当时的政治形势依然非常严峻。倘若周公在归政成王之后作《皇门》，那他应在文中号召群臣竭力辅佐成王，但从清华简《皇门》看，周公让大门宗子、迩臣全力辅佐的对象却是自己。所以，《皇门》篇不可能撰作于周公摄政结束、归政成王之际。

第二节 《皇门》撰作于周公摄政之初

欲判定《逸周书·皇门》的撰作年代，我们必须找到坚实的文献学证据。《逸周书·作雒》是可信的西周文献，其文云：

> 武王既归，成（乃）岁十二月崩镐，豮予（于）岐周。周公立，相天子，三叔及殷东徐奄及熊盈以略（畔）。周公、召公内弭父兄，外抚诸侯。……二年，又作师旅，临卫政殷，殷大震溃。③

清华简《皇门》中，周公曰：

①"元年"原作"九年"，误，据刘师培之说改。参见黄怀信、张懋镕、田旭东：《逸周书汇校集注》（修订本），上海古籍出版社2007年版，第516—517页。

②王连龙：《清华简〈皇门〉篇"惟正[月]庚午，公署（格）才（在）菑门"刍议——兼谈周公训诰的时间及场所问题》，《孔子研究》2011年第3期。

③黄怀信、张懋镕、田旭东：《逸周书汇校集注》（修订本），上海古籍出版社2007年版，第514—517页。

朕遗父兄眔朕荩臣，夫明尔德，以助余一人忧，毋惟尔身之懔。①

《作雒》与清华简《皇门》的相同之处：

其一，主要人物相同。《作雒》中"内弭父兄"的是周公，清华简《皇门》中自称"朕"、训诰大门宗子的也是周公。

其二，对召集对象的称谓相同，周公称他们为"父兄"。对于《作雒》中的"父兄"，陈逢衡云："内弭父兄，厚同姓也。"②父兄，指的是周公的同姓宗族。《逸周书·皇门》云："维正月庚午，周公格左闳门会群门。"对于"群门"，卢文弨云："族姓也，篇中曰宗子、曰私子，皆为大家世族而言。"潘振云："族姓之正室，代父当门，或继有采地，或继有守土者也。"庄述祖云："诸卿大夫适子也。"③

在《皇门》篇中，"大门宗子、迩臣"与"群门"的含义相同，都是指姬姓贵族的嫡子。清华简《皇门》中，周公说"朕遗父兄眔朕荩臣，夫明尔德"，对于这些姬姓贵族子弟，周公称他们为"父兄"。从"父兄"这一称谓看，《作雒》中的"父兄"与简本《皇门》中的"大门宗子、迩臣"应是同一批人。

其三，事件指向相同，皆为安抚宗族。对于《逸周书·作雒》"内弭父兄，外抚诸侯"中的"弭"，孔晁注云："安。"④弭，意为"安抚、安定"。诸侯为"外"，与"外"相对应的"内"便指"宗族"，所以"内弭父兄"，便指对内安抚宗族。清华简《皇门》中，周公号召大门宗子、迩臣与自己同舟共济，不要让先祖蒙羞，其指向也在加强宗族成员的团结。

清华简《皇门》与《逸周书·作雒》的主要人物、召集对象及事件指向相同，说明清华简《皇门》中周公训诰，与《作雒》中周公"内弭父兄"为同一

---

① 李学勤主编：《清华大学藏战国竹简（壹）》，中西书局2010年版，第164—165页。

② 黄怀信、张懋镕、田旭东：《逸周书汇校集注》（修订本），上海古籍出版社2007年版，第516页。

③ 黄怀信、张懋镕、田旭东：《逸周书汇校集注》（修订本），上海古籍出版社2007年版，第543—544页。

④ 黄怀信、张懋镕、田旭东：《逸周书汇校集注》（修订本），上海古籍出版社2007年版，第516页。

件事。① 而《逸周书·作雒》说"三叔及殷东徐奄及熊盈以略（畔）。周公、召公内弭父兄，外抚诸侯"②，由此可以断定周公是于三监之乱爆发之际"内弭父兄"的。此为《皇门》作于周公摄政之初的铁证。

关于《皇门》篇撰作的具体时间，清人卢文弨据今本《竹书纪年》，认为周公作诰是在成王继位元年。③《尚书·洛诰》曰："戊辰，王在新邑……在十有二月，惟周公诞保文、武受命，惟七年。"《孔传》云："十二月戊辰晦。"④ 十二月晦日为戊辰，次年正月初二为庚午，刘师培等学者根据历日，推算《皇门》作于周公摄政第八年、成王即（亲）政元年。⑤ 王连龙、李均明则补充刘歆《世经》"成王元年正月己巳朔"，认为《皇门》的"正月庚午"为周成王亲政元年的正月初二的可能性很大。⑥

对此，杜勇持反对看法，他认为《孔传》与刘歆《世经》同其说，只能说明《孔传》是出于刘歆《世经》之后的伪作。"庚午"与"戊辰"虽然可以衔接，但并非上年岁末与次年岁初的历日，所以不能用来推考《皇门》的制作年代。⑦

---

① 最起码能说明周公在皇门发布训诰，是《逸周书·作雒》中周公"内弭父兄"的重要组成部分。

② 黄怀信、张懋镕、田旭东：《逸周书汇校集注》（修订本），上海古籍出版社2007年版，第514—516页。

③ 黄怀信、张懋镕、田旭东：《逸周书汇校集注》（修订本），上海古籍出版社2007年版，第544页。

④〔汉〕孔安国传，〔唐〕孔颖达正义：《尚书正义》，上海古籍出版社2007年版，第610—611页。

⑤ 黄怀信、张懋镕、田旭东：《逸周书汇校集注》（修订本），上海古籍出版社2007年版，第544页。

⑥ 王连龙：《清华简〈皇门〉篇"惟正［月］庚午，公署（格）才（在）菁门"刍议——兼谈周公训诰的时间及场所问题》，《孔子研究》2011年第3期；李均明：《清华简〈皇门〉之君臣观》，《中国史研究》2011年第1期。

⑦ 杜勇：《清华简〈皇门〉的制作年代及相关史事问题》，《中国史研究》2015年第3期。

今本《竹书纪年》云："（成王元年）庚午，周公诰诸侯于皇门。"①周公召集训诰的大门宗子，是姬姓宗族成员，不是四方诸侯，但从今本《竹书纪年》的作者错误地将《皇门》中的"群门"理解为"诸侯"来看，学者以今本《纪年》作为《皇门》断代的依据，是有问题的。刘歆整理的三统历已晚至西汉后期，与先秦纪年多有抵牾，而《孔传》复又晚出，故而杜勇先生的反驳是有道理的。因此，要考察《皇门》篇的撰作时间，就必须寻找新的证据。

《逸周书·作雒》云："武王既归，成（乃）岁十二月崩镐，殡予（于）岐周。周公立，相天子，三叔及殷东徐奄及熊盈以略（畔）。周公、召公内弭父兄，外抚诸侯。九（元）年夏六月，葬武王于毕。"②据《作雒》可知，周成王是逾年改元，而非当年改元。由于《作雒》中的"内弭父兄"与清华简《皇门》所记同为一事，所以周公训诰当发布在武王去世至成王元年六月之间，再考虑到《皇门》提供的时间是正月庚午，则可知周公在皇门发布训诰的时间，很可能是周成王继位元年正月庚午。

总之，武王去世，周公摄政，为争夺政治权力，管叔、蔡叔、霍叔等与周公矛盾激化。当时，姬姓贵族分裂为两派，成王、召公等人对周公也心存疑虑，西周新生政权处于风雨飘摇之中。《逸周书·作雒》所记周公之"内弭父兄"，正值三监之乱爆发，而清华简《皇门》中，周公召集大门宗子集会，称他们为"父兄"，号召他们团结起来支持自己，又与《作雒》篇中的相关内容完全契合。因此，《皇门》篇很可能是成王继位元年、管蔡之乱爆发之际，周公呼吁镐京的姬姓贵族协助自己、共度时艰的政治动员令。

① 王国维：《今本竹书纪年疏证》，参见方诗铭、王修龄：《古本竹书纪年辑证》，上海古籍出版社1981年版，第237页。

② 黄怀信、张懋镕、田旭东：《逸周书汇校集注》（修订本），上海古籍出版社2007年版，第514—516页。

第三节 清华简《皇门》"耆门"考

清华简《皇门》首简云："惟正[月]庚午，公格在耆门。"① 《逸周书·皇门》中与之对应的语句是："维正月庚午，周公格左闳门会群门。"② 这样，《皇门》的不同传本之间就出现了"皇门""闳门""耆门"三种不同的称谓。对此，学界主要有以下几种说法：

一、库门说

李学勤先生解释，"耆"从古声，见母鱼部，可读为溪母鱼部的"库"，库门是周制天子五门（皋、库、雉、应、路）的第二道门。③ 按照礼制，路门与应门之间为治朝，是天子听政、会见群臣之所；皋门与库门之间为外朝，是国家有非常之事时，天子向万民垂询之地。"库门说"的疏漏之处，是外朝本为天子咨询国人意见之处，而周公却在此会见群臣，明显不合礼制。④

二、路门说

《逸周书·皇门》孔晁注："路寝左门曰皇门。闳，音皇也。"⑤ 王志平认为孔晁注最具权威性⑥，其后孔华、杜勇等学者进一步阐发：清华简《皇门》中的"耆"，本字为"路"，一借为"耆"，再借为"闳"，三借为"皇"，故而周公训诰虽作于路门，但在文献流传中出现了借其音义的耆门、闳门、皇门等异文。⑦ 此说的疑窦在于，春秋战国时期，"路"字极为常见，但为何还是

下编 义理篇

---

① 李学勤主编：《清华大学藏战国竹简（壹）》，中西书局2010年版，第164页。

② 黄怀信、张懋镕、田旭东：《逸周书汇校集注》（修订本），上海古籍出版社2007年版，第543页。

③ 李学勤：《清华简九篇综述》，《文物》2010年第5期。

④ 王志平：《清华简〈皇门〉异文与周代的朝仪制度》，《清华简研究》（第一辑），中西书局2012年版，第205—210页。

⑤ 黄怀信、张懋镕、田旭东：《逸周书汇校集注》（修订本），上海古籍出版社2007年版，第544页。

⑥ 王志平：《清华简〈皇门〉异文与周代的朝仪制度》，《清华简研究》（第一辑），中西书局2012年版，第205页。

⑦ 孔华、杜勇：《清华简〈皇门〉与五门三朝考异》，《天津师范大学学报（社会科学版）》2015年第2期。

出现了这么多的假借字。

三、胡门说

施谢捷认为，"耂"在战国齐系文字中用作人名，或作为复姓"胡毋"之"胡"，他将简本《皇门》中的"耂门"读为"胡门"，因为"胡"意谓"大"，与"闳""皇"同义。[①]"耂"从老省，古声，读为"胡"自无不可。"胡门说"虽然在"闳""耂""皇"的词义上做到了有效统一，但其疵病在于"胡门"作为西周王朝宫殿建筑之门，不见载于传世文献。

一门多名，在古籍中并不鲜见。《尚书·顾命》孔颖达疏："下云'王出在应门之内'，出毕门始至应门之内，知毕门即是路寝之门。"[②]《周礼·地官司徒·师氏》："居虎门之左，司王朝。"郑玄注："虎门，路寝门也。"[③]"路门"称"毕门"，又称"虎门"。[④]"虎门"因路门外画以虎形而得名，试问"虎"与"路""毕"有何音、义上的关联？可见，在出土文献研究中，应避免过度趋同。"闳""耂"韵部相差较远，没有必要从古音、通假或词义上对之强行统一。同一次训诰，周公所格之门必为同一门，所以我们怀疑"闳门"与"耂门"可能是同一个门。

《皇门》篇为何不称"群臣"，而称"群门"呢？大门宗子，指的是家族中的嫡长子。有分私子，是指有采邑的庶孽。[⑤]遗父兄，则是周公的叔父与兄弟。从大门宗子、有分私子及遗父兄这些称谓看，周公训诰的对象主要是居于宗周的姬姓贵族子弟。

清华简《皇门》中，周公云：

> 呜呼！敬哉，监于兹。朕遗父兄眔朕荩臣，夫明尔德，以助余一人

---

① 复旦大学出土文献与古文字研究中心研究生读书会：《清华简〈皇门〉研读札记》文后评论，复旦大学出土文献与古文字研究中心网站，2011年1月5日。

② 〔汉〕孔安国传，〔唐〕孔颖达正义：《尚书正义》，上海古籍出版社2007年版，第736页。

③ 李学勤主编：《十三经注疏·周礼注疏》，北京大学出版社1999年版，第350页。

④ 相关文献例证很多，如"应门"又称"阙门"，"皋门"又称"泽门"。

⑤ 李学勤主编：《清华大学藏战国竹简（壹）》，中西书局2010年版，第167页。

忧，毋惟尔身之懔，皆恤尔邦，假余宪。既告汝元德之行，譬如舟，辅余于险，临余于济。毋作祖考羞哉。①

夏、商先哲王之时，大门宗子、近臣积极进言，举荐贤人，勤恤王邦王家，政绩斐然。对此，其先祖神祇降以休美，让他们世世代代服事在其家。②至后嗣王之时，他们举荐佞臣，淆乱刑罚，背离德政，致使国家陷于分崩离析之中。周公召集姬姓贵族宗子，告诫他们要以此为鉴，恭明祀，敷明刑，竭力辅佐自己，不让祖考蒙羞。"毋作祖考羞"，是周公最富感染力的政治口号。

简本"毋作祖考羞哉"一句，传世本作"汝无作"，句子残损严重，关键信息亦缺失了。《逸周书·皇门》孔晁注："路寝左门曰皇门。闳，音皇也。"③治朝为天子视朝、听政之所，孔晁想当然地认为周公摄政、训诰群臣也当在此，故而将"闳门"解释为"路寝左门"。受孔晁注的影响，今天的学者把讨论的重心放在"者门"究竟是周天子三朝五门中的哪个门上。

"群臣"是指官职，而"群门"侧重的是宗族。由清华简《皇门》可知，周公训诰的对象——"父兄眔朕荩臣"（包含大门宗子、有私分子），大都是同姓宗族成员。④周公警示西周贵族宗子，说"毋作祖考羞哉"，这成为周公训诰"群门"的标志性口号。宗庙内供奉着周人先祖的神主，周公如果要想让他的训诰起作用，那么发布训诰的最佳地点应是宗庙先祖神主之前。因此，从周公训诰的宗族性质来看，清华简《皇门》中的"者门"指的应是宗庙中的某个门，最起码不会离宗庙中祭祀先祖的场所太远。

---

① 李学勤主编：《清华大学藏战国竹简（壹）》，中西书局2010年版，第164—165页。

②《逸周书·皇门》云："先人神祇报职用休，俾嗣在厥家。" 参见黄怀信、张懋镕、田旭东：《逸周书汇校集注》（修订本），上海古籍出版社2007年版，第550页。

③ 黄怀信、张懋镕、田旭东：《逸周书汇校集注》（修订本），上海古籍出版社2007年版，第544页。

④ 清华简《皇门》中，周公说"朕遗父兄"；《逸周书·作雒》中，周公说"内抚父兄"。两句中，"父兄"这一称谓相同。陈逢衡认为，"父兄"为同姓宗族。笔者取陈氏之说。参见黄怀信、张懋镕、田旭东：《逸周书汇校集注》（修订本），上海古籍出版社2007年版，第516页。

《集韵·登韵》曰："闳，门也。""闳"是门的泛称。《左传》襄公十一年载："武子固请之。穆子曰：'然则盟诸？'乃盟诸僖闳。"杜预注："僖宫之门。"孔颖达疏："僖闳是僖公庙之门也。"[1]可见在泛称中，"闳门"可专指宗庙之门。

《太平御览》卷五百三十三引《周书·明堂》云：

> 明堂方百一十二尺，高四尺，阶广六尺三寸。室居中方百尺，室中方六十尺。东应门，南库门，西皋门，北雉门。东方曰青阳，南方曰明堂，西方曰总章，北方曰玄堂，中央曰太庙。[2]

西周时期，宗庙与明堂合一，明堂四门，其中南门称"库门"。"耆"从老从古，属见母鱼部，而"库"属溪母鱼部，见溪对转，二者韵部相同，音近可通。王连龙将清华简《皇门》篇中的"耆门"解释为宗庙的南门[3]，在诸说中较为圆融可信。

综上，以前学者对清华简《皇门》的考察，多从考据学着眼。周公训诰的大门宗子、迩臣，多为姬姓宗族成员。从《皇门》所体现出的宗族集会性质入手，是当前研究不同于以往研究的创新之处。周公召集同姓宗族成员，发布训诰，以不让祖考蒙羞为号召，旨在巩固宗族内部团结。所以，若想让这篇训诰充分发挥作用，则发布地点当以宗庙为宜。"闳门"虽是泛称，却又可专指宗庙之门。从《太平御览》卷五百三十三所引的《周书·明堂》看，宗庙的南门称"库门"，而"耆"与"库"音近可通。由此可知，将清华简《皇门》中的"耆门"解释为宗庙南门，无论是从文献记载、古音通假来看，还是从周公训诰的宗族集会性质来看，皆可豁然贯通。

---

① 李学勤主编：《十三经注疏·春秋左传正义》，北京大学出版社 1999 年版，第 896 页。

②〔宋〕李昉编纂，任明等校点：《太平御览》第五册，河北教育出版社 1994 年版，第 224 页。

③ 王连龙：《清华简〈皇门〉篇"耆门"解》，《考古与文物》2012 年第 4 期。

第四节　清华简《皇门》与《尚书·大诰》是前后相继的"姊妹篇"

《逸周书·作雒》中的"内弭父兄"指向《皇门》，那么"外抚诸侯"指向什么呢？笔者怀疑指向《尚书·大诰》。清华简《皇门》与《尚书·大诰》关联甚密，有诸多共同之处：

一、作者相同

《尚书·大诰序》云："武王崩，三监及淮夷叛，周公相成王，将黜殷，作《大诰》。"①《逸周书·皇门》云："维正月庚午，周公格左闳门会群门。"②可知周公是《大诰》与《皇门》的作者。

二、时间接近，存在共同的目标指向

所谓"时间接近"，是说两篇文章皆作于周公二次东征之前。《尚书·大诰》云："有大艰于西土，西土人亦不静越兹蠢。"③所谓"大艰"，据《书序》可知，指的是三监与淮夷之乱。清华简《皇门》云："夫明尔德，以助余一人忧。"④我们在上文中已经指出，周公所说的"忧"，也是指三监之乱。

三、以"涉渊水"喻处境艰难

《诗经·小雅·何人斯》云："彼何人斯，其心孔艰。"朱熹《诗集传》注云："艰，险也。"⑤艰、险同义，《尚书·大诰》中周公所说的"艰"与"大艰"，应是清华简《皇门》篇中所说的"忧"和"险"。

《尚书·大诰》云："予惟小子，若涉渊水，予惟往求朕攸济。"⑥意谓如

---

① 〔汉〕孔安国传，〔唐〕孔颖达正义：《尚书正义》，上海古籍出版社2007年版，第504页。

② 黄怀信、张懋镕、田旭东：《逸周书汇校集注》（修订本），上海古籍出版社2007年版，第543页。

③ 〔汉〕孔安国传，〔唐〕孔颖达正义：《尚书正义》，上海古籍出版社2007年版，第508页。

④ 李学勤主编：《清华大学藏战国竹简（壹）》，中西书局2010年版，第164—165页。

⑤ 〔宋〕朱熹：《诗集传》，中华书局1958年版，第143页。

⑥ 〔汉〕孔安国传，〔唐〕孔颖达正义：《尚书正义》，上海古籍出版社2007年版，第506页。

同涉足深水,我正在努力寻找解决问题的方法。清华简《皇门》中,周公说:"譬如舫舟,辅余于险,临余于淒(济)。"整理者指出,"舫"读为"主",从舟,或专指掌船;"淒",读为"济"。① "涉渊水"的工具是船,"济"指成功渡水,所以《大诰》中的"涉渊水"与清华简《皇门》中的"舫舟",譬喻虽异而内涵无别。

四、面对内部不和谐的杂音,周公呼吁加强团结

《尚书·大诰》云:"西土人亦不静越兹蠢。"② 面对三监之乱,周人的意见也不一致,内部有不和谐的声音。

清华简《皇门》中,周公对姬姓宗族成员说"毋作祖考羞哉",呼吁大门宗子、迩臣团结一心,助己勤国,奋伐殷商,不让先祖蒙羞。

在《尚书·大诰》中,周公对友邦国君及其官员说:"肆予告我友邦君,越尹氏、庶士、御事,曰:予得吉卜,予惟以尔庶邦于伐殷逋播臣。"③ "友邦"指臣服的诸侯,"尹氏、庶士、御事"指处理具体政务的官吏。面对管蔡之乱,周公用文王遗留的宝龟占卜,见所获都是吉兆,便说:"予惟小子,不敢替上帝命。天休于宁王兴我小邦周。"④ 殷周之际,上帝是至上神,周公借上帝兴周之命,以占卜结果为验证,团结友邦国君及其官员,如果他们不协助、支持周公东征,便是公然违抗上帝之命。

周武王去世后,三监之乱爆发,西周社会人心动荡,刚刚建立的政权处于风雨飘摇之中,面临随时崩溃的危险。在复杂多变的政治形势下,周公处事果敢,机敏沉稳,召集大门宗子、迩臣,作《皇门》,以不让先祖蒙羞为号召,加强姬姓贵族内部的团结。他又召集友邦国君及其官员,以上帝兴周之

---

① 李学勤主编:《清华大学藏战国竹简(壹)》,中西书局2010年版,第171页。
② 〔汉〕孔安国传,〔唐〕孔颖达正义:《尚书正义》,上海古籍出版社2007年版,第508页。
③ 〔汉〕孔安国传,〔唐〕孔颖达正义:《尚书正义》,上海古籍出版社2007年版,第510页。
④ 〔汉〕孔安国传,〔唐〕孔颖达正义:《尚书正义》,上海古籍出版社2007年版,第513页。

天命作为号召，巩固周人与友邦诸侯的团结，之后率军东征管叔、蔡叔及武庚。由此可见，面对内忧外患，周公自内向外地展开应对措施，环环相扣，表现出了高超的政治智慧与应变能力。

清华简《皇门》与《尚书·大诰》两篇文章作者相同、撰作时间接近，而且均发布于周公东征之前，指向三监之乱。清华简《皇门》是"内弭父兄"，对内呼吁加强姬姓贵族内部团结；《尚书·大诰》是"外抚诸侯"，向外谋求加强与友邦诸侯及其官员的团结。就这样，周公由内而外，最终筑成平定三监之乱的坚固屏障。在这种意义上说，两篇文章是内容密切相关的"姊妹篇"，清华简《皇门》的史料价值可与《尚书·大诰》等观。

综上所述，"朕"字的多次出现是清华简《皇门》不同于传世本《皇门》的重要语言特征。简本中的"朕""朕冲人""余""余一人"，都是指周公。清华简《皇门》中，周公反复说"助余一人忧""辅余于险"，动员群臣辅助自己，所以《皇门》篇不是周公归政成王的告别演说。《逸周书·作雒》中的"内弭父兄"发生在成王元年，而清华简《皇门》中的相关内容与之吻合，因此《皇门》很可能是管蔡之乱刚刚爆发时，周公呼吁姬姓贵族团结起来、共克时艰的政治动员令。

对于清华简《皇门》中的"者门"，学界有"库门""路门""胡门"等不同说法。我们认为，既然周公以"毋作祖考羞哉"为号召来鼓舞以姬姓宗族成员为主体的大门宗子，那么"者门"当不会离宗庙太远。"闳门"虽是门的泛称，但据《左传》襄公十一年记载可知，它亦可专指宗庙之门。又，据《太平御览》卷五百三十三所引的《周书·明堂》，宗庙的南门可称"库门"，"者"与"库"音近可通。综上，如果将文献记载、音韵训诂以及事件的宗族集会性质结合起来，那么将清华简《皇门》中的"者门"训释为宗庙南门，是目前较为圆融的解说。三监之乱爆发后，西周新生政权岌岌可危，清华简《皇门》是"内弭父兄"，《尚书·大诰》是"外抚诸侯"，两篇都是对周公高超政治智慧的生动体现。

下编 义理篇

第十章　德刑分途：春秋时期破解
礼崩乐坏困局的不同路径

公元前536年，郑国子产"铸刑书"，将成文法铸之于鼎，公之于众，突破了三代以来"议事以制，不为刑辟"的司法治理模式，是春秋时期社会政治制度极为重要的一次变革。周公制礼作乐，为西周时期国家运作程序的形成奠定了基础，礼乐教化成为维护社会秩序的主要手段。当时的礼法关系是礼主刑辅，刑罚不过是辅助礼制顺利实施的手段。子产"铸刑书"，"缘法以治"，把礼法关系由"礼主刑辅"改变为"礼刑并行"，是社会治理模式的一次重要转型。子产"铸刑书"，标志着成文法真正由私密转为公开，使罪刑相应的法律制度逐渐确立，堪称中国法制史上具有划时代意义的创举。

关于子产"铸刑书"，学界研究成果颇多。冯友兰先生指出，子产铸刑书没有什么新的东西，只是把本来不公布的刑法条文公布出来，是一种没有革新意义、只有改良意义的"马后炮"。① 陈顾远先生认为，从春秋时代郑国子

---

① 冯友兰：《三松堂全集》第八卷，河南人民出版社1991年版，第188页。

产铸刑书起，中国法律便渐次脱离了秘密法的阶段，走上了形式法的大道。[1] 本杰明·史华兹主张，子产公开刑法典的动机，似乎正在于规避模糊而任意地控制民众行为的方法。[2] 韩连琪先生认为，子产铸刑书的一个重要目的，就是维护和巩固他在田制、赋税上做出的改革。[3] 子产本人并无著作流传于世，《左传》《国语》等传世文献也未记载子产铸刑书的具体内容，因此从严格意义上讲，以前学者所做的研究[4]，是在不了解子产刑书具体内容的基础上进行的。

2016年，清华简《子产》篇整理出版。作为展现子产事迹的出土竹书，该篇记载子产参照"三邦之令"作"郑令""野令"，参照"三邦之刑"作"郑刑""野刑"，"野三分，粟三分，兵三分"，展现了刑法与赋税之间的关联，可与《左传》等文献记载互相印证，为研究子产"铸刑书"这一学术公案提供了难得的契机。本章中，笔者将清华简《子产》与传世文献相结合，考察子产刑书的结构和特点，探究叔向反对子产"铸刑书"的原因，在新见文献的辅助下，探求春秋时期早期法家与儒家学术分野的根源，不当之处，敬请方家批评指正。

第一节　子产刑书的内容与特点

在法律史研究领域，研究子产的学者大多强调其制作刑书之举在春秋历史上的变革意义，却往往对其刑书的内容、结构所知甚少。[5] 清华简《子产》篇面世以后，学者对子产刑书的内容做了相应归纳，如王捷先生指出，子产

---

① 陈顾远：《法治与礼治之史的观察》，《复旦学报》1944 年第 1 期。

② 〔美〕本杰明·史华兹著，程钢译：《古代中国的思想世界》，江苏人民出版社 2008 年版，第 442 页。

③ 韩连琪：《论春秋时代法律制度的演变》，《中国史研究》1983 年第 4 期。

④ 相关研究，参见黄广进：《再论子产铸刑书事件》，《西南民族大学学报（人文社科版）》2005 年第 4 期；张军：《子产"铸刑鼎"改革的意义》，《学习月刊》2012 年第 11 期；张正印：《司法制度变迁的知识学动力——从子产"铸刑书"说起》，《法学评论》2016 年第 2 期。

⑤ 李学勤：《有关春秋史事的清华简五种综述》，《文物》2016 年第 3 期。

时期的"刑书"已包括了"令"和"刑"两种法规范形式①；王沛先生认为，清华简《子产》称子产立法时需要依据"天地、逆顺、强柔"，是为东周时出现的新理论②。其实，清华简《子产》的待发之覆依然颇多，如令、刑关系如何？子产刑书是否分为野、粟、兵三部分？恪守礼制的子产为何被叔向批评为"违礼"？笔者试在两位先生的研究基础上，依据新见文献，对子产刑书的制作特点做进一步的提炼、归纳。

一、刑书的整体结构为"令主刑辅"

古代的"令""命"二字，常可互训。《国语·楚语上》云："王言以出令也。"韦昭注："令，命也。"③清华简《子产》说"子产既由善用圣，班羞（好）勿（物）俊之行，乃肄三邦之命（令），以为郑命（令）、野命（令）"④，简文"三邦之命"便是"三邦之令"。《说文》释云："令，发号也。""三邦之令"特指三代圣王为规范人们行为而发布的命令。张晋藩《中国法制史》中道："除了习惯法以外，夏王、商王的命令或指示也是一种重要法律渊源，而且法律效力高于其他法律形式。夏商两代的王命，主要包括军法命令性质的誓、政治文告类的诰、训示臣民的训等多种形式。"⑤夏商周三代，作为法律形式的"令"，可能如天子的"誓""诰""训"一般，有着强制约束力。《左传》昭公六年载："夏有乱政，而作《禹刑》。商有乱政，而作《汤刑》。周有乱政，而作《九刑》。"⑥简文"三邦之刑"，或当指《禹刑》《汤刑》《九刑》等法典类文献。

清华简《子产》篇说："子产既由善用圣，班羞（好）勿（物）俊之行，乃

---

① 王捷：《清华简〈子产〉篇与"刑书"新析》，《上海师范大学学报（哲学社会科学版）》2017年第4期。

② 王沛：《子产铸刑书新考：以清华简〈子产〉为中心的研究》，《政法论坛》2018年第2期。

③ 徐元诰：《国语集解》，中华书局2002年版，第503页。

④ 李学勤主编：《清华大学藏战国竹简（陆）》，中西书局2016年版，第138页。

⑤ 张晋藩主编：《中国法制史》（第三版），中国政法大学出版社2007年版，第10页。

⑥ 李学勤主编：《十三经注疏·春秋左传正义》，北京大学出版社1999年版，第1228页。

肂三邦之命（令），以为郑命（令）、野命（令）……肂三邦之型（刑），以为郑型（刑）、野型（刑），行以尊令裕义（仪），以释亡（无）教不辜。"① 由简文可知，子产所作的"刑书"不仅有"令""刑"的差别，而且是先"令"后"刑"。"行以尊令裕义（仪）"，意谓行刑的目的是"尊令"，即保证令的顺利实施。这说明在令、刑关系方面，"令"具有更高的法律地位和效力，即"令主刑辅"。徐祥民先生认为，春秋时期令、刑等12种法律形式中的任何一种，都不具备法律体系主干的地位，它们相互间也没有主从关系②，但现在据清华简《子产》可知，这种观点似有商榷的余地。

二、"令""刑"之下有国野之别

《尔雅·释地》云："邑外谓之郊，郊外谓之牧，牧外谓之野。"郭璞注："邑，国都也。"③《说文》又云："野，郊外也。"所谓国、野，其实是相对而言的。按照周制，国都所在谓之"国"，国都之外百里谓之"郊"，郊外五百里之内的"甸、稍、县、都"便是"野"。略不同于周制，子产按照地域远近，将郑国划分为"国"与"野"。清华简《子产》篇云："（子产）乃肂三邦之命（令），以为郑命（令）、野命（令）……肂三邦之型（刑），以为郑型（刑）、野型（刑）。"④ 意谓子产根据郑国的社会和经济发展情况，因地制宜，让国有国令国刑、野有野令野刑，这与《左传》襄公三十年下称赞子产治国"都鄙有章"暗合。

清华简《子产》篇云"野三分，粟三分，兵三分，是谓处固"，整理者注释道："野，郊野；粟，食粮；兵，武器。三分，三分之一……疑其刑书有野、粟、兵三部分。"⑤ 整理者认为子产刑书或分野、粟、兵三部分，可能存在误读。其实，"三分"不表示"三部分"，而是指三个等级。野（鄙）、粟和兵是

下编 义理篇

① 李学勤主编：《清华大学藏战国竹简（陆）》，中西书局2016年版，第138页。

② 徐祥民：《春秋时期法律形式的特点及其成文化趋势》，《中国法学》2000年第1期。

③〔晋〕郭璞注：《尔雅》，中华书局2016年版，第57页。

④ 李学勤主编：《清华大学藏战国竹简（陆）》，中西书局2016年版，第138页。

⑤ 李学勤主编：《清华大学藏战国竹简（陆）》，中西书局2016年版，第138—144页。

紧密联系的:"野三分"指按照田地的肥沃程度,把野(鄙)分为三个等级;"粟三分"指按照田地的肥沃等级,征收三种不同的赋税;"兵三分"指按照居住人口的多少,设定三种不同等级的兵役。所谓"处固",意谓所征赋税一旦形成定制,便不能随意加征。清华简《子产》篇分为十个小部分,中间皆以"此谓"分隔,"野三分,粟三分,兵三分"一段与郑令、郑刑一段之间就是如此。《左传》文公十八年下记述了《九刑》的内容:"毁则为贼,掩贼为藏。窃贿为盗,盗器为奸。主藏之名,赖奸之用,为大凶德,有常无赦。"①《九刑》属于周代,子产刑书是参照三代之刑制定的,内容也不会相差太多。笔者怀疑"野三分,粟三分,兵三分",即《左传》昭公四年下叔向所说的"作丘赋"。韩连琪先生指出,子产刑书的一项重要功能是保证赋税的缴纳②,倘以清华简《子产》为证,则其说可从。

三、效法天道,刚柔并济

清华简《子产》云:"子产既由善用圣,班羞(好)勿(物)俊之行,乃肄三邦之命(令),以为郑命(令)、野命(令),导之以教,乃迹天地、逆顺、强柔,以咸敚(全)御;肄三邦之型(刑),以为郑型(刑)、野型(刑),行以尊令裕义(仪),以释亡(无)教不辜。此谓张美弃恶。"③李燕借用叔向之语,批评子产使刑法脱离了教化。④清华简《子产》说"导之以教",可知子产在撰制刑书时,先辅之以教化;下文又说"释亡(无)教不辜",意谓对于没有受过教化的罪犯,则予以赦免。这些都充分说明子产的刑书具有刑罚、教化相辅相成的特点。

整理者引用《汉书·平当传》,将"迹"解释为"求其踪迹"⑤,似不妥。

---

① 李学勤主编:《十三经注疏·春秋左传正义》,北京大学出版社1999年版,第576页。

② 韩连琪:《论春秋时代法律制度的演变》,《中国史研究》1983年第4期。

③ 释文有改动,下同。参见李学勤主编:《清华大学藏战国竹简(陆)》,中西书局2016年版,第138页。

④ 李燕:《子产铸刑书史料释义》,《北大法律评论》2012年第13卷第1辑。

⑤ 李学勤主编:《清华大学藏战国竹简(陆)》,中西书局2016年版,第143页。

《尚书·蔡仲之命》云："尔乃迈迹自身，克勤无怠，以垂宪乃后。"《孔传》云："汝乃行善迹，用汝身使可踪迹而法循之。"[1] 迹，当释作"效法、遵循"。天与地、逆与顺、强与柔，相克相生，和谐统一。子产效法天地、刚柔、逆顺之道，以"令""刑"为刚，以"教化"为柔，通过宽严相济，维护社会秩序。

整理者认为，"裕"应训为"宽缓"，"义"应读作"仪"、训为"法"，故"裕仪"意谓"法律宽缓"。[2] 在子产那里，令、刑已是法律，"仪"便不可能再指法律，故而整理者将"仪"训为"法"，显然不可信。《国语·周语中》云："叔父若能光裕大德。"[3] 裕，意谓"扩大、彰显"。清华简《子产》说子产"文理、形体、端冕，恭俭整齐"[4]，可见他是很重视礼仪的。"尊令"是"动词 + 名词"结构，"裕仪"亦当如此，所以笔者认为"尊令裕仪"中的"仪"，应释作"礼仪"。子产制定郑刑、野刑，尊崇令书，彰显"礼仪"，赦免没有受过教化的罪犯，最终达到"张美弃恶"（彰显美德、抑制邪恶）的目的。

综上，子产刑书的特色主要有以下几点：

第一，取法三代。子产参照三邦之令，制作郑令、野令；参照三邦之刑，制作郑刑、野刑。

第二，令、刑两分，令主刑辅。刑书主要分为令、刑两部分，刑服务于令，令的地位高于刑。

第三，因地制宜，彰显国、野之别。子产将郑国分为国、野两个区域，分别制定郑令、野令与郑刑、野刑；又按照土地的肥沃程度，将"野"划分为三个等级，征收、征调不等的赋税、兵役。

第四，效法天道，刚柔相济。制定刑书，禁之以刑罚，导之以教化，体现的是天地刚柔之道。"宽"的是道德教化，"猛"的是严刑峻法，子产刑书的

---

① 〔汉〕孔安国传，〔唐〕孔颖达正义：《尚书正义》，上海古籍出版社2007年版，第661—662页。

② 李学勤主编：《清华大学藏战国竹简（陆）》，中西书局2016年版，第143页。

③ 徐元诰：《国语集解》，中华书局2002年版，第52页。

④ 李学勤主编：《清华大学藏战国竹简（陆）》，中西书局2016年版，第137页。

内容，生动体现了子产宽猛相济的政策。

质言之，子产刑书取法三代，令、刑搭配，注重国、野分别，使刑罚与教化相辅相成，是切合郑国实际情况且操作性较强的律法系统。所以，子产"铸刑书"，不仅将原来的秘密法公布出来，而且标志着新刑法的诞生。

第二节　"令"的发源与转化

在传世文献中，我们尚未见明确以"令"命名的夏代政治文献，但商周时期则有。《逸周书·王会》云："伊尹朝，献商书，汤问伊尹曰：诸侯来献，或无马牛之所生而献远方之物，事实相反，不利。今吾欲因其地势所有献之，必易得而不贵，其为四方献令。伊尹受命，于是为四方令。"唐大沛说："四方贡献著为政令，命伊尹定之。"① 关于各地如何贡献，商汤时期有明确的政令规定。今本《竹书纪年》云："（汤）二十五年，作《大濩乐》。初巡狩，定献令。"② 今本《纪年》所记"定献令"，与《逸周书·王会》暗合。令彝为西周早期的青铜器，其铭文曰："惟十月月（初）吉癸未，明公朝至于成周，诞令舍三事令，眔卿事寮、眔诸尹、眔里君、眔百工、眔诸侯：侯、甸、男，舍四方令。"③ 周公到成周之后，向卿事寮等众位官员发布三事令、四方令。《周礼·春官宗伯·御史》载："御史掌邦国都鄙及万民之治令，以赞冢宰。凡治者受法令焉。"④ 上文所说的商汤、周公之令都为政令，而《周礼》此处则明确说是法令。就御史的职责看，西周已经有了律令意义上的"令"，但由于《周礼》的真实性备受学界质疑，因此西周时期有"令"这种法律形式的说法⑤，并未得到普遍的认可。

① 文句参考了王应麟等人的意见，有改动。参见黄怀信、张懋镕、田旭东：《逸周书汇校集注》（修订本），上海古籍出版社 2007 年版，第 908—910 页。
② 王国维：《今本竹书纪年疏证》，参见方诗铭、王修龄：《古本竹书纪年辑证》，上海古籍出版社 1981 年版，第 217 页。
③ 释文采宽式隶定，参见张亚初：《殷周金文集成引得》，中华书局 2001 年版，第 149 页。
④ 李学勤主编：《十三经注疏·周礼注疏》，北京大学出版社 1999 年版，第 713 页。
⑤〔清〕沈家本：《历代刑法考》，中华书局 1985 年版，第 834 页。

清华简《子产》以颂扬子产为基调，带有鲜明的儒家色彩，我们首先要对其可信度进行考察。《左传》昭公六年载："夏有乱政，而作《禹刑》。商有乱政，而作《汤刑》。周有乱政，而作《九刑》。"[①] 夏代有《禹刑》，商代有《汤刑》，西周有《九刑》，《左传》的记载可与《尚书·吕刑》《逸周书·尝麦》等篇相互参证，由此，三代有"刑"的说法可被证实。又，《左传》昭公六年载"（子产）制参辟，铸刑书"，杜预注："制参辟，谓用三代之末法。"[②] 依据杜预注，我们可以知道子产刑书借鉴了三代末期的律法。清华简《子产》篇云："子产既由善用圣，班羞（好）勿（物）俊之行。乃肆三邦之命（令），以为郑命（令）、野命（令），导之以教。乃迹天地、逆顺、强柔，以咸禁御；肆三邦之型（刑），以为郑型（刑）、野型（刑）。"[③] 清华简《子产》篇与《左传》的相合之处有二：一是三代有刑书，二是子产参照三代律法制作刑书。因此，清华简《子产》篇的可信度较高。

三邦之令，指的是夏、商、周三代之法令。子产参照三邦之令，制作了郑令、野令。既然清华简《子产》篇所记"三邦之刑"与《左传》记载相合，那么其所记"三邦之令"也应可信。清华简《子产》云："善君必循昔前善王之法，聿求荩（尽）之贤可。"[④]《子产》作者言之凿凿：遵循前善王之法，是成为善君的必要条件。我们进一步推想，如果三代时期没有作为法律的"令"，那么子产又能参照什么制作郑令、野令？清华简《子产》与《周礼·春官宗伯》相互印证，可知"令"这种律法形式，在西周时期便已萌芽。《史记·李斯列传》载："明法度，定律令，皆以始皇起。"[⑤] 张伯元先生据此认为，秦始皇已逐步完成了从诏令意义上的"令"向律法意义上的"令"的转化，诏令的

下编　义理篇

---

① 李学勤主编：《十三经注疏·春秋左传正义》，北京大学出版社1999年版，第1228页。

② 李学勤主编：《十三经注疏·春秋左传正义》，北京大学出版社1999年版，第1228页。

③ 李学勤主编：《清华大学藏战国竹简（陆）》，中西书局2016年版，第138页。

④ 整理者将"聿"读为"律"，并将"法律"连读，似有误。参见李学勤主编：《清华大学藏战国竹简（陆）》，中西书局2016年版，第138页。

⑤〔汉〕司马迁：《史记》，中华书局1959年版，第2546—2547页。

律令化进程自秦始皇始。① 但从清华简《子产》看，"令"律法意义上的转换，早在子产时代便已完成。

清华简《子产》云："乃肄三邦之命（令），以为郑命（令）、野命（令）。"整理者注："肄，《说文》：'习也。'"② 子产借鉴三邦之令，制作郑令、野令，这就是说，子产刑书与三邦之令之间是一种损益关系。有学者指出，子产作为春秋时期郑国著名的政治家，他所采取的施政手段，是他在面对时代困境时做出的反应，符合战国法家不法古的历史变化观点。③ 单纯从制作刑书看，子产与战国时期的法家有着明显的差异，他是法古的——借鉴三代经验，是子产刑书的重要特色。《国语·齐语》中，管仲说："修旧法，择其善者而业用之，遂滋民，与无财，而敬百姓，则国安矣。"④ 管仲制作律令时，主张是参照旧令，结合本国的实际情况，择善而从。质言之，"择旧法以成新章"并非子产独有，而可能是春秋时期制作令书较为普遍的模式。

岳麓秦简中出现了大量秦令，其中，2028："令曰：黔首徒隶名为秦者更之，敢有弗更，赀一甲。"经陈松长先生初步统计，这种以"令曰"起首者便有四十余例。⑤ 徒隶令、传送委输令、徙户令等众多令书，亦见于里耶秦简。⑥ 从三邦之令到郑令、野令，再到岳麓秦简、里耶秦简，可知"令"作为一种律法形式，从西周到战国、秦汉，一直延续不绝。子产、秦始皇等人皆做过"令"的整理工作，所以从形式到内容，先秦时期"令"的转化非一人一时之功。

岳麓秦简 1162：

> 令曰：书当以邮行，为检令高可以旁见印章；坚约之，书检上应署，令并负以疾走。不从令，赀一甲。

① 张伯元：《律注文献丛考》，社会科学文献出版社 2009 年版，第 349 页。
② 李学勤主编：《清华大学藏战国竹简（陆）》，中西书局 2016 年版，第 143 页。
③ 白峥勇：《论子产的用法思想及其影响》，《人文与社会》学报 2008 年第 2 期。
④ 徐元诰：《国语集解》，中华书局 2002 年版，第 223 页。
⑤ 释文及数据统计，参见陈松长：《岳麓秦简中的令文格式初论》，《上海师范大学学报（哲学社会科学版）》2017 年第 6 期。
⑥ 王焕林：《里耶秦简校诂》，中国文联出版社 2007 年版，第 45、104、116 页。

1805：

　　令曰：邮人行书留半日，赀一盾；一日，赀一甲；二日，赀二甲；三日，赎耐；三日以上，耐。

1893：

　　令曰：治书，书已具，留弗行，盈五日到十日，赀一甲，过十日到廿日，赀二甲。①

书记员将书信写好之后，五日至十日内不寄出，罚一甲；十日至二十日内不寄出，罚二甲。邮递员寄送信件，每拖延一日，罚金相应增加。

子产之令分为郑令、野令两类，从岳麓秦简中的秦令内容来看，地方政府中的"令"就有二十多种，如尉郡卒令、郡卒令、廷卒令、卒令、赎令、挟兵令、捕盗贼令、稗官令等，说明随着东周至秦代政治、经济的发展，"令"的内容日益丰富多彩，分类也更加细化。从子产刑书看，春秋时期令、刑两分，"令"的地位高于"刑"。"令"的法律效力与发布者的地位、官职紧密关联，子产是郑国的执政大臣，面向的是郑国全境，他所收集的也是国君、卿大夫一级人物的"令"，所以"令"的地位要高于"刑"；岳麓秦简中则有尉郡卒令、郡卒令、廷卒令、卒令、县官田令等内容，且秦代官府文书的传递也有相应的"令"，由此可见，这些"令"的发布者的职位不会太高。换言之，从春秋到战国、秦代，由于发布者（或使用者）地位、职责的差异，"令"也会呈现出不同的面貌。"律"和"令"虽有明确的界限，但两者都是常用的法律规范。秦汉时期，使用者往往根据自己的实际需要进行抄写，致使"令"与"律"时常能够并存或兼容，岳麓秦简《律令杂抄》、张家山汉简《二年律令》便是典型的例证。

总而言之，学界普遍认为律法意义上的"令"滥觞于秦汉时期，鲜有学者相信它在西周时期便已发源。清华简《子产》说子产参照三邦之令制作郑令、野令，岳麓秦简、里耶秦简中则有大量"秦令"，我们若按时间顺序把《周

---

① 释文转引自陈松长：《岳麓秦简中的令文格式初论》，《上海师范大学学报（哲学社会科学版）》2017年第6期。

礼·春官宗伯》、清华简《子产》、岳麓秦简及里耶秦简串联起来，就可知道"令"作为一种律法，自西周至秦汉便一直延续不绝。子产之令已经有了国、野之别，而岳麓秦简中的尉郡卒令、郡卒令、廷卒令、卒令等，则证明了从春秋至秦代，"令"的内容在不断丰富，分类也渐趋细化。子产刑书中，"令"的地位要高于"刑"，是通行于全国的法规。岳麓秦简中的尉郡卒令、郡卒令、廷卒令、卒令等，层级明显不高，属地方性法规。另外，先秦时期，由于发布者（或使用者）地位、职权的不同，"令"也呈现出不同的面貌。

第三节　叔向反对子产铸刑书的原因

作为春秋时期的著名贤臣，子产是知礼的典范。《左传》昭公二十五年，子大叔说："吉也闻诸先大夫子产曰：'夫礼，天之经也，地之义也，民之行也。'"① 可见，子产认为礼是天地间固有的纲纪，是民众行为的规范，因而异常重视礼仪的作用。又《左传》昭公十二年载：

> 三月，郑简公卒，将为葬除。……司墓之室，有当道者。毁之，则朝而塴；弗毁，则日中而塴。子大叔请毁之，曰："无若诸侯之宾何？"子产曰："诸侯之宾，能来会吾丧，岂惮日中？无损于宾，而民不害，何故不为？"遂弗毁，日中而葬。君子谓："子产于是乎知礼。礼，无毁人以自成也。"②

郑简公下葬之时，一座民宅阻挡了各国大夫送葬的路。子大叔主张将之毁掉，以便上午下葬，使各国宾客能早些回去。但子产不肯毁掉民宅，为了维护民众的利益，宁愿中午下葬，让各国宾客晚一些回去。较之礼之形式，子产更注重礼之义，不肯以损害他人的利益为代价来成全自己。宁全红先生考察《左传》中的相关记载，发现"子产处处依礼行事"③。清华简《子产》篇云：

---

① 李学勤主编：《十三经注疏·春秋左传正义》，北京大学出版社1999年版，第1447页。

② 李学勤主编：《十三经注疏·春秋左传正义》，北京大学出版社1999年版，第1293页。

③ 宁全红：《春秋法制史研究》，四川大学出版社2009年版，第155—156页。

勉政、利政、固政，有司整政在身，文理、形体、端冕，恭俭整齐，弁现有秩。秩所以从节行礼，行礼践政，有司出言复，所以知自有自丧也。有道乐存，亡道乐亡，此谓劼（嘉）理。①

文理，指礼文仪节；端冕，指朝服。要巩固国家政治秩序，需从自身做起。文理、形体、端冕恭俭整齐，是为了从节行礼，也只有从节行礼，才能使国家和谐安定。从清华简《子产》篇看，子产确实是从自身做起、笃守礼制的贤臣。

然而，如此守礼的子产却遭到了叔向的尖锐批评，而且是被批评为违背礼制。《左传》昭公六年载：

三月，郑人铸刑书。叔向使诒子产书曰："始吾有虞于子，今则已矣。昔先王议事以制，不为刑辟，惧民之有争心也。犹不可禁御，是故闲之以义，纠之以政，行之以礼，守之以信，奉之以仁，制为禄位，以劝其从，严断刑罚，以威其淫。惧其未也，故诲之以忠，耸之以行，教之以务，使之以和，临之以敬，莅之以强，断之以刚。犹求圣哲之上，明察之官，忠信之长，慈惠之师，民于是乎可任使也，而不生祸乱。民知有辟，则不忌于上，并有争心，以征于书，而徼幸以成之，弗可为矣。夏有乱政，而作《禹刑》。商有乱政，而作《汤刑》。周有乱政，而作《九刑》。三辟之兴，皆叔世也。今吾子相郑国，作封洫，立谤政，制参辟，铸刑书，将以靖民，不亦难乎？《诗》曰：'仪式刑文王之德，日靖四方。'又曰：'仪刑文王，万邦作孚。'如是，何辟之有？民知争端矣，将弃礼而征于书。锥刀之末，将尽争之。乱狱滋丰，贿赂并行。终子之世，郑其败乎？肸闻之：'国将亡，必多制。'其此之谓乎！"②

叔向是春秋时期著名的贤臣，他公开写信反对子产铸刑书。对于其中原

---

① 释文、句读有改动。参见李学勤主编：《清华大学藏战国竹简（陆）》，中西书局2016年版，第137页。

② 李学勤主编：《十三经注疏·春秋左传正义》，北京大学出版社1999年版，第1225—1229页。

因，学者们展开了较为深入的探讨。蔡枢衡先生认为，"叔世"指一个朝代的初期，夏、商、周三代都在朝代初期制定了刑法，而子产在郑国末世制定刑书，是徒劳无益的。① 黄广进先生认为叔向之所以反对子产"铸刑书"，是因为子产的刑书完全背离了"礼"的精神。② 王捷先生指出："《子产》篇作者认为子产定'郑刑''野刑'目的在于'刑辟'。由此我们想到时人对子产铸刑书的批评主要在于对原有礼制的破坏。"③ 学者据叔向之说，纷纷怀疑子产是破坏礼制之人。但清华简《子产》篇云：

> 子产既由善用圣，班羞（好）勿（物）俊之行，乃肄三邦之命（令），以为郑命（令）、野命（令），导之以教，乃迹天地、逆顺、强柔，以咸禁御；肄三邦之型（刑），以为郑型（刑）、野型（刑），行以尊令裕义（仪），以释亡（无）教不辜。此谓张美弃恶。④

清华简《子产》篇中，并无子产违背礼制的记载，反而明确记录了子产所说的"固身谨信""从节行礼"。子产在制作刑书的过程中，也参照了圣王法令与"三邦之刑"。子产主张要对国人进行教化，要求"导之以教"，将教化与刑罚有机结合。这些都不违背礼制。

西周时期，礼制是维护社会秩序的主要手段。春秋时期，周天子的权力日渐衰微，各诸侯国崛起，礼乐征伐不再从周天子出。当时王纲解纽，礼崩乐坏，礼制已不能维持社会的正常运转。子产鉴于礼制破坏严重，便参照三邦之令，制定郑令、野令，以令作为一种形式的法律来推进礼乐教化。对于制定刑书的目的，清华简《子产》篇说得很清楚："（子产）肄三邦之型（刑），以为郑型（刑）、野型（刑），行以尊令裕义（仪），以释亡（无）教不辜。此谓张美弃恶。"⑤ 子产参照三代之刑，制定郑刑、野刑，其目的是让百姓遵从郑

---

① 蔡枢衡：《中国刑法史》，广西人民出版社1983年版，第119页。
② 黄广进：《再论子产铸刑书事件》，《西南民族大学学报（人文社科版）》2005年第4期。
③ 王捷：《清华简〈子产〉篇与"刑书"新析》，《上海师范大学学报（哲学社会科学版）》2017年第4期。
④ 李学勤主编：《清华大学藏战国竹简（陆）》，中华书局2016年版，第138页。
⑤ 李学勤主编：《清华大学藏战国竹简（陆）》，中西书局2016年版，第138页。

令、野令，按照礼仪行事，从而彰显美德、摒弃邪恶。子产的治国理路是以刑促礼，以礼促政，最终实现国家大治。

对于子产的"铸刑书"之举，叔向予以严厉批评。《左传》昭公六年下，叔向说："是故闲之以义，纠之以政，行之以礼，守之以信，奉之以仁，制为禄位，以劝其从，严断刑罚，以威其淫。"① 叔向认为，面对失序的社会，奉礼守信，教以仁义，制定爵禄，劝其执行是本，刑罚威逼则是末。更为关键的是，制定刑书本是劝民守礼，最终却使人弃礼制而从刑书，从而加速了礼制的崩溃。子产在日常生活中并无违礼之举，但他以刑书维护礼制，就难免事与愿违，并招致叔向的批评。

面对叔向的责难，子产回信道："若吾子之言，侨不才，不能及子孙，吾以救世也。既不承命，敢忘大惠？"② 子产没有做出强烈的反驳，在他看来，礼乐制度已不能继续维持社会的正常运转，最有效的治国手段当是法制。那个时代，礼崩乐坏，子产为了救世，制作刑书，缘法以治，以刑罚维护礼制，也实属迫不得已。子产没有接受叔向的批评与劝告，两人治国理念的分歧由此产生。

总之，子产和叔向都尊崇礼制，认识到了礼制对于社会治理的重要性，但面对春秋时期礼崩乐坏的社会困境，他们在治理国家上有着不同的侧重与立场。子产重视礼制，但他也明白礼制已不能支撑国家机器持续运转，所以他的思路是出礼入刑，以刑促礼，通过制定刑书来重建社会秩序；叔向则主张以礼促礼，将文王作为效法的对象，以礼乐教化百姓，坚持西周以来以礼治国的传统。子产认为礼乐制度很难单靠自身维持下去，而必须借助外力——刑法；叔向则认为礼制是本、刑罚是末，批评子产铸刑书，致使国人弃礼奉刑。叔向固守传统，子产倡导革新，子产之后，晋国铸刑鼎、邓析制《竹刑》，足见子产"铸刑书"之举体现了春秋时期礼刑分离、律法作用日益凸显的社会变革趋势。

---

① 李学勤主编：《十三经注疏·春秋左传正义》，北京大学出版社1999年版，第1226页。
② 李学勤主编：《十三经注疏·春秋左传正义》，北京大学出版社1999年版，第1229页。

第四节　春秋时期重德、重刑不同治国理路的生成

在子产铸刑书之后，公元前513年，晋国亦铸刑鼎。《左传》昭公二十九年载：

> 冬，晋赵鞅、荀寅帅师城汝滨，遂赋晋国一鼓铁，以铸刑鼎，著范宣子所为刑书焉。仲尼曰："晋其亡乎！失其度矣。夫晋国将守唐叔之所受法度，以经纬其民，卿大夫以序守之，民是以能尊其贵，贵是以能守其业。贵贱不愆，所谓度也。文公是以作执秩之官，为被庐之法，以为盟主。今弃是度也，而为刑鼎，民在鼎矣，何以尊贵？贵何业之守？贵贱无序，何以为国？且夫宣子之刑，夷之蒐也，晋国之乱制也，若之何以为法？"①

晋国大夫赵鞅、荀寅向百姓征收铁器，铸成刑鼎，把范宣子制定的刑法公布在刑鼎上。孔子对此表示强烈不满，其中缘由有二：一是庶民与贵族是有等级差别的，贵族是贵族，庶民是庶民，即"尊卑有度，贵贱不愆"。在孔子看来，等级差别是社会存在的基础，如果一律按照刑书定罪，就会破坏贵族与庶民之间的等级秩序，进而使社会秩序失衡。二是孔子主张夷狄可以变华夏，但华夏不能变夷狄。范宣子的刑书依据夷蒐之法，是夷狄乱制，不足为法。

孔子虽也反对铸刑书，但他与叔向不同，面对春秋时期礼崩乐坏的社会现状，孔子提出了明确的解决方法。孔子曾说："礼云礼云，玉帛云乎哉？乐云乐云，钟鼓云乎哉？"意谓礼乐不仅有外在形式，更有深刻的思想内容作为支撑。礼仪的制作，本出于表达内心感情的需要。《论语·颜渊》中，孔子说："为仁由己，而由人乎哉？"可见为仁由己不由人，行礼不是靠外在的强迫，而是凭人们内心中美好情感的自然流露。对于这些美好的情感，孔子称之为"仁"。《论语·八佾》中，孔子云："人而不仁，如礼何？人而不仁，如

乐何?"孔子将"仁"作为笃守礼制的内在根源,让百姓认识到行礼不是一种负担,而是一种主动与自觉,是表达内心情感的真切需求。

《论语·为政》中,孔子说:"道之以政,齐之以刑,民免而无耻;道之以德,齐之以礼,有耻且格。"在孔子看来,如果单纯以刑罚约束百姓,那么百姓对礼制的遵守就只是外在的、被动的,而不是发自内心的自觉;而如果以道德教化唤醒百姓,百姓便会有羞耻之心,进而心悦诚服地遵守礼制规范。《论语·颜渊》中,孔子说:"君子之德风,小人之德草。草上之风,必偃。"与子产重视刑书相比,孔子更重视统治者的道德修养,他认为国君只要率先垂范、为政以德,便自然会带动百姓践守礼制,进而使社会和谐稳定。

据《左传》昭公二十年记载,子产在去世前曾对子大叔说:"我死,子必为政。唯有德者能以宽服民,其次莫如猛。夫火烈,民望而畏之,故鲜死焉;水懦弱,民狎而玩之,则多死焉,故宽难。"[1]火性猛烈,百姓多望而生畏,故很少有人因火而死;水性柔弱,百姓易亲近玩弄,故常常因之亡身。子产希望自己的继任者子大叔能继续推行严刑峻法,使百姓心生畏惧,不敢犯法,进而使郑国安定太平。重视礼制,是儒家与早期法家的共同倾向,但孔子倡导以德治国,所谓"国无德不兴,人无德不立",而子产、赵鞅、荀寅、邓析则注重法治,旨在"以刑止刑",所以虽面对相同的社会现状,他们的治国路径却迥然不同。

铸刑书于鼎,正是早期法家出礼入法的重要标志。早期法家奉行重刑主义,倾向于以严刑峻法维护礼制,但礼仪的制作本该是顺应人心的事,行礼也应出于人内心中的真情实感。孔子提出"仁",以仁作为礼的内在支撑,发明人本身就具有的践守礼制之心,开启了由外向内的学术转向。早期法家重视刑罚,贴近现实,短期内便能取得显著的治国成效;而儒家则主张德主刑辅,追求以德服人,把对礼的遵守由外在的约束变为内在的觉悟,从而展现出更为高远的治国境界。

---

① 李学勤主编:《十三经注疏·春秋左传正义》,北京大学出版社1999年版,第1407页。

综上所述，从清华简《子产》篇可知，取法三代、国野有别与令主刑辅是子产刑书的重要特征。子产铸刑书，以刑法维护礼制，是早期法家在治国方式上出礼入刑的重要转变标志。将《周礼·春官宗伯》、清华简《子产》、里耶秦简及岳麓秦简串联起来看，可知从西周到秦汉，"令"的形式持续发展、内容不断丰富。面对春秋时期礼崩乐坏的困局，早期法家认为严刑峻法是最有效的治国手段，他们铸刑书、铸刑鼎，开以法治国之先河。但刑书只能进行外在的强制，并不能唤醒百姓内心的觉悟。孔子认为每个人皆有仁爱之心，践守礼制是人真性情的自然流露，他主张以德治国，认为国君应为政以德，率先垂范，引发百姓的道德自觉，进而教化天下，由内圣成就外王。重视礼治是儒家与早期法家的共同侧重点，只是由礼入刑是早期法家的治国进路，而由礼至德则是儒家的治国方略。面对春秋时期礼崩乐坏的困局，儒家与早期法家对德、刑等不同治国举措的强调，使他们由同源走向异途。

（本章内容最初发表于《孔子研究》2019年第1期，收入本书时略有改动）

附录一
由孝道到孝治：先秦儒家
孝道观发展的两次转进
——以《曾子》十篇与《孝经》比较为中心的考察

百善孝为先，"孝"为君子道德修养中的元德，深刻影响着中国人的生活方式及价值取向。《左传》十九万余字，《礼记》九万余字，而《孝经》仅以一千九百余字便厕身"十三经"，堪称中国文化史上的奇观。《孝经》是一部集中反映先秦时期儒家孝道观的著作，汉朝以孝治天下，《孝经》的地位日益凸显，此后更是成为历代统治者治理国家时不可或缺的政治理论指南。

关于《孝经》的成书时代及作者，学界向来众说纷纭，有孔子说[1]、曾子

①《史记·仲尼弟子列传》："曾参，南武城人，字子舆。少孔子四十六岁。孔子以为能通孝道，故授之业。作《孝经》。"《史记》的表述相对模糊，班固的《汉书》则更加明确。《汉书·艺文志》云："《孝经》者，孔子为曾子陈孝道也。"由于司马迁、班固的影响，历代主此说者甚众，如陆德明、邢昺、皮锡瑞等。

说^①、七十子之徒说^②、曾子门人说^③、子思说^④、乐正子春说^⑤、孟子门人说^⑥、齐鲁间儒者说^⑦、汉儒说^⑧等多种观点。1994 年，上海博物馆陆续购入一批战国竹简，其中《内礼》一篇与《大戴礼记·曾子立孝》密切相关，证明《曾子》十篇确为曾子学派的文献，应成书于曾子第二、三代弟子之手。在本

---

① 孔安国《古文孝经序》云："唯曾参躬行匹夫之孝，而未达天子、诸侯以下扬名显亲之事，因侍坐而咨问焉。故夫子告其谊，于是曾子喟然知孝之为大也，遂集而录之，名曰《孝经》，与五经并行于世。"

② 清儒毛奇龄《孝经问》："此是春秋战国间七十子之徒所作，稍后于《论语》，而与《大学》《中庸》《孔子闲居》《仲尼燕居》《坊记》《表记》诸篇同时，如出一手。"《四库全书总目提要》："今观其文，去二戴所录为近，要为七十子徒之遗书。使河间献王采入一百三十一篇中，则亦《礼记》之一篇，与《儒行》《缁衣》转从其类。"

③ 南宋晁公武《郡斋读书志》："今首章云'仲尼居，曾子侍'，非孔子所著明矣。详其文义，当是曾子弟子所为书。"相关考证，参见钟肇鹏：《曾子学派的孝治思想》，《孔子研究》1987 年第 2 期；张涛：《〈孝经〉作者与成书年代考》，《中国史研究》1996 年第 1 期。

④ 南宋王应麟《困学纪闻》卷七引冯椅语："子思作《中庸》，追述其祖之语乃称字，是书（《孝经》）当成于子思之手。"相关研究，参见彭林：《子思作〈孝经〉说新论》，《中国哲学史》2000 年第 3 期。

⑤ 郭沂：《郭店竹简与先秦学术思想》，上海教育出版社 2001 年版，第 383 页。

⑥ 日本学者武内义雄说："《孝经》是由孟子派之学者所传曾子之教。"王正己《孝经今考》："《孝经》的内容，很接近孟子的思想，所以《孝经》大概可以断定是孟子门弟子所著的。"参见江侠庵编译：《先秦经籍考》，商务印书馆 1931 年版，第 233 页；王正己：《孝经今考》，载《古史辨》（四），上海古籍出版社 1982 年版，第 171 页。

⑦ 朱熹《跋程沙随帖》云："《孝经》独篇首六七章为本经，其后乃传文，然皆齐鲁间陋儒纂取《左氏》诸书之语为之，至有全然不成文理处。传者又顾失其次第，殊非《大学》《中庸》二传之俦也。"参见〔宋〕朱熹著，郭齐、尹波点校：《朱熹集》（七），四川教育出版社 1996 年版，第 4333 页。

⑧ 明代吴廷翰《吴廷翰集·椟记》卷上："《孝经》一书，多非孔子之言，出于汉儒附会无疑。"清代姚际恒《古今伪书考》："是书来历出于汉儒，不惟非孔子作，并非周秦之言也。……《左传》自张禹所传后始渐行于世；则《孝经》者盖其时之人所为也。"梁启超说："（《孝经》）也许不是战国的书，而是汉代的书。"参见〔明〕吴廷翰著，容肇祖点校：《吴廷翰集》，中华书局 1984 年版，第 155 页；〔清〕姚际恒著，顾颉刚点校：《古今伪书考》，朴社 1929 年版，第 12—13 页；梁启超：《古书真伪及其年代》，载《梁启超全集》第九册，北京出版社 1999 年版，第 5077 页。

文中，笔者将以《曾子》十篇为基点，从文本内容的同异着眼进行考察，为《孝经》成书情况、儒家孝道观转进等问题提供新的思路，不当之处，敬请方家批评指正。

一、《曾子》十篇与《孝经》的相同之处

《曾子》十篇与《孝经》皆以"孝"为中心，并有诸多相同之处，兹对比如下：

其一，对孝道极为尊崇。《曾子大孝》云："夫孝者，天下之大经也。夫孝，置之而塞于天地，衡之而衡于四海，施诸后世，而无朝夕，推而放诸东海而准，推而放诸西海而准，推而放诸南海而准，推而放诸北海而准。"[1] 在曾子那里，大孝无疆，孝为天地间最重要的道德守则，是放诸四海而皆准的根本大法。《孝经·三才章》云："夫孝，天之经也，地之义也，民之行也。"[2]《孝经》与《曾子》十篇都把"孝"视为天经地义，视为"至德"——最重要的品德[3]。《应感章》又说："孝悌之至，通于神明，光于四海，无所不通。"[4] 孝悌的最高境界，是上达神明、贯通四海，"光于四海"一语，与《曾子大孝》中的"推而放诸东海而准，推而放诸西海而准，推而放诸南海而准，推而放诸北海而准"直接呼应。

其二，将孝德上升为道体。《曾子大孝》云："居处不庄，非孝也；事君不忠，非孝也；莅官不敬，非孝也；朋友不信，非孝也；战陈无勇，非孝也。"[5] 在孔子那里，孝不过是具体的、实践性较强的一般德目，而曾子以孝统摄庄、忠、敬、信、勇等诸多德目，把孝提升为具有普遍意义的道德哲学本体，地位相当于孔子所论说的"仁"。《孝经·开宗明义章》云："夫孝，德之本也，教

---

① 〔清〕王聘珍：《大戴礼记解诂》，中华书局1983年版，第84页。

② 李学勤主编：《十三经注疏·孝经注疏》，北京大学出版社1999年版，第19页。

③《孝经·开宗明义章》中，孔子曰："先王有至德要道，以顺天下，民用和睦，上下无怨。汝知之乎？"参见李学勤主编：《十三经注疏·孝经注疏》，北京大学出版社1999年版，第2—3页。

④ 李学勤主编：《十三经注疏·孝经注疏》，北京大学出版社1999年版，第52页。

⑤ 〔清〕王聘珍：《大戴礼记解诂》，中华书局1983年版，第83页。

之所由生也。"①《孝经》把孝规定为"德之本"、教化之源头，实际上是肯定孝的本体地位。

其三，凸显孝道的教化作用。《曾子大孝》云："民之本教曰孝，其行之曰养。"② 可见曾子把孝定义为教化民众的本源。《孝经·天子章》云："爱亲者，不敢恶于人。敬亲者，不敢慢于人。爱敬尽于事亲，而德教加于百姓，刑于四海。盖天子之孝也。"③ 爱自己的亲人，便不会厌恶他人；敬自己的亲人，便不会怠慢他人。天子敬爱自己的父母，百姓便会竞相模仿，教化也自然会被于四方。《广要道章》又云："教民亲爱，莫善于孝。教民礼顺，莫善于悌。"④ 在《孝经》的作者看来，提倡孝道是推行教化的最佳手段，"是以其教不肃而成，其政不严而治"。

其四，建构孝道共同理论链环，即"爱（敬）—孝—忠"。《曾子立孝》云："君子立孝，其忠之用，礼之贵。"⑤ 依据上博简《内礼》，"忠"字当作"爱"，"忠之用"便是"用忠"，"用忠"便是"用爱"。在曾子看来，爱为孝之本，意谓根源于血缘的亲情，是孝的最初情感来源。《曾子事父母》记载："单居离问于曾子曰：'事父母有道乎？'曾子曰：'有。爱而敬。'"⑥ 尽孝的前提是爱父母、敬父母，而这种敬爱之情，源自人内心中的真实情感。《孝经·士章》云："资于事父以事母，而爱同；资于事父以事君，而敬同。故母取其爱，而君取其敬，兼之者父也。"⑦ 对母亲爱而不敬，对父亲既爱且敬，《孝经》也把爱（包含敬）作为侍奉父母的感情起点，只不过比《曾子》十篇区分得更为细致罢了。

《曾子立孝》云："是故未有君而忠臣可知者，孝子之谓也；未有长而顺

① 李学勤主编：《十三经注疏·孝经注疏》，北京大学出版社1999年版，第3页。

② 〔清〕王聘珍：《大戴礼记解诂》，中华书局1983年版，第83页。

③ 李学勤主编：《十三经注疏·孝经注疏》，北京大学出版社1999年版，第5—6页。

④ 李学勤主编：《十三经注疏·孝经注疏》，北京大学出版社1999年版，第42页。

⑤ 〔清〕王聘珍：《大戴礼记解诂》，中华书局1983年版，第80页。

⑥ 〔清〕王聘珍：《大戴礼记解诂》，中华书局1983年版，第85—86页。

⑦ 李学勤主编：《十三经注疏·孝经注疏》，北京大学出版社1999年版，第14页。

下可知者，弟弟之谓也……故曰孝子善事君，弟弟善事长。"① 先有孝子，后有忠臣，在一个人入仕之前，要判断他是不是忠臣，就要看他在家是不是孝子。《孝经·广扬名章》说："君子之事亲孝，故忠可移于君。"② 移孝作忠，忠臣出于孝子之门。《孝经·士章》云："故以孝事君则忠，以敬事长则顺。忠顺不失，以事其上，然后能保其禄位，而守其祭祀。"③ 儿子在家孝顺父母，并将这种情感转移至侍奉国君上去，便是忠。只有以孝事亲，才能以忠事君。《曾子》十篇与《孝经》都以爱父母为起点，以孝劝忠，由家及国，将孝引入政治领域，建构起"忠孝一体"的理论链环。

其五，按照身份、地位及职责，把孝道细分为不同层次。《曾子本孝》云："君子之孝也，以正致谏；士之孝也，以德从命；庶人之孝也，以力恶食。任善不敢臣三德。"④ 曾子根据每个人的社会阶层、经济能力，将尽孝分为天子、诸侯、士大夫、庶民等不同层次。此外，曾子还依据孝道的不同境界，又对孝做了"大孝""中孝""小孝"等区分。《孝经》则按照社会阶层，将孝分为五等，依次是"天子之孝""诸侯之孝""卿大夫之孝""士之孝""庶人之孝"。根据具体情况，把孝细分为不同层次，是《孝经》与《曾子》十篇的共同特点。

其六，对于孝道的要求与内容，有着相似的规定。《曾子本孝》云："故孝之于亲也，生则有义以辅之，死则哀以莅焉，祭祀则莅之，以敬如此，而成于孝子也。"⑤《孝经·纪孝行章》云："孝子之事亲也，居则致其敬，养则致其乐，病则致其忧，丧则致其哀，祭则致其严。五者备矣，然后能事亲。"⑥ 对待父母，应生则致养、死则致哀、祭则致敬。《曾子》十篇与《孝经》在措

---

① 〔清〕王聘珍：《大戴礼记解诂》，中华书局 1983 年版，第 82 页。

② 李学勤主编：《十三经注疏·孝经注疏》，北京大学出版社 1999 年版，第 46 页。

③ 李学勤主编：《十三经注疏·孝经注疏》，北京大学出版社 1999 年版，第 14 页。

④ 〔清〕王聘珍：《大戴礼记解诂》，中华书局 1983 年版，第 80 页。

⑤ 〔清〕王聘珍：《大戴礼记解诂》，中华书局 1983 年版，第 80 页。

⑥ 李学勤主编：《十三经注疏·孝经注疏》，北京大学出版社 1999 年版，第 38 页。

辞上虽略有差异，但对于孝子的行为要求则基本相同。

《曾子大孝》云："养可能也，敬为难；敬可能也，安为难；安可能也，久为难；久可能也，卒为难。父母既殁，慎行其身，不遗父母恶名，可谓能终也。"① 父母在的时候，要养、要敬，让父母安享晚年；父母去世后，要谨慎行事，不让父母背负骂名。可见，曾子认为孝子要以终生恪守孝道为己任。《孝经·开宗明义章》云："夫孝始于事亲，中于事君，终于立身。"② 孝最初是尽孝于父母，继而是以忠事君，最终则是在对孝道的践履中涵育出个人的道德品格。《曾子》十篇与《孝经》皆认为子女尽孝无始无终，应以终生孝养父母为目标。

其七，贵生全体，以不损伤自己的身体为孝。《曾子大孝》云："道而不径，舟而不游，不敢以先父母之遗体行殆也。"③ 意谓人应走大路而不走小路，应坐船而不游泳，因为人的身体是已故父母身体的"延续"，不能让它遭遇不测。《曾子大孝》中，乐正子春说："天之所生，地之所养，人为大矣。父母全而生之，子全而归之，可谓孝矣；不亏其体，可谓全矣。"④ 由于身体是父母给的，故而人要爱护自己的身体，不能无故损伤它。《孝经·开宗明义章》云："身体发肤，受之父母，不敢毁伤，孝之始也。"⑤ "身体发肤，受之父母，不敢毁伤"，正为乐正子春所言⑥，《孝经》注重贵生全体，完全袭用了《曾子大孝》的语句。

其八，重视人的价值。《曾子大孝》云："天之所生，地之所养，人为大矣。"⑦ 在天地诞育的万物之中，人最为尊贵。《孝经·圣治章》云："天地之

---

① 〔清〕王聘珍：《大戴礼记解诂》，中华书局1983年版，第83页。

② 李学勤主编：《十三经注疏·孝经注疏》，北京大学出版社1999年版，第4页。

③ 〔清〕王聘珍：《大戴礼记解诂》，中华书局1983年版，第85页。

④ 〔清〕王聘珍：《大戴礼记解诂》，中华书局1983年版，第85页。

⑤ 李学勤主编：《十三经注疏·孝经注疏》，北京大学出版社1999年版，第3页。

⑥ "身体发肤，受之父母，不敢毁伤"出自乐正子春。可参见河北定县（今定州市）汉简《儒家者言》、《曾子大孝》及《吕氏春秋·孝行览》。

⑦ 〔清〕王聘珍：《大戴礼记解诂》，中华书局1983年版，第85页。

性人为贵。"①《孝经》中没有人性理论的建构，这里的"性"字即是"生"，可见《曾子》十篇与《孝经》都肯定人价值的可贵。

其九，多引用《诗经》来证明自己的观点。《曾子大孝》云："夫孝，置之而塞于天地，衡之而衡于四海，施诸后世，而无朝夕，推而放诸东海而准，推而放诸西海而准，推而放诸南海而准，推而放诸北海而准。《诗》云：'自西自东，自南自北，无思不服。'此之谓也。"②《曾子大孝》所引诗句，出自《诗经·大雅·文王有声》，而《孝经·应感章》在论述孝道遍及四方，"光于四海，无所不通"时，也引用了此诗。

又，《曾子立孝》云："《诗》云……'夙兴夜寐，无忝尔所生'，言不自舍也。不耻其亲，君子之孝也。"③"夙兴夜寐，无忝尔所生"出自《诗经·小雅·小宛》，曾子引用此诗，证明君子的孝道之一是不辱其亲。《孝经·士章》也引用此诗。除此之外，《曾子》十篇与《孝经》在引用《诗经》时，皆称"诗云"，而不指出具体篇名。

学者判定《孝经》为孔子所作，主要依据是它采用了孔子向曾子传授孝道的方式，即其绝大部分内容属于"子曰"。《说苑·建本》记载：

> 曾子芸瓜而误斩其根。曾晳怒，援大杖击之。曾子仆地，有顷，乃苏，蹶然而起，进曰："曩者，参得罪于大人，大人用力教参，得无疾乎？"退屏鼓琴而歌，欲令曾晳听其歌声，知其平也。孔子闻之，告门人曰："参来勿内也。"曾子自以无罪，使人谢孔子。孔子曰："汝不闻瞽叟有子名曰舜？舜之事父也，索而使之，未尝不在侧，求而杀之，未尝可得，小箠则待，大箠则走，以逃暴怒也。今子委身以待暴怒，立体而不去，杀身以陷父不义，不孝孰是大乎？"④

曾子种瓜时不小心斩断其根，曾晳十分恼怒，便用大杖打曾子，曾子昏

---

① 李学勤主编：《十三经注疏·孝经注疏》，北京大学出版社1999年版，第28页。

② 〔清〕王聘珍：《大戴礼记解诂》，中华书局1983年版，第84页。

③ 〔清〕王聘珍：《大戴礼记解诂》，中华书局1983年版，第82页。

④ 〔汉〕刘向撰，向宗鲁校证：《说苑校证》，中华书局1987年版，第61页。

·205·

附录

倒在地。过了一会儿，曾子苏醒了，他用琴声与歌声告诉父亲，自己没有被打坏。孔子对曾子这种只考虑自己尽孝却不顾及父母感受的做法并不赞同，他教育曾子要像虞舜学习，不要行愚孝。司马迁说"孔子以为（曾子）能通孝道，故授之业"，但实际上，孔子对曾子尽孝的某些做法是不赞成的。

在孔子的思想体系中，"仁"居于核心地位，统摄着"温""良""恭""俭""让"诸德。而在《孝经》中，"孝"则成为思想核心，"仁"的道体地位被"孝"取代。《论语》中的"仁"包含了"孝"，"孝"不过是"仁"之一端，是具体的德目，而《孝经》中的"孝"涵盖了"忠""信""勇"等德目，成为具有普遍意义的道德本体。所以，孔子虽然很重视孝，但从未把孝细分为不同层次。《孝经·应感章》云："宗庙致敬，鬼神著矣。孝悌之至，通于神明，光于四海，无所不通。"[1] 祭祀时只要充分表达敬意，便会感觉到鬼神的存在。孝悌的最高境界，是上通神明，遍及四海，无所不在。孔子不语"怪力乱神"，敬鬼神而远之，《孝经》中的神秘论与鬼神色彩明显与孔子思想不符。朱熹说："《孝经》，疑非圣人之言。且如'先王有至德要道'，此是说得好处。然下面都不曾说得切要处着，但说得孝之效如此。如《论语》中说孝，皆亲切有味，都不如此。"[2] 孔子思想与《孝经》所建构的理论体系扞格难入，至于将不孝入刑，则更非孔子所言，因此笔者认为，《说苑》所记为真实场景，而《孝经》中孔子向曾子讲解孝道的场景则可能为后儒虚构的情节。

《曾子》十篇与《孝经》的相同点可以概括为：把孝推崇至无以复加的程度，将孝道作为天地间的根本大法；对孝道的内容有相似的规定，即生则致养，死则致哀，祭则致敬，以终生尽孝为己任；同时，还要以不毁伤自己的身体作为尽孝的要求。然而，将孝作为道德本体，涵盖忠、敬、信、勇诸德，并把孝划分为不同层次，则为曾子独有的孝道理论。先秦时期，诸子立论成说，

---

① 李学勤主编：《十三经注疏·孝经注疏》，北京大学出版社 1999 年版，第 52 页。

② 朱杰人、严佐之、刘永翔主编：《朱子全书》第 17 册，上海古籍出版社、安徽教育出版社 2002 年版，第 2828—2829 页。

门弟子辑录成书，所以诸子之书往往成于众手，而所谓的"作"，也往往指书中的思想主旨源于某人。《孝经》中的"子曰"只是形式，其思想内容、理论建构则大多出自曾子，所以《孝经》集中体现着曾子思想。鉴于这一点，我们认为《孝经》是曾子一系儒者的著作，除此之外，《孝经》中引用乐正子春之语，说明其成书年代在乐正子春之后。

二、《曾子》十篇与《孝经》的不同之处

上文我们列举了《曾子》十篇与《孝经》的相同之处，其实二者之间的差异也是很明显的：

其一，《曾子》十篇将孝道分为天子、诸侯、士人、庶民四个层次，而《孝经》则将孝道分为天子、诸侯、卿大夫、士人、庶民五个层次。卿大夫是先秦时期重要的社会阶层，所以《孝经》的分类似乎更为合理、细密。《曾子本孝》云："君子之孝也，以正致谏。"[1] 曾子认为，诸侯国国君的"孝"，是敢于向天子进谏。《孝经·诸侯章》云："在上不骄，高而不危。制节谨度，满而不溢。高而不危，所以长守贵也。满而不溢，所以长守富也。富贵不离其身，然后能保其社稷，而和其民人。盖诸侯之孝也。"[2]《孝经》对诸侯国国君的要求是"在上不骄""满而不溢"，认为只有这样才能长保富贵。但试问以守富贵、保禄位为目的的人，会有向天子犯颜直谏的胆量吗？

虽然对庶民之孝的规定较为一致，《曾子》十篇与《孝经》对天子、诸侯、士人之孝的规定却明显不同。天子尽孝，就可以实现天下大治；诸侯尽孝，就可以长享富贵；卿大夫尽孝，就可以守其宗庙；士人尽孝，就可以永保禄位。可以说，《曾子》十篇只言尽孝而不言利，而《孝经》则是从功利主义的角度出发劝人尽孝。从《曾子》十篇看，曾子对天子、诸侯等人的孝道只归纳为一句话，比较粗疏简略，而《孝经》则讲得非常详细，篇幅足有一章（段），应经后人整理改编。

其二，二者对孝道最终落脚点的定位存在差异。《曾子事父母》云："孝

---

① 〔清〕王聘珍：《大戴礼记解诂》，中华书局 1983 年版，第 80 页。
② 李学勤主编：《十三经注疏·孝经注疏》，北京大学出版社 1999 年版，第 9 页。

子无私乐，父母所忧忧之，父母所乐乐之。孝子唯巧变，故父母安之。"王聘珍注曰："巧，善也。变，犹化也。"①孝子对生活没有自己的个性化追求，完全以父母的忧乐为转移。随着父母情绪的变化，孝子的情绪也要跟着变化，以达到让父母心安的目的。

《韩诗外传》卷七记曾子云："吾尝仕（齐）为吏，禄不过钟釜，尚犹欣欣而喜者，非以为多也，乐其逮亲也。既没之后，吾尝南游于楚，得尊官焉，堂高九仞，榱题三围，转毂百乘，犹北乡而泣涕者，非为贱也，悲不逮吾亲也。"②曾子在齐国为官，俸禄仅以钟釜计，但他心中依旧欢喜异常，因为俸禄可以孝养父母；父母去世之后，曾子仕楚国为高官，居九仞高堂，有百辆轩车，可曾子却向北哭泣，因为他已没有父母来供养。可见，曾子之孝的最终落脚点是在父母身上。《曾子制言下》云："诸侯不听，则不干其土；听而不贤，则不践其朝。"③如果国君的所作所为符合道义，那就在朝廷为官；若不符合道义，则可以随时离开。曾子站在士人的立场上讲孝，将血缘亲情放在第一位，他会为父母舍弃高官厚禄。

《孝经·广至德章》云："教以孝，所以敬天下之为人父者也。教以悌，所以敬天下之为人兄者也。教以臣，所以敬天下之为人君者也。"④《孝经》讲孝，最终落脚在教臣民如何敬国君。《孝经·广扬名章》云："君子之事亲孝，故忠可移于君；事兄悌，故顺可移于长；居家理，故治可移于官。"⑤以孝事父母，才会以忠事君；以悌事兄，才会顺从上级。《孝经》是站在天子的

---

①〔清〕王聘珍：《大戴礼记解诂》，中华书局1983年版，第86页。

②〔汉〕韩婴撰，许维遹校释：《韩诗外传集释》，中华书局1980年版，第246—247页。类似的记载还见于《韩诗外传》卷一："曾子仕于莒，得粟三秉。方是之时，曾子重其禄而轻其身。亲没之后，齐迎以相，楚迎以令尹，晋迎以上卿。方是之时，曾子重其身而轻其禄。"

③〔清〕王聘珍：《大戴礼记解诂》，中华书局1983年版，第95页。

④李学勤主编：《十三经注疏·孝经注疏》，北京大学出版社1999年版，第45页。

⑤李学勤主编：《十三经注疏·孝经注疏》，北京大学出版社1999年版，第46页。

立场上讲孝的，强调事君如父。蔡汝堃指出，《孝经》名为讲孝，实为劝忠。①
讲孝不是《孝经》的目的，其目的是劝忠，故不再讲从义不从君。作为一部政治学著作，《孝经》旨在为当时社会的主要矛盾提供一种解决方案。《曾子》十篇中所讲的孝道主要尚局限于家庭之内，而《孝经》中的孝道则转向了国家治理。

其三，《曾子》十篇中对君臣、父子双向的道德约束，在《孝经》中演变为单向的道德规定。上博简《内礼》篇云：

> 故为人君者，言人之君之不能使其臣者，不与言人之臣之不能事其君者；故为人臣者，言人之臣之不能事其君者，不与言人之君之不能使其臣者。故为人父者，言人之父之不能畜子者，不与言人之子之不孝者；故为人子者，言人之子之不孝者，不与言人之父之不能畜子者。故为人兄者，言人之兄之不能慈弟者，不与言人之弟之不能承兄者；故为人弟者，言人之弟之不能承兄（者，不与言人之兄之不能慈弟者。故）曰：与君言，言使臣；与臣言，言事君。与父言，言畜子；与子言，言孝父。与兄言，言慈弟；与弟言，言承兄。反此乱也。②

意谓向国君建言，则讲如何重用大臣；向大臣建言，则讲如何侍奉国君。向父亲建言，则讲如何教育子女；向子女建言，则讲如何孝顺父母。向兄长建言，则讲如何慈爱幼弟；向幼弟建言，则讲如何尊敬兄长。可见，在曾子那里，君臣、父子、兄弟之间，是一种对等的关系。《孝经·广至德章》云："子曰：'君子之教以孝也，非家至而日见之也。教以孝，所以敬天下之为人父者也。教以悌，所以敬天下之为人兄者也。教以臣，所以敬天下之为人君者也。'"③《孝经》只讲人子、人弟、人臣应尽的义务，却不讲人父、人兄、

---

① 蔡汝堃：《孝经通考》，商务印书馆1937年版，第96页。
② 马承源主编：《上海博物馆藏战国楚竹书（四）》，上海古籍出版社2004年版，第220—224页。
③ 李学勤主编：《十三经注疏·孝经注疏》，北京大学出版社1999年版，第45页。

人君应做的事，这说明《孝经》已对曾子思想进行了改编。①

其四，《曾子》十篇与《孝经》中的谏诤观存在差异。《曾子事父母》云："父母之行，若中道则从，若不中道则谏。"②对于父母不符合道义的行为，曾子认为应委婉含蓄地劝谏。《曾子事父母》又云："孝子之谏，达善而不敢争辨。争辨者，作乱之所由兴也。"③如果父母不听从劝谏，曾子反对子女与父母争辩，即谏而不诤，他认为争辩是内乱之源。《曾子立孝》云："子曰：'可入也，吾任其过；不可入也，吾辞其罪。'"④曾子引用孔子之语：劝谏父母，如果父母能接受，那我为其承担责任；若不能接受，那我就进行自我反省。

《孝经·谏争章》云：

> 昔者天子有争臣七人，虽无道，不失其天下。诸侯有争臣五人，虽无道，不失其国。大夫有争臣三人，虽无道，不失其家。士有争友，则身不离于令名。父有争子，则身不陷于不义。故当不义，则子不可以不争于父，臣不可以不争于君。故当不义则争之，从父之令，又焉得为孝乎？⑤

天子有争臣七人，诸侯有争臣五人，大夫有争臣三人，则不至于亡国亡家。子要争于父，臣要争于君，是为了阻止父母和君主行不义之事。《孝经》的作者是主张谏诤的，但在谏诤问题上，《曾子》十篇和《孝经》的观点判然有别。尤其值得注意的是，《曾子立孝》与《孝经》虽都引用孔子之语，表达的观点竟也有所不同。

其五，《曾子》十篇与《孝经》中，"子曰"的内容有所不同。《曾子立孝》云："子曰：可入也，吾任其过；不可入也，吾辞其罪。"⑥又《曾子大孝》云：

---

① 这种改编有可能是《孝经》作者所为，也有可能是该书流传中他人所为。

② 〔清〕王聘珍：《大戴礼记解诂》，中华书局1983年版，第86页。

③ 〔清〕王聘珍：《大戴礼记解诂》，中华书局1983年版，第86页。

④ 〔清〕王聘珍：《大戴礼记解诂》，中华书局1983年版，第82页。

⑤ 李学勤主编：《十三经注疏·孝经注疏》，北京大学出版社1999年版，第48页。

⑥ 〔清〕王聘珍：《大戴礼记解诂》，中华书局1983年版，第82页。

"夫子曰：'伐一木，杀一兽，不以其时，非孝也。'"①《曾子》十篇讲孝，两次所引孔子之说，皆不见于《孝经》。《孝经》乃孔子为曾子陈说孝道之作，但《曾子》十篇中孔子讲孝的内容不见于《孝经》，这说明两书可能出于不同的整理者之手。

其六，《曾子》十篇与《孝经》在天道、鬼神色彩上存在有无之别。在《曾子天圆》中，曾子说："天道曰圆，地道曰方，方曰幽而圆曰明。明者，吐气者也，是故外景；幽者，含气者也，是故内景。故火日外景，而金水内景。吐气者施，而含气者化，是以阳施而阴化也。"王聘珍注曰："吐，犹出也。《说文》云：'景，光也。'外景者，光在外。内景者，光在内。……施，予也。化，生也。谓化其所施也。"②在曾子那里，天是自然之天，《曾子》十篇也从未将孝道与天道联系起来。《曾子天圆》中讲述了宇宙的生成，说外影是火日、内影是金水，毛羽之虫为阳气所生，介鳞之虫为阴气所生。可见曾子的理论建构，毫无鬼神色彩。

《孝经·圣治章》云："孝莫大于严父，严父莫大于配天，则周公其人也。"③《孝经》将严父与天类比，使孝道与天道之间的联系建立起来。《孝经·应感章》云："昔者明王事父孝，故事天明；事母孝，故事地察。长幼顺，故上下治。天地明察，神明彰矣。……宗庙致敬，鬼神著矣。孝悌之至，通于神明，光于四海，无所不通。"④孝悌的至高境界，就是上通神明，光被四方。《孝经》为有效地宣传孝道，特将鬼神引入自身的理论建构，为孝道披上了神圣的外衣、涂上了浓重的神秘主义色彩。

其七，《曾子》十篇与《孝经》在推行孝道的方式上存在差异。《曾子立

---

① 〔清〕王聘珍：《大戴礼记解诂》，中华书局1983年版，第85页。
② 〔清〕王聘珍：《大戴礼记解诂》，中华书局1983年版，第98—99页。
③ 李学勤主编：《十三经注疏·孝经注疏》，北京大学出版社1999年版，第28页。
④ 李学勤主编：《十三经注疏·孝经注疏》，北京大学出版社1999年版，第51—52页。

孝》云："君子立孝，其忠之用，礼之贵。"①上文已经讲过，忠即"爱"。曾子认为，尽孝是一种道德自觉，孝道是人内心中真挚情感的自然呈现，不需要依靠任何外力的强制。

《孝经·五刑章》云："五刑之属三千，而罪莫大于不孝。要君者无上，非圣人者无法，非孝者无亲，此大乱之道也。"②罪行的种类有很多，而不孝是最恶劣的一种。《孝经》将不孝视为一种罪行，公然称不孝是大乱之源，并将不孝入刑，主张借助刑法强力推行孝道，用五刑来处罚不孝者。《孝经》借用国家刑法的权威，用暴力来维护孝道的实施，与《曾子》十篇有明显不同。

其八，《曾子》十篇与《孝经》在引《书》与不引《书》上有差别。《孝经·天子章》云："《甫刑》云：'一人有庆，兆民赖之。'"③《孝经》为论述天子之孝，引用了《尚书·吕刑》（即《甫刑》）④，但《曾子》十篇只引用《诗经》，从未引用《尚书》。

《礼记·檀弓上》载：

> 曾子谓子思曰："伋，吾执亲之丧也，水浆不入于口者七日。"子思曰："先王之制礼也，过之者俯而就之，不至焉者跂而及之。故君子之执亲之丧也，水浆不入于口者三日，杖而后能起。"⑤

鲁哀公二十年，曾子的父亲去世，他一连七天水浆不入于口。乐正子春执亲之丧，连续五日不饮水浆。对此，子思持反对态度，他说为父行丧礼，三日不饮水浆就够了。《孝经·丧亲章》云："三日而食，教民无以死伤生。"⑥三日以后可以进食，《孝经》所持观点就与曾子、乐正子春不同，反而与子思相同。

① 〔清〕王聘珍：《大戴礼记解诂》，中华书局1983年版，第80页。
② 李学勤主编：《十三经注疏·孝经注疏》，北京大学出版社1999年版，第40页。
③ 李学勤主编：《十三经注疏·孝经注疏》，北京大学出版社1999年版，第7页。
④《孝经》引《尚书》仅此一次。
⑤ 李学勤主编：《十三经注疏·礼记正义》，北京大学出版社1999年版，第200页。
⑥ 李学勤主编：《十三经注疏·孝经注疏》，北京大学出版社1999年版，第57页。

《孝经》既引《书》，又引《诗》，与《礼记·缁衣》同。由于学界一般认为《缁衣》的作者是子思，故而有些学者据此认为《孝经》的作者也是子思。但从郭店楚简《五行》看，子思推崇的德目是仁、义、礼、智、圣，孝并不在其中。《中庸》以智、仁、勇为三大德，而《孝经》则以孝取代仁的地位，故而在子思那里，这是不可能被接受的。《孝经》中的孝道理论并不能构成严密的思想体系，所以其理论建构水平显然逊于《中庸》。郭店楚简《鲁穆公问子思》云："鲁穆公问于子思曰：'何如而可谓忠臣？'子思曰：'亟称其君之恶者，可谓忠臣矣。'"① 子思认为，能迫切地指出国君缺点的人，才能称得上是忠臣，而《孝经》为忠臣制定的标准则是"顺于长"，显然与子思的理念格格不入。因此笔者认为，《孝经》的作者不可能是子思。

孟子说："孝子之至，莫大乎尊亲；尊亲之至，莫大乎以天下养。为天子父，尊之至也；以天下养，养之至也。"② 在孟子看来，最高等级的孝是"以天下养"。罗新慧女士据此认为，从源流发展上看，《孝经》这一思想正是从曾子孝道理论萌发，经过孟子的阐释之后，齐备于《孝经》一书的，即"曾子—孟子—《孝经》"。③

《孟子·告子下》云："尧舜之道，孝弟而已矣。"④ 孟子推崇的孝道模范是尧、舜，而《孝经》尊崇的人物是周公。孟子只讲仁义，不言利，像《孝经》提倡的那种为保禄位而尽孝的功利之举，断非孟子所为。郭店简《唐虞之道》云："古者尧之举舜也：闻舜孝，知其能养天下之老也；闻舜弟，知其能事天下之长也。"⑤ 尧由舜能养父母，便知道他能养天下之老人；由舜尊敬兄长，

① 陈伟：《郭店竹书别释》，湖北教育出版社 2003 年版，第 45 页。
② 杨伯峻：《孟子译注》，中华书局 1960 年版，第 215 页。
③ 罗新慧：《曾子与〈孝经〉——儒家孝道理论的历史变迁》，《史学月刊》1996 年第 5 期。
④ 杨伯峻：《孟子译注》，中华书局 1960 年版，第 276 页。
⑤ 李零：《郭店楚简校读记》，《道家文化研究》第十七辑，生活·读书·新知三联书店 1999 年版，第 498 页。

便知他能敬天下之长辈。从郭店楚简看，将"孝"由"家庭"更多地转向"天下国家"，以孝道作为治国之道，为动荡、无序的现实社会提供解决问题的方案，是曾子之后儒家学派孝道理论建构的普遍趋势，并非孟子一派所为。①

总之，曾子站在士人的立场上，认为孝道的最终落脚点是在父母身上，故而他可以为父母舍弃高官厚禄；《孝经》则站在国君的立场上，将孝作为治理社会的重要手段，移孝作忠。曾子主张谏而不争，《孝经》主张既谏且争。在曾子那里，尽孝是人内心感情的真实流露，而《孝经》则主张以五刑强制推行孝道。《孝经》虽深受曾子思想的影响，但依旧与曾子思想存在明显差距，而《孝经》与子思、孟子的思想，也是有同有异。对于这些理论差异，我们认为《孝经》作者在撰写该书时，以曾子思想为主体，并对其他学派的学说兼收并蓄②，所以《孝经》是儒家孝道理论的总结之作。

三、先秦儒家孝道观的转进历程

《论语·为政》中，子夏问孝，孔子回答说："色难。有事，弟子服其劳；有酒食，先生馔，曾是以为孝乎？"③有事情，弟子为其操劳；有酒食，先生享用。这就是孝吗？孔子认为，所谓的孝，应是发自肺腑的敬，表现在脸上，便是恭敬之色。与外在的形式、节文相比，孔子更强调发自内心的敬意与关怀。《论语·为政》又记："子游问孝。子曰：'今之孝者，是谓能养。至于犬马，皆能有养；不敬，何以别乎？'"④在孔子生活的时代，人们认为孝就是物质上的赡养，对此，孔子持不同意见。他认为孝可以分为两个层面，一是犬马之孝，仅指物质层面的供养；二是人之孝，不仅包括物质层面的供养，更包括精神层面的"敬"。从物质层面上的赡养到精神层面上的敬爱，孔子

---

① 孟子复述曾子之语颇多，但这些语句大都不见于《孝经》。孟子主张父子之间不责善，与《孝经·谏争章》相矛盾。

② 如朱熹曾经指出，《孝经》为掇拾诸书而成。

③ 杨伯峻：《论语译注》，中华书局1980年版，第15页。

④ 杨伯峻：《论语译注》，中华书局1980年版，第14页。

开启了孝德由外而内的转向。

《论语·为政》载："或谓孔子曰：'子奚不为政？'子曰：'《书》云："孝乎惟孝，友于兄弟，施于有政。"是亦为政，奚其为为政？'"① 有人问孔子为何不从政，孔子回答说，在家中孝敬父母、友爱兄弟，便是从政。孔子虽然说孝可以引申至政治领域，但并未指明具体路径。《曾子立孝》云："是故未有君而忠臣可知者，孝子之谓也；未有长而顺下可知者，弟弟之谓也。"② 曾子将对父母的孝与对国君的忠等同起来，使家庭之内与家庭之外、孝道伦理与国家政治之间真正得以打通。曾子根据社会阶层与个人能力的差异，将孝道分为天子之孝、诸侯之孝、士人之孝、庶民之孝等不同层面，使每个人都可以量力而行地尽孝，也使孝与每个社会成员一一对应，成为覆盖整个社会的"全德"。

仁是孔子思想的核心，在孔子那里，孝不过是一个具体的德目，为仁所统摄。《曾子大孝》云："居处不庄，非孝也；事君不忠，非孝也；莅官不敬，非孝也；朋友不信，非孝也；战陈无勇，非孝也。"③ 曾子全力抬高孝的地位，把它看作是放之四海而皆准的根本大法，统领忠、敬、信、勇等德目，是道德本体。曾子将理论的核心由仁转为孝，孝道自此从仁学中独立出来，成为博大精深的思想体系。由孝德到孝道，此为曾子对孝道理论最为突出的建设成就。

曾子是站在士人的立场上讲孝的，他为了给父母尽孝，可以舍弃高官厚禄，但如果每个官员都这么做，那国家政治秩序便无法有效维持。曾子对孝道的阐发，如养父母口体、心志等，主要集中于家庭内部。曾子过多地关注家庭，忽视了社会的治理，所以关于如何以孝道辅助治国理政，是曾子理论建构中的薄弱环节。

---

① 杨伯峻：《论语译注》，中华书局 1980 年版，第 20—21 页。

② 〔清〕王聘珍：《大戴礼记解诂》，中华书局 1983 年版，第 82 页。

③ 〔清〕王聘珍：《大戴礼记解诂》，中华书局 1983 年版，第 83 页。

战国初期，诸侯国林立，诸子不容于此国，便到彼国去。正是由于他们选择的余地比较大，所以才有"以道抗君"现象的出现。到了战国中晚期，诸侯国的数量明显减少，诸子的思想必须为国君治政服务，否则便不太受欢迎。鉴于此，《孝经》出现了两个重要的理论转变：一是由孝道转向孝治，将孝作为治理国家的重要手段。《孝经》站在天子的立场上讲孝，认为天子尽孝可以仪刑四方，成教于天下，"其教不肃而成，其政不严而治"。《孝经》对曾子思想重新改造，突出了孝道的治国功能，使孝道成为治理国家的理论指南。二是将阐发的重点从孝转移至忠，"以孝劝忠"，劝导诸侯国君、卿大夫及士人向天子尽忠。孝是起点，忠是终点，提倡孝的最终目的在于教育臣下对国君忠贞、顺从。以国家政治生活为中心，突出孝道在治理国家中的作用，由孝道转向孝治，是《孝经》的重大理论调整，自此，以《孝经》为代表的儒家孝道观，得到了统治者的青睐，成为历代统治者治理国家不可或缺的方略与举措。

综上所述，《孝经》中的"子曰"不过是个形式，并不是孔子真实思想的表达。先秦时期，所谓"作"，不是指书写成文，而是指建构思想。《孝经》以孝作为宇宙间的根本大法与庶民最重要的生活方式，又将孝道区分为天子之孝、诸侯之孝、卿大夫之孝等不同层次，它与《曾子》十篇的相同之处，说明其深受曾子思想的影响，为曾子一系儒者的著作，而它与《曾子》十篇的差异之处，则又说明孝道经过了曾子后学的改造。从曾子到《孝经》，其间经历了较长时间的思想演进。

在孔子那里，孝不过是仁之一端，是一种具体德目。曾子以"孝"作为庄、敬、忠、信、勇诸德之本，使孝具备了本体论的意味，上升为具有普遍意义的至德要道。孝为天下之大经，临阵不勇，为臣不忠，皆是不孝的表现。《孝经》作者鉴于曾子孝道过分拘囿于家庭内部的缺失，转而向外，做出了相应的理论转换，力图整顿无序的现实社会。孝，在《曾子》十篇中是诸德之本，在《孝经》中为治国之术，由孝道到孝治，孝的政治功能发生了显著的改变。质言之，《孝经》以曾子思想为主体，同时整合了其他学派的思想。由孝德转向孝道，由孝道转向孝治，是先秦儒家孝道发展过程中的两次极为重要的转变。

（本文原载于曾振宇主编的《曾子学刊》（第一辑），社会科学文献出版社2018年版。收入本书时略有改动）

附录二
明月不归沉碧海，白云愁色满苍梧

——深切缅怀导师李学勤先生

2019年2月24日，我早上醒来，从李缙云老师发布的微信中获知导师李学勤先生去世的消息，极为震惊。虽然早在一年前就已知道先生病重，但噩耗传来，我还是不敢相信。我头脑一片空白，手足无措，一时难以成文。第二天，心情稍微平复了一些后，陈霞师姐约我写一篇怀念先生的文章，我心里想，导师去世了，作为亲炙弟子，自己总是要写一点东西的，于是慨然命笔。

一、自行车上"得真传"

2007年，我考上了清华大学历史系的博士生，跟随先生攻读。清华园中，学生们往往把自行车骑得飞快，以致教师被撞的事件多次发生。考虑到先生年岁已大，我们同门几个自发组织起来，在下课后护送先生回家，年级高的师兄在前，年级低的师弟在后，我入学最晚，便排在最后。年长的师兄问先生一句，先生答一句，后面的师兄都跟着笑起来，气氛很是活跃。我走在最后，常常听不清他们在说什么、笑什么，同门孙飞燕、任会斌等，便会耐心地给我解释。

有时候，师兄们有事，我便单独陪先生外出，有机会近距离地与先生接触，这令我特别开心。先生讲一些学界趣闻，我问一些学术问题，气氛十分融洽。

我博士学位论文的题目是《出土文献与〈大戴礼记·曾子〉比较研究》，当时，我见上博简正陆续整理出版，便问先生："除了《内礼》之外，上博简中还会有与曾子密切相关的文献吗？"先生说："你不要抱太大期望，上博简中有关曾子的文献，估计不会再有了。"后来，上博简出版至第十辑，与曾子相关的文献果然没有出现，坐实了先生的预测。

先生认为郭店楚简乃子思学派的文献，对此，学界中不乏质疑。我问先生如何看待此事，先生回答，至今尚未出现能推翻"郭店简属于子思学派文献"这一说法的确凿证据。先生外圆内方，待人处事宽厚随和，但在学术上是勇于坚持自己观点的。先生没有专门开设课程来为我们讲解如何撰写博士论文，所以我在写作中遇到的问题，大多是跟在先生身边的时候解决的。

二、深入浅出的授课

我在读硕士时，就对简帛文献产生了浓厚的兴趣，后来之所以报考清华大学，原因之一，就是能够参加李学勤先生、廖名春先生举办的简帛研读班。但在我考入清华大学后，简帛研读班却因故停办了，令我颇有几分失望。

在读博以前，我从未接触过甲骨文、金文，先生上课讲甲骨文、金文，对我无疑是个艰巨的挑战。先生讲课，一讲就是三节，中间不休息，但他始终神采奕奕、声如洪钟，根本不像个七十多岁的老人。没有真正的甲骨，先生就自创教具，拿"羊蝎子"（羊的脊椎骨）作模型，令我印象特别深刻。他讲甲骨文、金文，深入浅出，几句话就能讲清楚问题的实质，使我这个零基础的人能够快速入门。我当年学甲骨卜辞，学金文，心里难免有点抵触，但先生会在课后布置作业，不能不做，于是，我便和刘成群、孙飞燕等同学查找资料、交流心得，忙得团团转。后来，我才渐渐明白，研究简帛，不了解甲骨卜辞、不了解金文是不行的。我现在所做的简帛学研究，如果视野可略称广博的话，那么其中很大一部分是得益于先生当年的辛勤栽培。

三、先生的教诲从未远离

2010年，我博士毕业后，深感自己知识储备不足，便想在清华大学出土文献研究与保护中心继续从事博士后研究。当时，我在上海师范大学人文与传播学院工作，读在职博士后需要交五万元的学费，由于刚参加工作，又在上海买了房子，我在经济上捉襟见肘，根本无力支付。后来，在先生及李守奎、刘国忠等老师的协调下，出土文献研究与保护中心为我垫付了五万元的学费，解了我的燃眉之急。

我每次到北京开会，必会去先生家，拜访先生、师母，而先生、师母不管多忙，也总是热情招待。先生曾申明《古文尚书》不伪，但在清华简问世之后，又说《古文尚书》可能是后世辑补之作。我问先生《古文尚书》究竟是真是伪，为何前后观点判然不同，问得不免尖锐。但先生并不生气，而是耐心地予以解答，并特别提醒我留意魏晋之际的学术风气。在我博士毕业后，先生也一直指导着我的研究工作，而今他猝然离去，如何不令我伤恸万分。

我从师母处得知，先生临终时只惦记着两件事：一是牵挂师母日后的生活。虽然病情严重，但先生没有向上级组织提过任何要求，他心里没有自己，却为师母做打算，这份爱令人动容。二是有两篇关于金文的文章还没有写。在生死之际，先生心里想的仍是学术，可谓将自己毕生的精力都奉献给了学术。由此可见，无论是做人还是做学问，先生都为我们树立了一个高标，而他的人格魅力与学术成就也必将被后人铭记。

人世间最大的痛苦，莫过于至亲至近之人离自己而去。2017年3月3日，母亲去世，我千里奔丧，但心中并不慌乱，因为我坚信，母亲一定会在一个遍地鲜花的美好世界里继续关怀着我、牵挂着我。先生的离世，让这种幻觉再度萌生——先生骑着自行车,慢慢驶向辽阔的云天,而他也必会远远地望着我。

行文至此,先生慈祥可亲的面容、温和睿智的话语,以及当年上课时的情景,就像放电影一样,一幕一幕地浮现在我脑海中,我的泪珠不禁扑簌簌地滚落下来。人生无常,我们只能追求"有常",我现在唯一能做的,就是把先生的治学精神发扬光大,不断将出土文献研究向前推进。

我眼中满含泪水,但泪水不足以表达我此时的哀恸,故而只好把满腔愁绪诉诸笔端,形成文字,聊表我此刻难以言说的哀思。

谨以此文纪念我至亲至近的母亲与可敬可爱的先生,愿他们安息!

附
录

参考文献

一、专著

司马迁:《史记》,中华书局,1959 年。

班固:《汉书》,中华书局,1962 年。

杜预:《春秋左传集解》,上海人民出版社,1977 年。

段玉裁:《说文解字注》,上海古籍出版社,1988 年。

方向东:《大戴礼记汇校集解》,中华书局,2008 年。

黄怀信、张懋镕、田旭东:《逸周书汇校集注》(修订本),上海古籍出版社,2007 年。

李学勤:《初识清华简》,中西书局,2013 年。

刘国忠:《走近清华简》,高等教育出版社,2011 年。

顾颉刚、刘起釪:《尚书校释译论》,中华书局,2005 年。

李学勤主编:《清华大学藏战国竹简》(壹—陆),中西书局,2010—2016 年。

李学勤主编：《十三经注疏》（标点本），北京大学出版社，1999年。

王连龙：《〈逸周书〉研究》，社会科学文献出版社，2010年。

二、报纸、期刊、论文集

〔美〕艾兰：《何为〈书〉？》，《光明日报》2010年12月20日。

〔美〕艾兰撰，王进锋译：《怎样成为君王》，《光明日报》2010年7月12日。

曹建国：《论清华简中的〈蟋蟀〉》，《江汉考古》2011年第2期。

陈伟：《〈保训〉字句试读》，《出土文献》第一辑，中西书局，2010年。

陈致：《清华简所见古饮至礼及〈耆夜〉中古佚诗试解》，《出土文献》第一辑，中西书局，2010年。

程浩：《清华简〈耆夜〉篇礼制问题释惑——兼谈如何阅读出土文献》，《社会科学论坛》2012年第3期。

陈颖飞：《清华简〈程寤〉与文王受命》，《清华大学学报（哲学社会科学版）》2013年第2期。

笪浩波：《从近年出土文献看早期楚国中心区域》，《江汉考古》2011年第2期。

丁进：《清华简〈保训〉献疑》，《中国哲学史》2010年第3期。

丁进：《清华简〈耆夜〉篇礼制问题述惑》，《学术月刊》2011年第6期。

杜勇：《关于清华简〈保训〉的著作年代问题》，《天津师范大学学报（社会科学版）》2010年第4期。

房振三：《清华简〈保训〉篇"咸顺不成"解》，《古文字研究》第二十八辑，中华书局，2010年。

伏俊琏、冷江山：《清华简〈耆夜〉与西周时期的"饮至"典礼》，《西北师大学报（社会科学版）》2011年第1期。

甘凤、王进锋、余佳翻译、整理：《"中"是什么？》，《光明日报》2010

年7月12日。

顾史考：《"石砸"字读法试解》，《古文字研究》第二十八辑，中华书局，2010年。

郭伟川：《〈保训〉主旨与"中"字释读》，《光明日报》2010年12月6日。

郭伟川：《武王遵遗训伐纣取中土——再论清华简〈保训〉》，《光明日报》2011年4月25日。

黄怀信：《清华简〈金縢〉校读》，《古籍整理研究学刊》2011年第3期。

黄怀信：《清华简〈程寤〉解读》，《鲁东大学学报（哲学社会科学版）》2011年第4期。

黄济：《从〈保训〉看"中和"》，《博览群书》2010年第3期。

黄人二：《清华大学藏战国竹简〈宝训〉校读》，《考古与文物》2009年第6期。

黄人二：《战国简〈保训〉通解——兼谈其在中国经学史上"道统说"建立之重要性》，《中国哲学史》2010年第3期。

贾连翔：《清华简九篇书法现象研究》，《书法丛刊》2011年第4期。

姜广辉：《〈保训〉十疑》，《光明日报》2009年5月4日。

姜广辉：《"清华简"鉴定可能要经历一个长期过程——再谈对〈保训〉篇的疑问》，《光明日报》2009年6月8日。

姜广辉：《〈保训〉疑伪新证五则》，《中国哲学史》2010年第3期。

姜广辉：《"耆夜"疑为"耆卒"之误写》，《光明日报》2010年7月12日。

江林昌：《清华〈保训〉篇"中"的观念》，《光明日报》2009年8月3日。

江林昌：《浅议清华简〈保训〉篇"中"的观念》，《出土文献》第一辑，中西书局，2010年。

李存山：《试评清华简〈保训〉篇中的"阴阳"》，《中国哲学史》2010年第3期。

李均明：《周文王遗嘱之中道观》，《光明日报》2009 年 4 月 20 日。

李均明：《〈保训〉与周文王的治国理念》，《中国史研究》2009 年第 3 期。

李均明：《〈耆夜〉所见辛公甲与作册逸》，《光明日报》2009 年 8 月 17 日。

李均明：《清华简〈皇门〉之君臣观》，《中国史研究》2011 年第 1 期。

李零：《说清华楚简〈保训〉篇的"中"字》，《中国文物报》2009 年 5 月 20 日。

李零：《读清华简〈保训〉释文》，《中国文物报》2009 年 8 月 21 日。

李锐：《清华简〈保训〉与中国古代"中"的思想》，《孔子研究》2011 年第 2 期。

李锐：《〈金縢〉初探》，《史学史研究》2011 年第 2 期。

李守奎：《〈保训〉二题》，《出土文献》第一辑，中西书局，2010 年。

李守奎：《根据〈楚居〉解读史书中熊渠至熊延世序之混乱》，《中国史研究》2011 年第 1 期。

李守奎：《〈楚居〉中的樊字及出土楚文献中与樊相关文例的释读》，《文物》2011 年第 3 期。

李守奎：《论〈楚居〉中季连与鬻熊事迹的传说特征》，《清华大学学报（哲学社会科学版）》2011 年第 4 期。

李学勤：《初识清华简》，《光明日报》2008 年 12 月 1 日。

李学勤：《清华简〈保训〉释读补正》，《中国史研究》2009 年第 3 期。

李学勤：《清华简整理工作的第一年》，《清华大学学报（哲学社会科学版）》2009 年第 5 期。

李学勤：《论清华简〈保训〉的几个问题》，《文物》2009 年第 6 期。

李学勤：《清华简〈耆夜〉》，《光明日报》2009 年 8 月 3 日。

李学勤：《清华简九篇综述》，《文物》2010 年第 5 期。

李学勤：《论清华简〈耆夜〉的〈蟋蟀〉诗》，《中国文化》2011 年第 1 期。

李学勤：《论清华简〈楚居〉中的古史传说》，《中国史研究》2011年第1期。

李学勤：《清华简与〈尚书〉、〈逸周书〉的研究》，《史学史研究》2011年第2期。

李学勤：《清华简〈楚居〉与楚徙郭郢》，《江汉考古》2011年第2期。

李学勤：《清华简〈系年〉及有关古史问题》，《文物》2011年第3期。

连劭名：《战国竹简〈保训〉与古代思想》，《中国哲学史》2010年第3期。

梁立勇：《〈保训〉的"中"与"中庸"》，《中国哲学史》2010年第3期。

梁涛：《清华简〈保训〉与儒家道统说——兼论荀子在道统中的地位问题》，《邯郸学院学报》2013年第1期。

廖名春：《〈清华大学藏战国竹简《保训》释文〉初读》，《出土文献》第一辑，中西书局，2010年。

廖名春：《清华简与〈尚书〉研究》，《文史哲》2010年第6期。

廖名春：《清华简〈尹诰〉研究》，《史学史研究》2011年第2期。

廖名春：《清华简〈保训〉篇"中"字释义及其他》，《孔子研究》2011年第2期。

廖名春：《清华简〈金縢〉篇补释》，《清华大学学报（哲学社会科学版）》2011年第4期。

廖名春、陈慧：《清华简〈保训〉篇解读》，《中国哲学史》2010年第3期。

付林鹏：《由清华简〈耆夜·乐诗〉看周公的巫祝身份》，《中国文物报》2010年8月20日。

刘成群：《清华简〈乐诗〉与"西伯戡黎"再探讨》，《史林》2009年第4期。

刘成群：《清华简〈耆夜〉〈蟋蟀〉诗献疑》，《学术论坛》2010年第6期。

刘成群：《清华简〈耆夜〉与尊隆文、武、周公——兼论战国楚地之〈诗〉

学》，《东岳论丛》2010年第6期。

刘国忠：《〈保训〉与周文王称王》，《光明日报》2009年4月27日。

刘国忠：《清华简的入藏及其重要价值》，《清华大学学报（哲学社会科学版）》2009年第3期。

刘国忠：《周文王称王史事辨》，《中国史研究》2009年第3期。

刘国忠：《清华简〈保训〉与周文王事商》，《清华大学学报（哲学社会科学版）》2009年第5期。

刘国忠：《清华简保护及研究情况综述》，《中国史研究动态》2009年第9期。

刘国忠：《清华简〈金縢〉与周公居东的真相》，《出土文献》第一辑，中西书局，2010年。

刘国忠：《〈尚书·酒诰〉"惟天降命肇我民惟元祀"解》，《中国史研究》2011年第1期。

刘国忠：《从清华简〈金縢〉看传世本〈金縢〉的文本问题》，《清华大学学报（哲学社会科学版）》2011年第4期。

刘国忠、陈颖飞：《清华简〈保训〉座谈会纪要》，《光明日报》2009年6月29日。

罗琨：《〈保训〉"追中于河"解》，《出土文献》第一辑，中西书局，2010年。

马楠：《清华简〈耆夜〉礼制小札》，《清华大学学报（哲学社会科学版）》2009年第5期。

马楠：《清华简第一册补释》，《中国史研究》2011年第1期。

马楠：《〈金縢〉篇末析疑》，《清华大学学报（哲学社会科学版）》2011年第2期。

清华大学出土文献研究与保护中心：《清华大学藏战国竹简〈保训〉释文》，《文物》2009年第6期。

裘锡圭：《说"夜爵"》，《出土文献》第二辑，中西书局，2011年。

裘锡圭：《出土文献与古典学重建》，《光明日报》2013 年 11 月 14 日。

孙飞燕：《〈蟋蟀〉试读》，《清华大学学报（哲学社会科学版）》2009 年第 5 期。

孙飞燕：《〈保训〉释文两则》，《社会科学报》2010 年 3 月 11 日。

孙飞燕：《清华简〈皇门〉管窥》，《清华大学学报（哲学社会科学版）》2011 年第 2 期。

孙飞燕：《清华大学举行"清华简国际学术研讨会"》，《光明日报》2011 年 7 月 18 日。

沈建华：《〈保训〉所见王亥史迹传说》，《光明日报》2009 年 4 月 20 日。

沈建华：《释〈保训〉简"测阴阳之物"》，《中国史研究》2009 年第 3 期。

沈建华：《"武王八年伐耆"刍议》，《光明日报》2009 年 8 月 24 日。

沈建华：《清华楚简"武王八年伐鄎"刍议》，《考古与文物》2010 年第 2 期。

沈建华：《清华战国楚简〈保训〉所见商代先祖史迹传说》，《古文字研究》第二十八辑，中华书局，2010 年。

沈建华：《清华楚简〈尹至〉释文试解》，《中国史研究》2011 年第 1 期。

沈培：《清华简〈保训〉释字一则》，《出土文献》第一辑，中西书局，2010 年。

王辉：《清华楚简〈保训〉"惟王五十年"解》，《考古与文物》2009 年第 6 期。

王辉：《也说清华楚简〈保训〉的"中"字》，《古文字研究》第二十八辑，中华书局，2010 年。

王连龙：《对〈《保训》"十疑"〉一文的几点释疑》，《光明日报》2009 年 5 月 25 日。

王连龙：《谈清华简〈保训〉篇的"中"》，《古籍整理研究学刊》2010 年第 2 期。

王连龙：《清华简〈保训〉篇真伪讨论中的文献辨伪方法论问题——以姜

广辉先生〈《保训》疑伪新证五则〉为例》,《古代文明》2011 年第 2 期。

王连龙:《清华简〈皇门〉篇"惟正[月]庚午,公䰟(格)才(在)者门"刍议——兼谈周公训诰的时间及场所问题》,《孔子研究》2011 年第 3 期。

王鹏程:《"清华简"武王所戡之"黎"应为"黎阳"》,《史林》2009 年第 4 期。

王鹏程:《"清华简"〈耆夜·乐诗〉管窥》,《中国文物报》2010 年 4 月 30 日。

王瑞雪:《清华简"保训"之"中"的思想含义与价值取向论析》,《西南农业大学学报(社会科学版)》2011 年第 4 期。

王志平:《清华简〈保训〉"叚中"臆解》,《孔子研究》2011 年第 2 期。

邢文:《〈保训〉之"中"与天数"五"》,《清华大学学报(哲学社会科学版)》2011 年第 2 期。

徐义华:《清华简〈保训〉"假中于河"解》,《古文字研究》第二十八辑,中华书局,2010 年。

姚小鸥:《"保训"释疑》,《中州学刊》2010 年第 5 期。

虞万里:《清华简〈尹诰〉"隹尹既返汤咸又一悳"解读》,《史林》2011 年第 2 期。

虞万里:《由清华简〈尹诰〉论〈古文尚书·咸有一德〉之性质》,《史林》2012 年第 2 期。

于振波、车今花:《关于周文王的即位与称王——读清华简〈保训〉札记》,《湖南大学学报(社会科学版)》2011 年第 2 期。

袁金平:《利用清华简考证古文字二例》,《清华大学学报(哲学社会科学版)》2011 年第 4 期。

张崇礼:《清华简〈保训〉解诂(四则)》,《山东教育学院学报》2010 年第 5 期。

张卉:《清华简〈保训〉"中"字浅析》,《史学月刊》2010 年第 12 期。

赵平安:《〈保训〉的性质和结构》,《光明日报》2009 年 4 月 13 日。

赵平安:《关于〈保训〉"中"的几点意见》,《中国史研究》2009 年第 3 期。

赵平安:《试释〈楚居〉中的一组地名》,《中国史研究》2011 年第 1 期。

赵平安:《〈楚居〉的性质、作者及写作年代》,《清华大学学报(哲学社会科学版)》2011 年第 4 期。

周同科:《清华简〈保训〉之"中"关与婚事说》,《南京大学学报(哲学·人文科学·社会科学)》2010 年第 6 期。

后 记

2020 年是不平凡的一年，新冠肺炎疫情的暴发与蔓延，使学界难以举办现场学术会议，而是多在线上举办"云会议"，我本想举办的"出土文献与《尚书》学研究"学术研讨会也只好推迟了。由于只能宅居家中，故而我有时间重新整理过去的研究成果，促成本书的问世。

本书呈现的，是 2015 年至 2020 年我在清华简研究领域中取得的成果，是对近五年学术研究的一次反思与总结。其中的具体篇章，大都已经发表在《历史研究》《中国史研究》《史学月刊》等学术期刊上了。在此，我要向各期刊的编辑老师及匿名审稿专家，致以最诚挚的谢意！

孔子作为至圣先师，处于人类文明的"轴心时代"，其所创立的儒家学派对国人影响极为深远。中华文明是早熟的文明，儒家思想的形成并非一朝一夕，而是与三代文明紧密相关，所以我的研究重点，即以出土文献为凭据，指向早期文明，追溯儒家思想的源头。

这五年的研究工作令我尤其感慨的，是写文章容易，可想让文章中的观点成为定论并得到学界认可却极难。仅有琐碎的考证，而不对历史事件、社会背景做深刻体察，极易使文章流于"碎片化"；仅有宏大的叙事，而不去脚踏实地地做精细的考证，观点也很难立得住。所以我写文章，会极力模仿李学勤先生"以小见大"的风格，只是模仿得不像罢了。

2004 年至 2007 年，我跟随杨朝明先生，在曲阜师范大学攻读硕士学位，于我而言，曲阜就像第二故乡，有着难以言说的亲切感。自 2018 年入职孔子研究院以来，我得到了孔凡萍、杨朝明、米怀勇、刘续兵等院领导给予的莫大的关心与帮助。本书能入选《尼山儒学文库》，亦与院领导、人才办及各位同事的鼓励、支持密不可分。对此，我铭感于心，谨以本书的出版，致以最诚挚的感谢！

刘光胜

2021 年 7 月

清华简与中国早期文明研究